WHAT

Book of

ALTERNATIVE

HISTORY

如果历史可以重来

[英]菲利帕·格里夫顿 编著

李诗聪 译

ALL ABOUT HISTORY　萤火虫 REFLY 012

中国画报出版社·北京

图书在版编目（CIP）数据

如果历史可以重来 /（英）菲利帕·格里夫顿编著；
李诗聪译. -- 北京：中国画报出版社，（2023.5重印）
（萤火虫书系）
书名原文：All About History:What If? Book of Alternative History
ISBN 978-7-5146-1979-9

Ⅰ.①如… Ⅱ.①菲… ②李… Ⅲ.①世界史 - 通俗读物 Ⅳ.①K109

中国版本图书馆CIP数据核字（2020）第236818号

Articles in this issue are translated or reproduced from All About History: What If? Book of Alternative History, Third Edition, and are the copyright of or licensed to Future Publishing Limited, a Future plc group company, UK 2018.

著作权合同登记号：01-2020-6022

如果历史可以重来

[英] 菲利帕·格里夫顿 编著　李诗聪 译

出 版 人：于九涛
选题策划：赵清清
责任编辑：赵清清
责任印制：焦　洋

出版发行：中国画报出版社
地　　址：中国北京市海淀区车公庄西路33号　邮编：100048
发 行 部：010-88417360　010-68414683（传真）
总编室兼传真：010-88417359　版权部：010-88417359

开　　本：16开（787mm×1092mm）
印　　张：13.25
字　　数：200千字
版　　次：2021年1月第1版　2023年5月第4次印刷
印　　刷：北京汇瑞嘉合文化发展有限公司
书　　号：ISBN 978-7-5146-1979-9
定　　价：68.00元

如果历史可以重来

历史这个话题总是令人着迷。当人们谈论历史时,常常会问一个令人脑洞大开的问题,"如果历史是另一种结局,世界会变成什么样?"

长久以来,人们猜想了很多"历史的另一种可能"。罗马人想知道,他们有没有可能早在公元前 27 年就打败亚历山大大帝;中世纪的作家们希望十字军东征更为成功;而维多利亚时代的人们担心拿破仑有一天会征服全球。在《如果历史重来》一书中,众多不同领域的历史学家们审视了历史上的一些关键时刻。如果这些历史时刻发生变化,世界会有何不同呢?他们想象了各种各样的情况,包括如果德国在"一战"中获胜、亚伯拉罕·林肯没有遭遇刺杀、同盟国在"二战"的大西洋战役中战败、披头士乐队从未组建等。在分析每一种可能性时,书中都配有精美的插图和历史图片,以及真实的时间线与被改写的时间线,从而清楚地展示了史实与幻想是从哪里开始分道扬镳的。书中还会介绍历史上杰出的架空历史作品,比如《11/22/63》《唯恐黑暗来临》《米与盐的年代》等。

目录

皇室成员及领袖

- 8　如果阿提拉没有死在他的大婚之夜，会怎么样？
- 14　如果理查二世保住了他的王位，会怎么样？
- 18　如果理查三世活下来了，会怎么样？
- 22　如果亨利八世和阿拉贡的凯瑟琳有一个儿子，会怎么样？
- 28　如果简·格雷没有被废黜，会怎么样？
- 32　如果伊丽莎白一世女王结婚了，会怎么样？
- 36　如果查理一世赢得了英国内战的胜利，会怎么样？
- 42　如果维多利亚女王遭遇刺杀，会怎么样？
- 48　如果亚伯拉罕·林肯没有遭遇刺杀，会怎么样？
- 54　如果约翰·菲兹杰拉德·肯尼迪没有被刺杀，会怎么样？
- 60　如果水门事件没有暴露，会怎么样？

战争与战役

- 66　如果土耳其人没有占领君士坦丁堡，会怎么样？
- 70　如果西班牙没有征服阿兹特克人，会怎么样？
- 76　如果詹姆斯起义成功了，会怎么样？
- 80　如果西班牙无敌舰队胜利了，会怎么样？
- 86　如果英国成功镇压了美国的独立战争，会怎么样？
- 92　如果拿破仑赢得了滑铁卢战役，会怎么样？

98	如果南方邦联赢得了内战,会怎么样?
104	如果德国在第一次世界大战中获胜,会怎么样?
110	如果奥斯曼帝国在第一次世界大战期间加入了协约国,会怎么样?
114	如果三国盟军在1918年进军柏林,会怎么样?
118	如果美国入侵了加拿大,会怎么样?
122	如果德国赢得了大不列颠战役,会怎么样?
128	如果日本没有袭击珍珠港,会怎么样?
134	如果同盟国在大西洋战役中失败了,会怎么样?
140	如果古巴导弹危机升级了,会怎么样?

命运与境遇

148	如果罗马帝国没有灭亡,会怎么样?
154	如果维京人在北美洲殖民,会怎么样?
160	如果火药阴谋成功了,会怎么样?
166	如果伦敦大火没有发生,会怎么样?
170	如果禁酒令仍在施行,会怎么样?
176	如果纳粹从未掌权,会怎么样?
182	如果披头士乐队从未成立,会怎么样?
186	如果苏联打赢了太空战,会怎么样?
192	如果约翰·韦恩与乔治·华莱士联手,会怎么样?
196	十大杰出架空历史小说

皇室成员及领袖

如果那些权力最大的人做了不同的决定，世界将发生什么变化？

8	如果阿提拉没有死在他的大婚之夜，会怎么样？
14	如果理查二世保住了他的王位，会怎么样？
18	如果理查三世活下来了，会怎么样？
22	如果亨利八世和阿拉贡的凯瑟琳有一个儿子，会怎么样？
28	如果简·格雷没有被废黜，会怎么样？
32	如果伊丽莎白一世女王结婚了，会怎么样？
36	如果查理一世赢得了英国内战的胜利，会怎么样？
42	如果维多利亚女王遭遇刺杀，会怎么样？
48	如果亚伯拉罕·林肯没有遭遇刺杀，会怎么样？
54	如果约翰·菲兹杰拉德·肯尼迪没有被刺杀，会怎么样？
60	如果水门事件没有暴露，会怎么样？

如果阿提拉没有死在他的大婚之夜，会怎么样？

匈牙利，公元 453 年

采访金贤俊（KIM HYUN JIM）博士

金贤俊博士是墨尔本大学古典学系的高级讲师，是一位研究阿提拉的专家。他著有《匈奴帝国、古罗马与欧洲的诞生》(Huns, Rome and the Birth of Europe) 等书籍，探讨了匈奴帝国与亚洲对古罗马衰落有何影响。

在匈奴帝国的历史中，阿提拉扮演了多重要的角色？

在 5 世纪中叶，匈奴帝国的社会结构摇摇欲坠。有人认为，阿提拉是保住匈奴帝国的最后一根稻草，但是我的观点有点不同。

我觉得匈奴人沿袭了一套很复杂的政治体系。在阿提拉继位之前，这套体系已经完善了。在匈奴帝国统一之后，阿提拉成为了最后一位有权势的君主，他从之前的君主那里继承了政治权力。尽管很多文学作品将阿提拉描述为一位想要征服世界的自大狂，但他其实是一个谨小慎微的领袖，并没有那么强势。

事实上，如果你仔细研究他做的事，会发现他作战十分谨慎。比如说，他并没有像蒙古人那样企图征服古罗马帝国、扩大国土，而是向东罗马人和西罗马人征收贡品。在我看来，他是一位很传统的皇帝。他入侵罗马并不是为了征服古罗马帝国，而是想让罗马人听命于他，向他进贡，从而建立一个亚洲内陆的进贡国。

阿提拉的统治与之前的君主相比有何不同？

匈奴人有两个皇帝，分别统治了半个匈奴帝国。东部皇帝①布莱达的地位比西部皇帝（阿提拉）的地位要高。但是，阿提拉发动了政变，推翻了他的兄长，也就是东部皇帝。此后，西部皇帝的地位就超过了东部皇帝。这件事后来产生了一系列的问题。在阿提拉死后，匈奴帝国开始内乱，有一部分也是因为这个原因。东部不愿意向西部俯首称臣，因此展开了内战。

---

① 东部皇帝：阿提拉的兄长布莱达（Bleda）。——译者注

他在意的是能否持续收到贡品,因为这可以提升他在匈奴人贵族中的地位。

▲ 古罗马人认为,阿提拉不征服欧洲就不会罢休,因此都很怕他

▲ 阿提拉计划进攻东罗马帝国，逼迫他们缴纳贡品

他在死前曾有什么计划？

他想要逼迫东罗马帝国和西罗马帝国双双向他进贡。匈奴会征服自己帝国附近的小国，所以直接统治了自己周围的日耳曼部落。匈奴人认为这些附近的小国都是他们帝国的一部分，而再远一点的地区只要向他们进贡就足够了。古罗马帝国正好属于这个范畴之内。

公元447年，阿提拉入侵了东罗马帝国，吞并了拜占庭的一大部分。然而不久以后，他在商谈中想要把拜占庭还给东罗马帝国，因为他对那块地区不感兴趣。他在意的是能否持续收到贡品，因为这可以提升他在匈奴人贵族中的地位。他的目标不是血洗古罗马帝国，而是想要提升地位。这件事对阿提拉很重要，因为他是一位弑君者（他杀害了他的兄长，成为了匈奴帝国的唯一统治者）。

他企图征服欧洲吗？

普利斯库斯（Priscus）在史书中提供了阿提拉统治时期的一手资料，他的著作是描述当时历史的主要古籍之一。普利斯库斯认为，阿提拉的目标就是征服至少半个古罗马帝国。罗马人当然会这么觉得。这么大规模的入侵，除了是为了彻底征服古罗马帝国，还会是为了什么呢？然而，有趣的是，当匈奴人入侵时，他们会去搜刮每座城市，企图掠夺贡品。在每一次主要战役或成功围剿之后，他们都会再次退兵。

我认为阿提拉的主要动机是迫使罗马人加入他想要的进贡系统。其实，在阿提拉死前，他还计划过再一次向东罗马帝国进攻。那是因为当时东罗马帝国的皇帝马尔奇安（Marcian）不愿意向阿提拉进贡，违背了先皇和阿提拉之间的约定。

历史将如何被改写？

背叛兄长
阿提拉可能谋杀了布莱达，成为了匈奴帝国唯一的统治者，将权力中心转向西部。公元445年

阿提拉之死
在迎娶东欧女子伊尔迪科之后，阿提拉在新婚之夜去世。他可能流了很多鼻血，窒息而死。公元453年

匈奴分裂
匈奴帝国分给了阿提拉的三个儿子，但是内战很快爆发。公元454年

真实的时间线

在卢阿（Rugila）死后
阿提拉和他的兄长布莱达成为了匈奴帝国的统治者，分别统治西部和东部。公元434年

新的目标
阿提拉开始部署针对东罗马帝国的新一轮袭击，逼迫他们向匈奴帝国缴纳贡品。公元452年

真实的时间线

改写后的时间线

阿提拉继续进军
阿提拉迎娶了伊尔迪科，但是他们的新婚之夜没有发生任何事故。第二天，他继续向东罗马进军。公元453年

攻陷拜占庭
阿提拉轻易地打败了东罗马帝国，洗劫了拜占庭。但在他收到贡品以后，立即撤退了。公元454年

他可以征服欧洲,但是我觉得他不会去这么做。

阿提拉是公元453年去世的。关于他的逝世,我们知道些什么呢?

我们都是从普利斯库斯的记载中了解的。阿提拉有很多个老婆,当时他又另娶了一个新老婆,名叫伊尔迪科(Ildico)。在新婚之夜,他喝得酩酊大醉。后来,他因静脉血管爆裂,血液倒流,窒息而死。第二天一早,皇宫贵族发现大事不妙,冲进了皇宫。那时,皇帝已经死在血泊之中,而他的新妇正在一旁哭泣。这正是普利斯库斯想要描绘的场景:一位嗜血的暴君受到了上天的处分,成为了新婚之夜恰到好处的甜品。

但谁知道他是不是真的这样死的呢?其实他当时年事已高,大约50岁了。在那个时代,50岁寿终是很正常的,所以没必要去怀疑他是不是被下了毒。但他的儿子们无法就归属地达成一致,所以在他去世之后,立马就发动了一场内战。东部和西部(匈奴帝国)也发生了一场激烈的内战,之后匈奴帝国自然也就分崩离析了。东部得以延续,而西部却支离破碎。

如果阿提拉没有在那一晚去世,你觉得会发生什么呢?

据我猜测,他会入侵东罗马帝国。东罗马帝国没有庞大的军队与匈奴人对抗,所以他们应该无法抵挡匈奴人的再一次袭击,保护拜占庭。但是阿提拉不会有办法攻占君士坦丁堡,因为他没有海军。没有海军,这座堡垒就几乎牢不可破。所以,他可能会想再去拜占庭闹事,然后东罗马人就会像以往一样,再次以进贡来平息事端。

这是不是意味着罗马帝国可能在公元476年之前灭亡?

首先,西罗马帝国肯定不会像历史中在他死后那样散架。虽然这么说有点复杂,但是罗马帝国之所以在公元476年崩塌,是因为当时有一整群日耳曼部落和匈奴军队。这些匈奴军队原来是

● **洗劫罗马**
汪达尔人(Vandals,日耳曼部落的一支)洗劫了罗马,标志着罗马帝国衰落的开始。公元455年

● **白匈奴人**

白匈奴人,又称悒怛人(Hephthalites),率领游击队进军印度,保住了匈奴人的血脉。公元470年

● **罗马帝国瓦解**

日耳曼领袖奥多亚塞(Odoacer)让罗马帝国皇帝罗慕路斯(Romulus)下台。罗马帝国终结。公元476年

● **法兰克人上台**

法兰克国王克洛维横扫欧洲,最终创造了神圣罗马帝国。公元486年

● **驯服野蛮人**
日耳曼部落和匈奴军队仍然在匈奴帝国的统治之下,并没有进军意大利。公元466年

● **匈奴帝国瓦解**
匈奴帝国瓦解,那里残留的野蛮人和日耳曼部落向欧洲出发。公元469年

● **削弱法兰克人**
由于西欧群龙无首的现象不复存在,法兰克国王克洛维并未成功统一西欧。公元486年

● **法国向欧洲边界转移**

由于匈奴帝国继续主导欧洲,法兰克人被局限在比利时和荷兰。公元500年

● **匈奴统一**
阿提拉成功地统一了匈奴帝国,将权力中心留在了西部的今天的匈牙利。公元460年

● **罗马帝国延续**
由于阿提拉并没有征服欧洲,罗马帝国得以延续,但是罗马帝国保证在阿提拉死后会继续定期进贡。

● **阿提拉的继位人**
阿提拉部署了明确的继位顺序,他的儿子们继续称王,保持着匈奴帝国的统一。公元480年

● **迎来匈国**
由于匈奴帝国又延续了超过一个世纪,匈奴人在欧洲建立了新的国家,称为匈国。公元490年

● **更大的德国**
阿提拉留下的德国包括了今日的奥地利、捷克共和国、匈牙利和部分波兰。公元510年

▲ 阿提拉在公元452年将西罗马城阿奎莱亚（Aquileia）夷为平地

之后的欧洲又会发生什么变化呢？

我们将不会有一个由法兰克人主宰的欧洲。匈奴帝国瓦解后，西罗马帝国也紧随其后，那时的西欧群龙无首。这让法兰克人有了可乘之机，他们统一了西欧，后来演变成了神圣罗马帝国。

如果西罗马或匈奴帝国未曾瓦解，那欧洲某个地方就会有一个叫匈国（Hunnia）的国家，而法兰克人也将被限制在比利时和荷兰。法国只是比利时的一部分，而不是在现在法国所在的地方。

阿提拉会想要征服罗马帝国吗？

我真的觉得不太可能。首先，匈奴帝国已经很庞大了，大到已经很难由一个统治者全权管理。阿提拉有效地尝试过这个方法，他独裁专政，试着一个人管理全局，却引起了一系列的问题。他动不动就处死匈奴王子，受压迫的匈奴王子都逃到了东罗马帝国。君士坦丁堡藏匿了很多逃难的匈奴王子，这也是阿提拉与东罗马帝国发起战争的主要原因之一。

匈奴帝国统治的，但是他们离开了匈奴帝国，向意大利进军。这些人终结了西部罗马的统治。

如果阿提拉没有死，并且能够成功控制这些部落，那西罗马人当然得向他进贡，但是他们对意大利的控制权仍然能得到保证。这样的话，西罗马帝国其实会继续延续，在历史上的时间会更久一些。

我觉得如果他活得更久些，他可能会换掉一两个罗马皇帝。或者，他可能会把皇位给一个他更喜欢的，愿意定期给他进贡的人。这些猜测都有事实根据，因为他甚至会把刚刚攻占的地区还给罗马帝国。他没有兴趣统治这些地区。

他真有那么大权力吗？可以任命谁来做皇帝？

有可能。任何国家都无法抵御他的军队，因此，就军事力量来说，匈奴人比当时的西罗马或东罗马都更强大。以这样的军事力量，只要他想，他其实可以任意向罗马人强加他想要的法令。但是，就像我之前提到的，他是个很谨慎的人，所以他不愿意过度参与国外的长期政治斗争。他总是担心国内的各种反抗，所以他不会过多离开自己的领地。这些针对罗马人的政治斗争主要是用来体现他的力量的。他不单单是向罗马人展现权力，同时也是向匈奴人展现权力。

如果他想要征服欧洲的话，他能做到吗？

可以的。但是在这个过程中，他肯定要摧毁自己的国家。当时匈奴人其实尝试过征服欧洲。匈奴人领地的军队后来征服了意大利，创建了意大利第一个野蛮王国，所以匈奴人征服欧洲是有可能发生的。但是如果我是阿提拉，我会冒着自己帝国瓦解的风险，去增加更多更难管理的领地吗？我觉得不会。对你的问题，我的回答是他"可以"征服欧洲，但是我觉得他不会去这么做。

如果阿提拉没死，匈奴帝国能持续多久呢？

欧洲的匈奴帝国大约在阿提拉死后 80 年就瓦解了。如果他能够保证之后的继位能够有序发生，匈奴帝国还可能再延续一个世纪左右。这样的话，从政治地理来说，我们也会看到一个与现在完全不同的欧洲。国界其实还是会和现在差不多，但是德国边境应该不会像现在这样局限在那里。德国可能会更大，囊括了奥地利、捷克共和国、匈牙利和部分波兰。

阿提拉的光辉史迹又会有何不同呢？

如果他能活得久一点，并建立一个长久的王朝，有几代皇帝，那么我觉得阿提拉应该可以和法兰克国王克洛维（Clovis）相提并论。我们常常说阿提拉是一个从亚洲入侵的外国皇帝，但是这并不是真的。从第一批匈奴人进入欧洲算起，阿提拉已经是第四代匈奴人了，他就是个欧洲人。从匈奴人的遗骸来看，他们在外观上和欧洲人一模一样，所以阿提拉就像是一个会说多种语言的欧洲君主。如果他的后代成为了德国的日耳曼国王，他就会被当作另一个欧洲君主来看待，而不是一个想要摧毁欧洲文明的人。

我觉得关于阿提拉的文学作品总是将卡塔龙平原战役（the Battle of the Catalaunian Plains）描绘得过于戏剧化了，说这场战役是埃提乌斯（Aetius）和阿提拉之间的对抗，是东部与西部的激烈碰撞。还说因为在那里阻止了匈奴人入侵，欧洲才得以延续。这并不对，因为在这场战役中，这两支军队的组成人员基本一致。无论谁赢得这场战役，对欧洲文明发展的影响都一样。

就算阿提拉不怕麻烦，征服了整个西欧，这个帝国还是终将成为基督教国家，而贵族文化会由日耳曼文化主导。就算阿提拉继续打下去，欧洲还是会一样，而他会被记作另一位日耳曼国王。

如果理查二世保住了他的王位，会怎么样？

英格兰，1386—1810 年

1399 年 9 月 29 日，32 岁的国王理查二世（Richard II）被堂弟亨利·博林布洛克（Henry Bolingbroke）废黜。也可以说，理查二世退位以后把王位让给了堂弟，让他成为了亨利四世，也就是第一任兰开斯特国王。这代表着金雀花王朝的血脉开始分裂，最终导致在整个 15 世纪的一系列骚乱。然而，如果理查二世顺利保住了他的王位，这一切都会变得非常不同。

从爱尔兰回来后，理查二世发现他的堂弟亨利争夺王位失败。参与这场权力斗争的人只能

历史将如何被改写？

真实的时间线

兰开斯特王朝
未来的亨利四世与他的第一任妻子玛丽·德·博恩（Mary de Bohun）的儿子亨利在威尔士的蒙茅斯城堡（Monmouth Castle）出生。1386 年

农民起义
年轻的理查二世私下会见了起义军，听他们诉苦，最终缓解了这场危机，并证明了自己的能力。1381 年

博林布洛克登陆
理查剥夺了冈特的约翰（John of Gaunt）之子亨利的继承权。此后，亨利率领一支小军队登陆英格兰。1399 年 6 月

处死亨利·博林布洛克
亨利假装讨要他已故父亲兰开斯特的公爵领地，实则企图篡夺王位。失败后，他被处死。1399 年 7 月 20 日

理查二世退位
理查二世在弗林特城堡（Flint Castle）向亨利投降。他愿意退位，以保全自己的生命。1399 年 8 月 19 日

真实的时间线

改写后的时间线

新一任国王
爱德华·德·莫蒂默（Edward de Mortimer）本应是王位继承人，但是亨利·博林布洛克绕过他，成为了新一任国王亨利四世。他用英语发表了继位演讲，这是自 1066 年以来首次有国王用英语演讲。1399 年 10 月 13 日

国王回归
理查从爱尔兰回到伦敦，嘉奖那些对他忠心的大臣。但是，他对贵族的疑心愈演愈烈。1399 年 8 月 25 日

眼睁睁地看着亨利·珀西（Henry Percy）爵士逮捕堂弟，并在雷文斯博恩（Ravenspur）的登陆地处死了他。珀西也由于他的忠心被授予了公爵。

在遭到背叛以后，国王对周围贵族的态度越发谨慎，更加依赖他身边的亲信。这些亲信都得到了嘉奖，却也被迫迎合国王，让他感受着唯我独尊的地位和神赐的王权。理查二世的第二任妻子伊莎贝拉（Isabella）是查理六世（Charles VI）的女儿。在查理二世精神病发作期间，这段婚姻维持着英格兰与法国之间的和平。

因为没有对外战争，理查二世得以专注于掌控英格兰、威尔士和爱尔兰的权力。他对贵族仍然抱有疑心。为了对抗贵族的权力，他废黜了黑死病爆发后导致农民起义的工资法。在他的统治下，商人阶级开始活跃起来。君主政治继续把持着英格兰。因为没有必要为战争征税，国家经济繁荣，也就没有必要召集议会。社会底层和富裕阶层的财富共同增长让所有人民都感到很快乐。

在成功执政 55 年后，理查二世在 1432 年去世。他的大儿子，20 岁的理查三世，得以继位。理查三世还有一个 17 岁的弟弟，为了纪念理查二世的父亲，取名为爱德华。爱德华鼎力辅佐理查三世。查理七世 1422 年在法国继位。法国也不会因为在阿让库尔（Agincourt）遭遇的惨败而谨小慎微，持续的和平让法国可以专注于意大利。在经历了差不多十年的战争之后，查理七世向他的堂弟，国王理查三世，寻求帮助。但是，在削弱贵族势力数十年之后，这位新国王发现他已经无法再征兵了，只好送了些雇佣兵。

由于理查二世对艺术和建筑的资助，文艺复兴提前发生。英格兰的商人穿越整个欧洲，领导了欧洲的文化发展。然而，因为理查三世无法召集精兵，英格兰便成为了最容易被攻击的对象。神圣罗马帝国借此机会，想要扩张领地。英格兰便不得不召集数十年来的第一次议会。议会表决通过征税法案，用来维护军队，但是议会并没有获得他们想要的地位，对宪法没有更多的发言权。英格兰得以平稳度过 15 世纪，但也埋下了内部革命的种子。

死于饥饿
据说理查二世在伦敦塔里死于饥饿。然而，关于他死亡的具体细节至今仍没有定论。
约 1400 年 2 月 14 日

金龙
欧文·格林杜尔（Owain Glyndwr）想要反抗亨利的统治。虽然他的叛乱最终失败了，但是他仍然成为了威尔士民族主义之父。
1400—1415 年

持续的叛乱
周边地区持续的叛乱一直困扰着亨利。亨利在什鲁斯伯里战役（Battle of Shrewsbury）中打败了"热刺"哈里（Harry 'Hotspur'），保住了王位。1403 年

珍贵的货物
海盗在去往法国的途中劫持了未来苏格兰的詹姆士一世（James I of Scotland）。亨利整个执政生涯中，他都是亨利的阶下囚。1406 年

亨利四世去世
亨利四世并没有像他所预想的那样死于十字军东征的途中，而是在威斯敏斯特（Westminster Abbey）教堂®祷告时，病故于教堂的耶路撒冷室（Jerusalem chamber）。他的儿子继承了稳固的王位。1413 年

理查王子出世
理查二世和他的第二任妻子伊莎贝拉王后，欢喜地迎来了他们的第一个孩子。这也是他们期待已久的继承人——理查王子。1412 年 3 月 15 日

理查二世去世
在当了 55 年国王之后，理查二世在 65 岁时去世。他的两个儿子理查和爱德华都沉痛悼念他。1432 年 2 月 14 日

召集议会
由于当时的皇家非常富裕，没有必要为征税而投票，自 1397 年起，国王就没有召集过议会。英格兰的议会并没有取得对宪法的控制权。1436 年 2 月—3 月

英格兰革命
因为议会并没有挑战独断专政的君主制，导致欧洲掀起了人民起义的浪潮。革命之风也刮向了英格兰。1760 年

撤回劳工法
在黑死病爆发后，理查曾颁布劳工法，限制薪水涨幅，也限制了工人任意换工作的自由。为了对抗贵族带来的威胁，理查撤回了这项法令。1402 年 6 月

英格兰：文艺复兴集中地
因为没有对外战争，商业发展又欣欣向荣，所以理查二世当时的国库非常充裕。他领导的英格兰成为了早期文艺复兴的发源地。1420—1430 年

协助法国
法国的查尔斯七世请求他的英格兰堂弟帮助他对抗法国，但是理查三世发现他自己无力召集一支军队。1434 年 4 月

国王反抗
人民起义废黜了乔治三世。之后，他的儿子乔治四世企图重新建立君主制。然而，因为他为人卑鄙，并没有获得支持。1810 年代

---

① 威斯敏斯特教堂，亦称西敏寺。自建成后多次承办国王加冕、皇家婚礼、国葬等重大仪式。——编者注

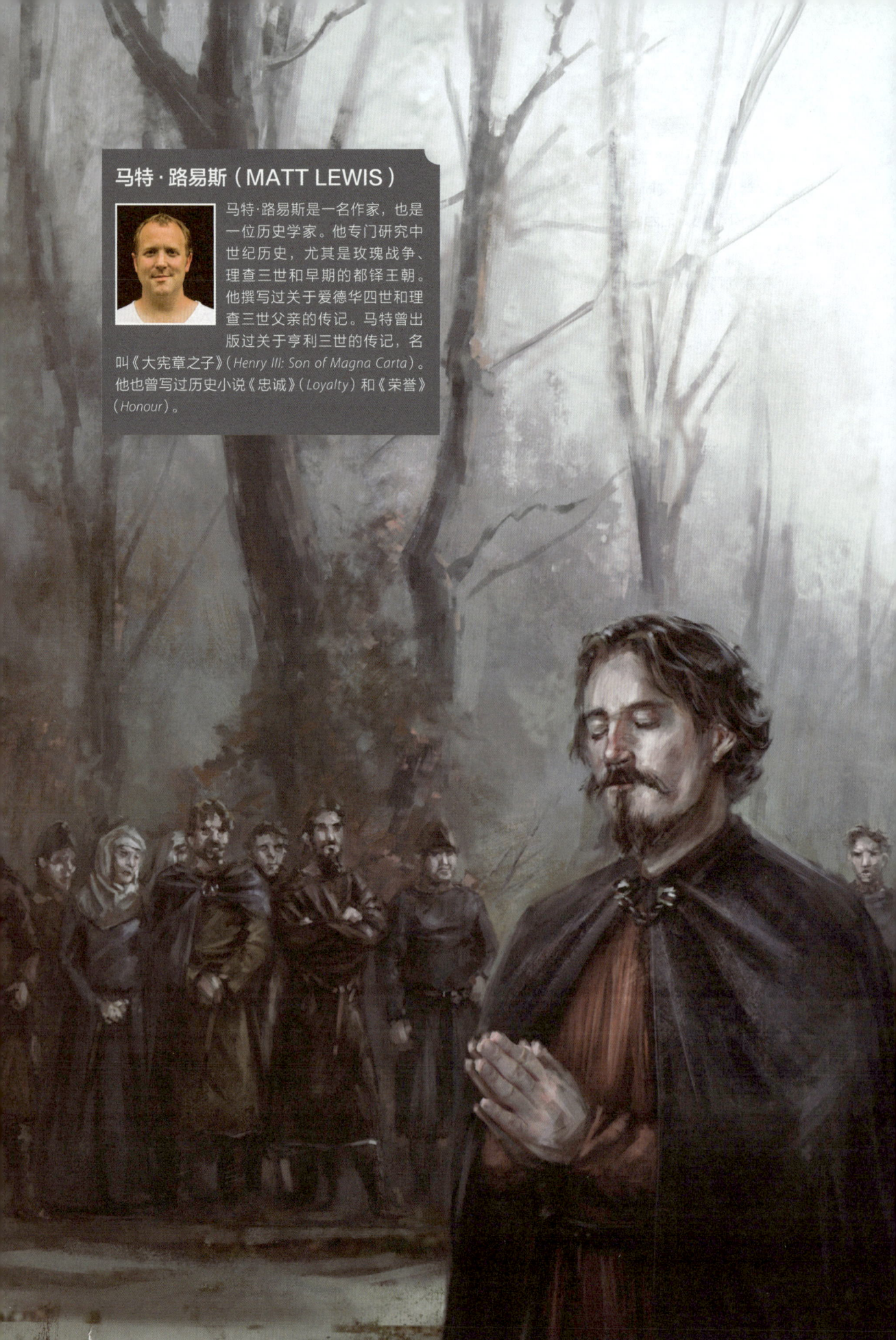

马特·路易斯(MATT LEWIS)

马特·路易斯是一名作家,也是一位历史学家。他专门研究中世纪历史,尤其是玫瑰战争、理查三世和早期的都铎王朝。他撰写过关于爱德华四世和理查三世父亲的传记。马特曾出版过关于亨利三世的传记,名叫《大宪章之子》(Henry III: Son of Magna Carta)。他也曾写过历史小说《忠诚》(Loyalty)和《荣誉》(Honour)。

▼ 亨利·博林布洛克篡夺王位失败之后，在受刑之前向上帝祷告，请求宽恕

如果理查三世活下来了，会怎么样？

英格兰，1485—1517年

国王理查三世在1485年8月22日的博斯沃思（Bosworth）战役中失败了。这场战役标志着长达331年的金雀花王朝（Plantagenet）结束，都铎王朝诞生。之后的一个多世纪，都铎家族继续改变着英格兰。理查三世依然是一个备受争议的人。那么，如果约克派国王的骑兵冲锋胜利了，而亨利·都铎（Henry Tudor）在那天死了，现在的英格兰又会有何不同呢？

这样的话，理查就消灭了最后一个对他的王位有威胁的人，他可以重新返回他的计划之中了。大使们纷纷开始商讨，要让丧妻的国王迎娶约翰二世的妹妹，葡萄牙的乔安娜（Joanna of Portugal），再把国王的侄女，约克的伊丽莎白（Elizabeth of York），嫁给约翰的堂弟曼纽尔（Manuel）。虔诚的乔安娜已经拒绝过了法国的国王，因而遭到了她哥哥的施压，这让她愿意答

历史将如何被改写？

真实的时间线

1485

- **穿越海峡**
  亨利·都铎从法国出发，带领5000人登陆英格兰海岸，并且没有遭到阻止。1485年8月7日

- **战役开始**
  理查三世率领的约克派军队寡不敌众，难以对抗里士满伯爵亨利·都铎领导的兰开斯特派军队。1485年8月22日

- **理查去世**
  理查三世率领骑兵冲锋陷阵，死在了战场上。他成为了最后一位死于战场的英格兰国王。1485年8月22日

真实的时间线

- **亨利加冕**
  亨利·都铎在威斯敏斯特教堂加冕后成为英格兰的亨利七世。他奖赏了那些在博斯沃思为他而战的人。1485年10月30日

- **婚礼的钟声**
  亨利七世兑现承诺，迎娶了约克的伊丽莎白，红白蔷薇就此结合。他们是三代堂亲。1487

改写后的时间线

- **博斯沃思战役**
  理查三世率领的骑兵冲锋击杀了亨利·都铎，消灭了约克王位面临的最后一个威胁。1485年8月22日

- **理查三世的第二次议会会议**
  英格兰重新颁布了促进贸易和公平的法案，衰落的贵族无法反对这些措施。1486年1月—3月

应嫁给理查。在1487年，乔安娜和她的堂弟一同到达英格兰，双双举办婚礼。葡萄牙皇室的兰开斯特血脉与理查的约克血脉结为一家亲，红白蔷薇就此结合。

理查国王继续他第一任议会的工作，向未能在博斯沃思支持他的贵族复仇，并促进平民和商人阶级的发展壮大。很多英格兰的大家族都消逝了，理查只嘉奖了一小群他的支持者。但是，由于老百姓得到了解放，贸易事业欣欣向荣。1489年，理查的儿子出世，也取名为理查。人民对这个王朝越发有信心了。理查国王计划向法国发动战争。但是，由于贵族的减少，理查无法获得足够的封建领地税收来雇佣军队，而苏格兰又在北境利用老同盟（Auld Alliance）制造麻烦，所以理查无法向法国开战，他的努力白费了。

探索新领土是英格兰展望未来的重要一环，理查要求英国舰队协助他沿着非洲海岸线航行。当哥伦布在1493年发现美洲大陆归来后，托德西利亚斯条约（the Treaty of Tordesillas）将发现的新大陆划分给西班牙、葡萄牙和英格兰。由于开启了新航线，没有恣意妄为的贵族威胁内部安全，同时又有崛起的中产阶级，贸易在英格兰越发风生水起。英格兰舰队主要集中于西方，想要寻找开拓新大陆的机会。

1495年，约翰二世在尚未有合法继承人的情况下过世。曼纽尔继位，伊丽莎白成为王后。这对夫妇有好几个孩子，并且在欧洲各地成功联姻。新大陆潜藏的巨大财富渐渐让各国产生不和，而理查的固执也让英格兰、葡萄牙和西班牙之间发生摩擦。法国的海盗也越发猖狂，他余下的人生都在尽力保护从西方而来的财源。

理查三世在1509年去世，他的儿子理查四世继位。在改革的浪潮横扫欧洲之际，理查四世父母的影响力让英格兰继续成为天主教国家，与葡萄牙和西班牙形成三国同盟。新教国纷纷支持法国，而三国联盟却让法国无法进入罗马。至此，欧洲的中部成为新教聚集地，而周围的天主教国家包围着中部，导致之后数年纷争不断。

● **冒充者出现**
珀金·沃贝克（Perkin Warbeck）是来自弗莱明（Fleming）家族的一个年轻人，号称自己是"塔里的王子"。他领导的叛乱失败，被处死。1490

● **国王诞生**
亨利七世的第二个儿子出世了，也取名为亨利。他将成为亨利八世，英格兰最著名的君王之一。1491年6月28日

● **亨利七世去世**
亨利七世在里士满宫（Richmond Palace）死于肺结核，在威斯敏斯特教堂下葬。他的儿子亨利继位。1509年4月21日

● **新王后**
亨利八世废除了他与阿拉贡的凯瑟琳（Catherine of Aragon）的婚约，迎娶了他的新欢安妮·博林（Anne Boleyn）。此举震惊了整个基督教社会。1533年6月1日

● **至尊法案**
亨利八世及后来的君主都成为了英格兰教会的最高领袖。这标志着英格兰改革的开端。1534年11月3日

● **理查王子诞生**
乔安娜王后诞下一子，取名为理查。约克族国王的王朝日益稳固，提升了他在英格兰的权威。1489年2月

● **西非建立联合殖民**
英格兰加入了葡萄牙探索新大陆的旅程，在圣多美和普林西比（Sao Tome and Principe）开始殖民，为在非洲殖民打下了根基。1491—1493年

● **约翰二世去世**
人称"完美君主"的约翰二世去世。理查企图为他的儿子争取王位，但是曼纽尔靠着长子继承制赢得了王位。1495年10月25日

● **到达太平洋**
英格兰在太平洋击败西班牙，掌控了北美和中美的殖民地，增加了国家的财富。1512

● **皇室婚礼**
葡萄牙的乔安娜公主到达英格兰，嫁给了理查三世。她的堂弟曼纽尔陪伴她来到英格兰，娶了理查的侄女，约克的伊丽莎白。1487年5月

● **哥伦布回归**
托德西利亚斯条约将新领地分成了三个部分，分别属于西班牙、葡萄牙和日益壮大的海军伙伴英格兰。1493年3月4日

● **理查三世去世**
理查三世57岁时在温莎（Windsor）去世。他的哥哥在温莎建造了一处陵墓，理查三世在那里下葬。理查四世继位。1509年4月21日

● **改革失败**
理查四世母亲的影响力，以及英格兰和葡萄牙及西班牙的紧密联系，使英格兰继续成为一个天主教国家。宗教改革在法国取得胜利。1517年

▶ 如果理查三世继续统治英格兰,英格兰可能会在开拓新大陆的过程中起到主导作用

如果亨利八世和阿拉贡的凯瑟琳有一个儿子，会怎么样？

伦敦，1511年1月1日

采访史蒂文·冈恩博士（DR. STEVEN GUNN）

史蒂文·冈恩博士是牛津大学现代史系的副教授，专门研究十五及十六世纪的英格兰、荷兰和欧洲历史，发表的诸多论文及著作广受好评，受到其他学者的尊崇。曾出版《早期都铎政府，1485—1558年》（*Early Tudor Government, 1485—1558*）《查尔斯·布兰登：亨利七世最亲密的朋友》（*Charles Brandon: Henry VIII's Closest Friend*）。

如果亨利八世与阿拉贡的凯瑟琳有一个儿子的话，会发生些什么？

首先，别忘了这对夫妻确实生了一个儿子。1511年1月1日，凯瑟琳生下了亨利王子，但是他只活了52天就夭折了。所以，老百姓们曾欢庆这个小王子的诞生。如果这个儿子能活下来，长大成人以后继承王位，老百姓们会很高兴。

后来爱德华六世出生的时候，大家也非常高兴。但是，那时的亨利已经为了生儿子尝试了很多年了。英格兰的人民非常喜欢让男性来继承王位，因为这样会带来稳定。如果亨利王子能活下来，长大后成为国王，人民应该会很高兴的。

另外，如果他们有儿子，亨利八世就不需要一直迎娶新人了。当然了，这也要看凯瑟琳的健康状况。一旦你开始改写历史，就很难说其他事情会不会都变得不一样。比方说，在这个假设的情况中，凯瑟琳是会在刚满五十岁几周后被流放，然后在1536年去世，还是会活得更加健康长寿？

最后，这个假设也会顺其自然地影响英格兰

▼ 如果亨利没有与罗马决裂,英格兰可能会继续成为一个坚定的天主教国家。这样的话,救世基督像就会坐落于伦敦,而不是里约热内卢

他有可能想要掌握更大的权力，控制英格兰教会。

▲ 如果凯瑟琳为亨利诞下一个儿子，他应该不太会想要离婚

历史将如何被改写？

● **威尔士亲王亚瑟去世**
威尔士亲王在年近15岁时早逝。一年前，他刚刚迎娶了阿拉贡的凯瑟琳。他的死吓坏了他的弟弟亨利八世，所以在这之后亨利八世一直忧心忡忡，觉得只有一个皇子是不够的。1502年4月2日

● **亨利八世与凯瑟琳成婚**
第一任丈夫去世七年以后，23岁的凯瑟琳嫁给了亨利八世。1509年6月11日

● **他们的第一个儿子**
新年来临之际，凯瑟琳的第二个孩子降生了，这次是一个男孩。他们感到十分幸福，将这个孩子正式取名为亨利，封其为康沃尔公爵（Duke of Cornwall）。但是52天之后，这个婴儿神秘去世。1511年1月1日

真实的时间线

● **亨利八世继位**
在举国哀悼亨利七世之死以后，整个英格兰都开始欢庆他的儿子继位成为这片土地的新一任统治者。1509年4月21日

● **凯瑟琳和亨利的第一个女儿**
英格兰和威尔士对百姓宣布了第一位皇家子嗣的诞生，然而不幸的是，亨利与凯瑟琳的第一个女儿是一个死胎。也许这一切都是上天的旨意。1510年1月31日

真实的时间线

1491
● **亨利八世诞生**
这个备受争议的新国王是都铎王朝的第二任君主。他的父亲亨利七世，在臭名昭著的玫瑰战争之后夺得了王位。1491年6月28日

改写后的时间线

● **威尔士亲王亚瑟去世**
尽管亚瑟当时只有14岁，却死于一场神秘的疾病。在他去世前，传闻他在考虑娶阿拉贡的凯瑟琳。不久之后，凯瑟琳与他的弟弟联姻。1501年1月2日

● **亨利八世与凯瑟琳成婚**
在登基之前，亨利八世向世人透露了他与阿拉贡的凯瑟琳之间的罗曼史。两人在亨利八世的父亲亨利七世去世之前成婚。1508年12月21日

● **亨利八世继位**
新上任的国王告诉这片土地上的人民，他非常想要他的妻子为他诞下一个王子。亨利八世仍为他哥哥的早逝而心有余悸，他想要很多个继承者。1509年4月21日

天主教会，因为亨利失去了要与罗马决裂的主要动机。他不会再因凯瑟琳无法为他诞下男性子嗣而与她离婚。

他们有可能有好几个儿子吗？

我觉得非常有可能。亨利的哥哥英年早逝，所以我觉得他会想要更多的儿子。所以，皇家血脉有可能会更庞大。

这对国际关系会有什么影响呢？

这是最有趣的问题之一。我觉得这样会使英格兰与哈布斯堡家族（House of Habsburg）的关系更加紧密。亨利八世娶了凯瑟琳后，他们对抗法国的联盟就更加稳固了。哈布斯堡家族本来就是法国的敌人，因为他们想控制意大利和那些小国家。凯瑟琳的侄子查尔斯五世一直与哈布斯堡结盟，想要向法国发动战争。查尔斯五世就是哈布斯堡家族的人。他的父亲姓哈布斯堡，他的母亲来自于特拉斯塔马拉（Trastamara）家族，也就是凯瑟琳所属的阿拉贡家族。从政治地理上讲，英格兰和哈布斯堡结盟有一定的内在逻辑。如果一个新王子承袭了哈布斯堡家族的血脉，你就会猜想这个同盟是不是会变得更加牢固。虽然亨利和凯瑟琳的儿子不会有同样的血脉，但是他会结合特拉斯塔马拉的血脉和查尔斯五世的血脉，而查尔斯五世就是哈布斯堡家族的领袖。

历史上，由于凯瑟琳无法为亨利诞下男性子嗣，亨利选择了离婚。如果这个原因不复存在，亨利还有其他理由离婚吗？

应该是有的。像我们刚刚说的，他可能想要更多的孩子。但是，他又不承认他与凯瑟琳的女儿，玛丽公主，有合法的继承权。事实上，他和凯瑟琳的婚姻从未具有合法性，所以玛丽也不会是一个具有合法继承权的女儿。因此，如果亨利以同样的理由，在凯瑟琳诞下一子之后离婚，这个孩子也不会有合法继承权。基于这个原因，亨利应该不会想要离婚。当亨利与罗马决裂时，他觉得他有权指挥英格兰教会。他觉得自己是大卫王（King David）或是所罗门王（King Solomon）。因此，当他有机会将权力移交给英

● **第三次会幸运吗？**
亨利八世离开英格兰，向法国开战。没有人知道丈夫的离去是否让凯瑟琳的身体更加衰弱。这一次，她的孩子早产，又留下一个死去的男婴。

● **玛丽一世成功降生**
在又一次怀孕失败之后，亨利八世和阿拉贡的凯瑟琳唯一一名幸存的孩子降生了。但随后，亨利八世宣称玛丽一世为私生女。1516年2月18日

● **无意中的革命**
亨利说服了自己，声称这段婚姻是无效的。教会拒绝批准离婚，从而导致了英格兰宗教革命的开始。亨利任命托马斯·克兰默（Thomas Cranmer）为大主教，按他的意思办事。1533年5月23日

● **驱逐阿拉贡的凯瑟琳**
亨利八世迎娶了安妮·博林，后来又下令处死了她。凯瑟琳被赶到金博尔顿城堡（Kimbolton Castle）的一个单人房里过着隐居的生活。她从未放弃对要她的王后头衔。她死于1536年1月7日。1536年1月7日

● **康沃尔公爵亨利诞生**
凯瑟琳的第二个孩子在1511年来临之际降生了，名叫亨利，获封康沃尔公爵。宫中传来的消息称小皇子十分健康，而幸福的父亲越发深爱他的妻子。1511年1月1日

● **天主教会征税**
由于在统治期间财政损失惨重，亨利八世决定向教会和教会所在的地区征税。虽然人们有一些抱怨，但是这项举措换来了财政上的成功，支撑了一场消耗巨资的战争。1516年7月10日

● **处死新教徒**
亨利八世受到他女儿玛丽的怂恿，开始处死任何认同新教教义的人。这个国王并不欣赏路德（Luther），他颁布了法令，可以在没有审判可饭依者的情况下处死他们。1531年3月16日颁布法令

● **凯瑟琳和亨利的第一个女儿**
新君王的第一个孩子是一个女儿，名叫玛丽。虽然亨利迫切希望有一个儿子，这对皇室夫妇的状况还不错。1510年1月31日

● **第二个儿子**
亨利听说他妻子的这次怀孕非常艰难，于是决定延迟去法国的行程，留下来观察凯瑟琳的情况。第二个皇子诞生的时候，亨利陪伴在凯瑟琳的身旁。这个皇子就是爱德华六世。1513年6月30日

● **全力以赴对抗法国**
亨利八世又一次声称自己是法国土地的统治者。英格兰受到哈布斯堡家族的支持，打了一场血腥的战争，攻占了布洛涅（Boulogne），并占领该城将近一个世纪。1530年1月2日—10月8日

● **简单粗暴地寻求支持**
谣传亵渎神明的苏格兰人开始寻求他们自己的"改革"，亨利八世便开始盘算一场入侵。这又是一场损失惨重的战争，但是成功地在北境重振了天主教。1532年2月22日—5月29日

▲ 如果亨利有一个儿子，安妮·博林将不会在历史书中留名

格兰教会时，他并不想那么做。他想拥有那样的权威。所以谁知道事情会变得怎么样呢？亨利肯定不喜欢新教的教条。他有可能想要掌握更大的权力，控制英格兰教会，也有可能加重征税。

诞下的儿子会拯救这段婚姻吗？还是你觉得这段婚姻一开始就注定失败？

刚娶凯瑟琳的时候，亨利很喜欢她。如果他们能够拥有一个儿子，尤其是更多男性子嗣的话，我觉得他们的关系还是会很好。这么说吧，如果你将亨利与法国的弗兰西斯一世（Francis I）做比较的话，亨利并不是一个纵欲的放荡子。他并没有很多情妇。所以，他应该还是会维持这段婚姻。要知道，他父亲母亲的婚姻十分幸福，是幸福的皇家婚姻典型。

亨利的主要问题是他很有良心，他想和真正相爱的人结婚。如果他真的不爱凯瑟琳了，爱上了其他人，他还是有可能最后想要抛弃她的。但是，像之前说的，他休妻的主要原因是他们没有儿子，这证明了他们的婚姻是错误的，他们不应该成婚。他诚心说服了自己这一点。这是结束这段婚姻的主要原因。所有人最后都同意他们混淆了法律条约。亨利想要教皇同意他和凯瑟琳的婚姻一开始就没有受到宗教主权的承认。

当然，后来亨利八世就娶了安妮·博林。如果凯瑟琳诞下一子，继续做王后的话，安妮还会在历史上起到重要作用吗？

这就很难说了。很难理解亨利与安妮的这段关系，也不知道如果凯瑟琳为亨利生了儿子的话，这段关系还会不会暴露。他还是会爱上安妮吗？我们不得而知。当然了，如果这样想的话，我们可能都不会听说安妮·博林这个名字，可能没有人会记得她。

众所周知，玛丽一世是一位独断专权的君主，将她的神权信仰强加给人民。如果亨利有一个儿子的话，他留下的事迹以及他的态度会与玛丽一世不同吗？

我觉得，我们得假设亨利会将他抚养得尽可能像亨利本人。年轻的爱德华六世也是这样：就连他站在那里让画师画像的时候，他的站姿和他父亲都是一样的。因此，亨利的儿子应该会受到很好的教育，就像亨利的哥哥亚瑟王子（Prince Arthur）受教育的经历一样。亨利肯定会让优秀的英格兰教师和来自欧洲大陆的学者亲自教他的儿子。玛丽成人后的大部分人生都在经受亨利带给她的苦难，这对她性格的养成有多大的影响还有待商榷。玛丽一直被叫作私生女，大家都说轮不到她继承皇位。她曾经一度考虑逃往欧洲大陆。因此，我觉得她的行事风格很大程度上来自她经受的苦难。如果这些苦难不复存在，谁知道她会变成什么样呢？

▲ 亨利八世在与天主教会决裂以前，曾与教宗利奥十世关系甚好

你觉得凯瑟琳在女性权利之类的事务上会更有影响力吗？亨利八世对待她的方式从多大程度上激发了她慈悲为怀的行为？

我觉得她会成为一位非常伟大的王后。从政治上来说，只要有机会，她的性格会很强硬。苏格兰人 1513 年入侵，亨利率队在弗洛登战役（Battle of Flodden）中被击溃。虽然她没有率领军队出征，但是她在当时主持国内政治。但是从另一方面来说，作为王后的职责之一就是产下很多子嗣。那个时候就是这样。

你觉得这个假想的情况有可能从某种程度上影响工业革命吗？

不会，我不觉得这两件事有什么联系。如果硬要扯上关系的话，你可以从两个方面来看。第一，资本主义中含糊的新教道德标准应该不会出现。不过，即使亨利不与罗马决裂，我也不觉得这会影响工业革命的诞生。英格兰是一个制造业大国，在亨利与罗马决裂之前就已经是这样了。第二，修道院可能会解散，创造出一个新的土地市场，导致农业资本主义的诞生。在新教产生之前，这种事就在荷兰之类的国家发生了。所以，我不觉得这件事会影响到工业革命。

如果简·格雷没有被废黜，会怎么样？

英格兰，1547—1589年

简·格雷（Lady Jane Grey）在位13天后被废黜王位，她的表姨玛丽一世取代了她。几个月后，1554年2月12日，简被处死。如果局面被调转，面对剑子手的人是玛丽的话，会发生些什么呢？

爱德华六世已经死了：临终前，他立下遗嘱，将他的王位传给表侄女简·格雷，导致他同父异母的两个妹妹玛丽和伊丽莎白失去了继承权。1553年7月10日，简被带到伦敦塔，宣布登基，成为女王。支持玛丽的老百姓对这个消息感到十分恼火。同时，玛丽逃到了东安格利亚（East Anglia），希望获取更多的支持。简的公公诺森伯兰公爵（Duke of Northumberland）也在心急火燎地追捕玛丽。没几天，他就捉到了玛丽，怀着胜利的心情带着这名王室囚犯回到伦敦。他们把玛丽囚禁在塔里，并软禁了伊丽莎

历史将如何被改写？

● 简·格雷结婚
简·格雷嫁给了诺森伯兰公爵之子吉尔福德·达德利勋爵（Lord Guildford Dudley）。诺森伯兰公爵是英格兰最有权势的人之一。
1553年5月25日

● 玛丽进入伦敦
玛丽率约2万名精兵进军伦敦，受到举国欢庆，并废黜了简·格雷。1553年7月19日

● 那是叛国
简·格雷和她的丈夫双双被指控为叛国者。不出所料，两人难逃其咎。1553年11月13日

真实的时间线

1547

● 一位新教国王
爱德华六世是第一位作为新教徒被抚养大的英格兰国王，他在父亲死后继承了王位。
1547

● 玛丽的权力
玛丽向枢密院写了一封信，声称她有成为女王的"权力和头衔"。枢密院断然拒绝了玛丽，于是她率兵前往伦敦。1553

真实的时间线

改写后的时间线

● 爱德华六世去世
爱德华在格林威治宫（Greenwich Palace）去世。在最后的遗嘱中，他提到了"我策划的继承者"，将王位传给了简·格雷。1553年7月6日

● 简宣布成为女王
英格兰官方宣布简继位。同时，玛丽逃去了东安格利亚，企图聚集支持她登上王位的人。1553年7月10日

白，让她自己等待着命运的安排。不久，伊丽莎白就因天花而死。

与此同时，大家都在计划简的加冕仪式。在7月29日，简在威斯敏斯特教堂举行了盛大的加冕典礼，简的家族都笼罩在她的荣光之下，她也搬到了位于怀特霍尔（Whitehall）的宫殿中，开始统治生涯。诺森伯兰公爵以为他会掌握这块陆地上的主要权力，但简迅速地宣示了她的主权，让她的公公明白她才是掌权的那个人。然而，还是在公公的支持下，她才能马上重申爱德华国王推进的各种激进的宗教政策。简决心将英格兰变成一个完完全全的新教国家，彻底将天主教消灭。短时间里，很多天主教徒因为不愿意改变信仰而被活活烧死。

玛丽这个问题仍然没有解决，已经有人帮她盘算好了出逃计划。只要她活着，对简的王位就是一个威胁。但是，玛丽的表哥是强大的神圣罗马帝国皇帝查理五世。玛丽如果死了，查理五世就可能向简宣战。这时，简发现有人密谋要让她退位，辅佐玛丽登基，所以她必须对玛丽下手。虽然简知道她和玛丽是血亲，但是来自怀特霍尔公爵等大臣的压力让她不得不宣布她表姨的死刑。直到最后，她还尝试说服玛丽放弃天主教信仰，转为新教徒，然而玛丽惊恐不已，拒绝放弃她的信仰。

1554年2月12日，玛丽在囚禁的塔中被处死。她的死震惊了英格兰和其他国家，引起各地的愤怒。查理五世立刻向英格兰宣战。玛丽的死击碎了让英格兰变回天主教国家的梦想。在简女王的统治下，英格兰彻底变成了一个新教国家，但是也同时与欧洲最强大的国家——神圣罗马帝国开战。尽管英格兰与法国结盟，这场战争显然还是给英格兰带来了巨大的威胁以及无法预计的后果。

简继位一年后，战争带来的威胁渐渐淡去，她终于成为了英格兰不容置疑的女王。而且，她怀孕了，这让她的王位更加稳固。她诞下一个儿子，取名为爱德华。新教应该会继续统治英格兰，而简在历史上的地位也不会被抹去了。

● **断头台**
尽管玛丽给了简·格雷转而皈依天主教的机会，但是简面不改色地拒绝了，展现了极大的勇气，最后简被处死。1554年

● **殉道开始**
玛丽开始处死第一批新教徒。总共有283人因为他们的信仰而失去生命。1555年2月

● **接受继位者**
玛丽经历了两次假怀孕后，最终不情愿地让她同父异母的新教徒妹妹伊丽莎白成为合法继承人。1558年5月

● **血腥玛丽去世**
玛丽常年体弱多病，最终在圣詹姆斯宫（St James Palace）去世。雷金纳德·波尔（Reginald Pole）也在同一天去世。1558年11月17日

● **伊丽莎白加冕典礼**
成为女王之后，伊丽莎白开始建立英格兰新教教会。她也资助了开拓新大陆的航行。1559年1月15日

● **简女王加冕典礼**
简成为了第一位统治英格兰的女王。她在威斯敏斯特厅（Westminster Hall）举办了声势浩大的加冕典礼。1553年7月

● **与西班牙开战**
玛丽之死震惊了整个欧洲。愤怒的查理五世立刻向英格兰宣战，英格兰宣布与法国结盟。1554年2月

● **王子诞生**
简女王与克拉伦斯公爵（duke of Clarence）吉尔福德·达德利的第一个孩子诞生。爱德华王子成为王位继承人。1555年9月

● **简女王去世**
简女王去世。在她在位期间，她一共诞下五子。最终由她的儿子爱德华七世继位。1589年2月12日

● **玛丽被捕**
诺森伯兰公爵包围了玛丽的据点弗拉姆林厄姆城堡（Framlingham Castle），逼她投降。玛丽被捕后被押回伦敦。1553年7月19日

● **处死玛丽**
玛丽在伦敦塔走上断头台。她在临终前还不屈不挠地维护她的天主教信仰，展现了她尊贵的品格。1554年2月12日

● **第一次烧死天主教徒**
所有不愿意皈依新教的天主教徒都被处死。3名天主教徒首先在史密斯菲尔德被烧死。1554年4月

● **圣女简**
简女王没有成为殉道者，而是成为了新教教派的历史性人物。此后几个世纪的人们对简女王不断称颂。17世纪初

▼ 玛丽拒绝放弃她的信仰,在伦敦塔里等待死刑

妮古拉·塔利斯（NICOLA TALLIS）

妮古拉·塔利斯是一名作家，也是一名历史学家，专门研究都铎时期。她的第一本书已经出版，名叫《血王冠：简·格雷的致命继位》(*Lady Jane Grey*)。妮古拉她当过讲师及策展人。

如果伊丽莎白一世女王结婚了，会怎么样？

英格兰，1559—1624 年

玛丽是伊丽莎白同父异母的姐姐，也是都铎王朝的上一位君主。她嫁给了西班牙国王腓力二世。1558 年，玛丽去世，这段婚姻才告终。当时，伊丽莎白曾有机会嫁给丧妻的姐夫，可惜双方都对彼此没什么兴趣。就算腓力向伊丽莎白求婚，也肯定是为了宣扬天主教。同时，伊丽莎白也发现在腓力与玛丽结婚期间，这位西班牙国王并不受英格兰人民欢迎。女王手头的另一位候选

历史将如何被改写？

真实的时间线

1559

- **童贞女王**
亨利八世的女儿伊丽莎白一世继承皇位。她将是都铎王朝的最后一位君主。1559 年 1 月 15 日

- **国外追求者**
伊丽莎白挑选如意郎君的时候，国外追求者纷纷拜倒在她的石榴裙下，然而她早就心有所属，钟情于她的青梅竹马罗伯特·达德利。1559 年

- **拒绝结婚**
议会企图逼迫伊丽莎白成婚，遭到女王怒斥。女王自行决定联姻的条件。1566 年

- **新大陆**
弗朗西斯·德雷克成为了环球航海第一人。几年后，现在地美国的弗吉尼亚州成为当时的英国殖民地，该州的州名就是为了纪念童贞女王而得。（注：弗吉尼亚的英文有童贞之意。）1580 年 9 月 26 日

- **西班牙舰队**
经历重重阻碍，好运还是站在了英格兰这边。英格兰运用火船攻其不备，送走了企图入侵的西班牙舰队。1588 年

真实的时间线

改写后的时间线

- **皇室婚礼**
伊丽莎白和弗朗西斯举行了一场壮观的婚礼，揭开了英法联盟的序幕。西班牙与英国的战争和国家舰队也都不复存在。1581 年

- **走向婚姻**
阿朗松伯爵弗朗西斯再一次向伊丽莎白求婚，并派了一位可靠的用人代表他追求伊丽莎白。1578 年

人是瑞典国王埃里克十四世，但是她的顾问认为和瓦萨王朝结盟没有什么好处，并不赞成女王与埃里克联姻。伊丽莎白还坚持一项原则，就是不嫁给没见过面的人。因此，卡尔大公、奥地利的斐迪南一世和萨克森选侯约翰·腓特烈都惨遭淘汰。三个人都不敢去英格兰与伊丽莎白会面，因为要是没有被女王相中，他们会颜面尽失。另外，在英格兰也有两个适婚的对象，一个是皮克林的威廉爵士，另一个是阿伦德尔伯爵，但是女王从未认真考虑过要嫁给这两位。据说罗伯特·达德利才是伊丽莎白的真爱，但是谣传他谋杀了自己的妻子，所以这段感情也无疾而终。阿朗松伯爵弗朗西斯应该是当时能够成为伊丽莎白一世丈夫的最佳人选。与法国结盟可以帮助英格兰对付西班牙，阿朗松伯爵也已经见过伊丽莎白两次。1579年1月，阿朗松伯爵还让他的用人基恩·德·斯米尔诺代表他追求女王。

若是伊丽莎白与阿朗松伯爵联姻，英格兰王朝和法国王朝也会合二为一。这段婚姻将震慑西班牙，西班牙就会推迟对英格兰的进攻，舰队也不会出击。同时，阿朗松伯爵也会推迟在荷兰的征战，而法国对英格兰的影响也会增加。但不是所有人都能接受这种影响，所以英格兰的社会阶层会开始分崩离析。这种紧张的关系可能会持续几十年，而伊丽莎白会诞下一名男婴，男婴名叫亨利。由于伊丽莎白比她的丈夫年长，她去世后，阿朗松伯爵会统治法国，而他们的儿子会成为英格兰国王。那时，新教已经成为英格兰的主流，所以大众不能接受让一位天主教法国国王来统治英国。强烈的反对情绪会引发全国各地的起义，最终导致英格兰内战爆发，天主教和新教对峙不下。詹姆士六世和苏格兰人民也开始站在天主教派这一边，而都铎王朝也不会有空去征战爱尔兰。这场血腥的战争意味着由法国人扶持的天主教力量最终会占据上风，所以后来的斯图亚特王朝将无法接管英格兰。各国的王位也不会合并，那样的话，苏格兰军队又会有机会向南进军。苏格兰想要扶持詹姆士的儿子查尔斯上位，做一位傀儡国王。征服新大陆将成为英法两国的共同目标，两国也会同时集中精力铲除日益壮大的西班牙帝国。

● **支持法国**
法国国王亨利四世继承皇位，伊丽莎白向这位新教徒国王提供军队支援。这些远征都以失败告终，伊丽莎白又给法国提供了更多的支持。1589年

● **王位合并**
伊丽莎白去世后，苏格兰王后玛丽之子，也就是詹姆士六世承王位，并合并了苏格兰和英格兰的王权。1603年3月24日

● **火药阴谋**
一伙心怀不满的英国天主教徒想要刺杀国王，他们企图炸毁议会，但是这次阴谋没有得逞。1605年11月5日

● **詹姆士一世去世**
詹姆士一世在位时，为国家带来了和平与繁荣。因此当他去世时，百姓们都沉痛哀悼这位明君。1625年

● **处决国王**
查理一世在三国战争战败后被处决。他的死亡震惊了整个欧洲。1649年1月30日

● **未知的王室未来**
阿朗松伯爵继承了法国王位。伊丽莎白周旋于英法两国之间。英格兰人民对她的继承者感到越来越不安。1589年

● **走向战争**
英格兰群众不能接受法国国王摄政，不安蔓延开来。英格兰爆发内战。1615年

● **天主教胜利**
在这场损失惨重的斗争中，英法联军占得上风，英格兰得以重建。然而，在某些地区，躁动的情绪仍然存在。1622年

● **英格兰的新声望**
作为一个天主教国家，英格兰与法国和意大利的关系得到了很大的改善，西班牙成为了这三国同盟的头号劲敌。1623年

● **皇室宝宝**
时光荏苒，伊丽莎白诞下一名男婴。这个宝宝的双重国籍让英法两国的关系更加紧密。1582年

● **伊丽莎白去世**
女王去世后，她与弗朗西斯的儿子开始在众多顾问的辅佐下在英格兰摄政。弗朗西斯仍然是法国王。1603年

● **血洗首都**
天主教徒获得了法国的支持，而新教徒得到了苏格兰的支援。战争集中于伦敦，双方在伦敦西敏寺外展开了激战。1616年

● **未来的友谊**
在英法联盟的君主制下，远征新大陆持续获得成功。王位合并没有发生，英格兰与西班牙的关系仍然如履薄冰。1624年

▼ 伊丽莎白女王与阿朗松伯爵联姻，将有助于缓解英法两国的历史恩怨

伊丽莎白·诺顿（ELIZABETH NORTON）

伊丽莎白·诺顿是一位历史学家，专门研究英格兰女王以及都铎王朝。她曾出版《伊丽莎白·都铎的诱惑》（Temptation Of Elizabeth Tudor）和《都铎女性的生活》（Lives Of Tudor Women,）等著作。她还写过关于亨利八世第四任妻子的传记。

如果查理一世赢得了英国内战的胜利，会怎么样？

英格兰，1642—1649 年

克里斯托弗·兰利博士
（DR. CHRISTOPHER LANGLEY）

克里斯托弗·兰利博士是研究早期英国与爱尔兰现代史社会及宗教方面的历史学家，在约克大学（University of York）与纽曼大学（Newman University）担任讲师。他曾出版《崇拜，内战及社区，1638—1660》（Worship, Civil War and Community, 1638-1660），该书主要讨论内战时期的战争及宗教。

约翰·莫里尔教授
（PROFESSOR JOHN MORRILL）

约翰·莫里尔是英国国家学术院（Fellow of the British Academy）院士、剑桥塞尔温学院（Selwyn College Cambridge）终身院士，也是英国和爱尔兰历史的荣誉教授。他著有120本书和论文，主要是关于17世纪的内战和宗教改革之后的余波。

如果查理一世赢得了内战，会发生些什么？

克里斯托弗·兰利：（查理一世）应该会执行一个很严酷的政策，将与保皇派为敌的国家及地方委员会彻底清除。那些两边倒的人如果能宣誓表忠心，就能苟延残喘，就像他的儿子（查理二世）在1660年宣誓的一样。查理一世将会不得不改变他的宗教政策。就宗教领袖而言，主教们仍然能延续一个广泛而全面的宗教系统，但是地方的管理结构会改变，从而允许地方自主管理。任何一方的极端主义者（长老派、天主教徒或激进分子）都会被驱逐。

约翰·莫里尔：这要看他如何赢得内战。第一种可能是他大获全胜，比如在埃奇山（Edgehill）战役或是特南绿地（Turnham Green）战役赢得全面胜利，让保皇派占领伦敦。另一种可能是"通过打成平手获胜"。如果是这样的话，查理一世可能需要（同议会）协商一个解决方案，同意遵守他在1640年和1641年做出的让步，但是不包括议会在1642年之后提出的新条件。

如果克伦威尔继续反对查理，拒绝承认他的统治权，他会因叛国罪而被处死。

▲ 奥利弗·克伦威尔是议会派势力的领袖。他如果不接受国王的统治，就会被处死

我们甚至可能提前300年就经历1921年的爱尔兰分治,爱尔兰被划分为天主教南部及新教北部。

▲ 马斯顿荒原战役中的奥利弗·克伦威尔和圆颅党。这场战役中,新模范军取得了决定性胜利

历史将如何被改写?

个人统治
查理又在政府会议中与议会争论不休,他解散了议会,开始长达11年的个人统治。其间他从未召集过议会。1629年

内战开始
内战已经不可避免,查理从伦敦逃到了诺丁汉。双方势力准备开战,各个城市也公开宣布了他们所支持的一方。1642年8月

真实的时间线

1628

《权力请愿书》
在针对税收问题争论了无数次之后,议会迫使查理一世签署了《权力请愿书》,减少非议会的课税,以及未经审判不能监禁被告。1628年

与法国的战争终结
遭受了一系列的战败之后,英格兰结束了三十年战争,与法国和西班牙达成和解。英格兰退出战争意味着查理不再需要提高税收,也不再需要议会。1629年

大抗议书
爱尔兰的起义遭到镇压以后,议会向查理提交了《大抗议书》(the Grand Remonstrance),包括了一系列抗议内容。议会准备全面控制英格兰军队。1641年10月

预谋逮捕
400名士兵陪同查理,企图以叛国罪逮捕五名众议院成员。但这次行动失败了,因为那五个人并不在众议院,而众议院发言人宣称自己效忠于议会。1641年10月

真实的时间线

改写后的时间线

·38·

如果要重新获得战争控制权，查理必须赢得哪几个战役？

兰利：这是一个很难回答的问题，因为很大程度上要看战役之后的政治斗争。我更倾向于认为，如果在埃奇山战役能获得决定性胜利的话，查理的军队可能会更加激进攻地向首都进军，他们必须乘胜追击，毕竟在东南部损失任何保皇派力量都会严重阻碍查理重夺回控制权。如果在埃奇山的第一仗中，保皇派能够取得胜利的话，议会的立场可能就不会那么坚决，让查理有了重要的谈判筹码。此外，1644 年的马斯顿荒原（Marston Moor）战役也很重要。毕竟，历史上这场战役的失败让那些想要联系苏格兰、爱尔兰以及英格兰北部支持者的保皇派失势了。

这对奥利弗·克伦威尔（Oliver Cromwell）为首的独立派、圆颅党和议会支持者会有什么影响呢？

兰利：新模范军（议会组织的军事力量）有可能会进军，这样的话，保皇派会站在一个更有利的位置进行协商。虽然查理可能会想要解散新模范军，但是他必须处理自军队形成以来日积月累的欠款。如果查理在冲突初期就取得成功的话，克伦威尔会沦为阶下囚，但他的影响力也不会那么大。在 1644 年的马斯顿荒原战役之后，克伦威尔这颗新星才冉冉升起。克伦威尔的命运将取决于他自己的应对措施。然而，如果他继续反对查理，拒绝承认他的统治权，他会因叛国而被处死。

赢得内战后，查理对英格兰议会会有绝对控制权吗？

莫里尔：万一查理出其不意大获全胜的话，他应该会想要重新开始个人统治（1629—1640 年查理没有召集议会）。由于没有外患，经济又从战争时期的衰退中恢复过来了，他可能会利用现有的资金成功治国。然而，总有可以激怒查理的理由。清教主义的萌芽已经一发不可收拾，查理也不可能像他的儿子处理这个问题时那么通情达理。

英格兰会倒退成为一个没有议会的国家吗？

兰利：1641 年的三年法案（要求议会每三年必须开一次五十天以上的会议）之后，议会肯

● **围攻赫尔失败**
保皇派势力围攻赫尔河畔金斯顿（Kingston Upon Hull）失败，未能进入该城的兵工厂。1642 年 7 月

● **新模范军**
在克伦威尔的倡议下，议会通过《新模范军法》，将长老派清除出军队，从而建立新型军队。1645 年 2 月

● **内斯比战役**
议会派取得了决定性胜利，查理逃亡到了苏格兰。他最后被遣返回伦敦，面对他的是他的敌人和他们的指控。1645 年 6 月

● **马斯顿荒原战役**
保皇派获得了几次小胜利，但是最终议会派的骑兵在北约克郡（North Yorkshire）的马斯顿荒原击溃了查理的士兵。1644 年 7 月

● **解散议会**
由于反对查理的势力群龙无首，查理便夺去了议会的权力，消灭了所有的政治敌人。奥利弗·克伦威尔拒绝接受国王的胜利，最后被处死。1643 年 1 月

● **教会控制**
查理自称为英格兰教会的最高领袖，亲自选定主教来支持他，收紧了各项宗教政策。1645 年

● **处死查理**
尽管很多议派成员并不想审判国王，查理还是被判有罪，原因是他"不忠于国家，向现有的议会和议会所代表的人民群众充满敌意，发起战争"。查理不认可这次审判的合法性，拒绝为自己辩护，最终被砍头。1649 年 1 月 30 日

● **围攻赫尔成功**
通过贿赂赫尔河畔金斯顿当地政府，这座城池向保皇派军队敞开了大门。军队配备了充足了军事装备，准备向南进军。1642 年 7 月

● **向南进军**
在埃奇山取得胜利后，查理包围了伦敦。克伦威尔的军队失败了，首都和议会又回到了查理的统治之下。1642 年 10 月

● **效忠国王**
克伦威尔的新模范军被解散，新的皇家军队成立。这支军队只效忠国王，完全听命于取得胜利的查理。1644 年

● **欧洲战争**
查理不愿意入侵苏格兰或爱尔兰，他的目光转向欧洲，企图重新开启三十年战争。1647 年

● **叛乱**
尽管全国各地都有起义，但是眼下没有形成有组织的革命。英格兰又一次回到坚固的君主制统治之下。1649 年

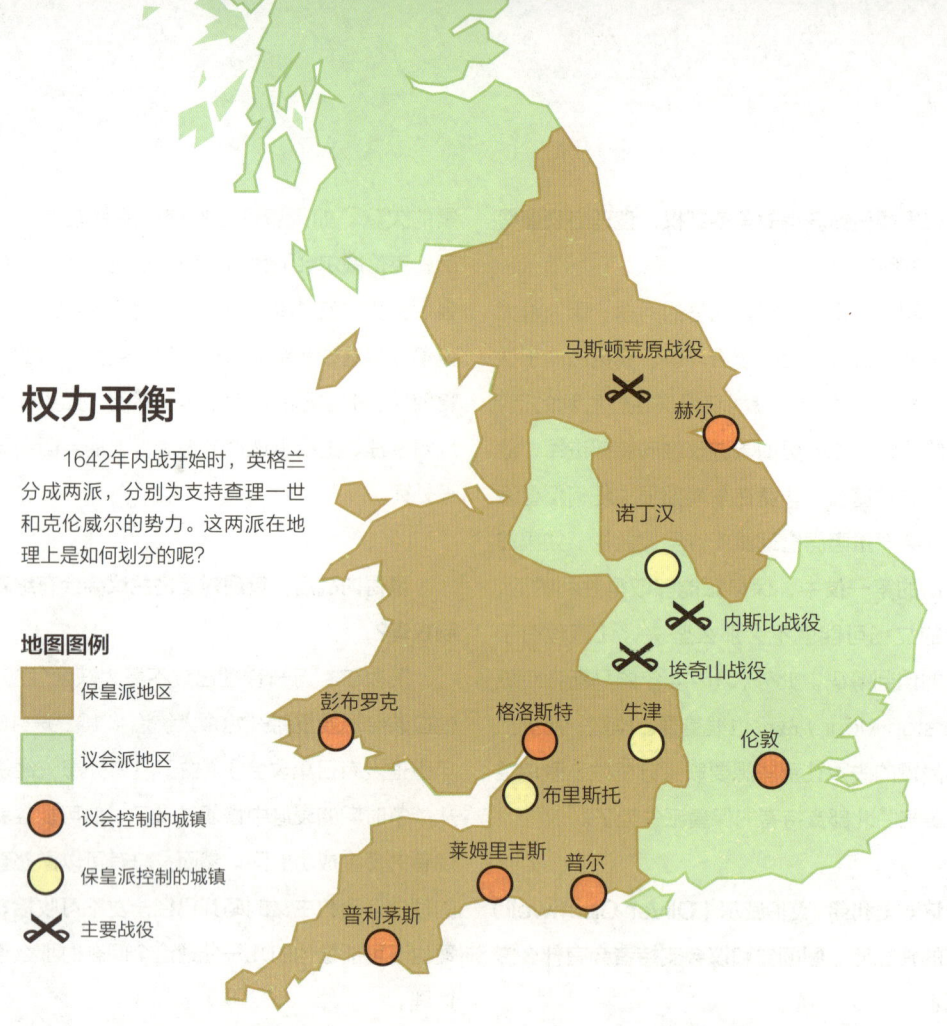

权力平衡

1642年内战开始时,英格兰分成两派,分别为支持查理一世和克伦威尔的势力。这两派在地理上是如何划分的呢?

地图图例
- 保皇派地区
- 议会派地区
- 议会控制的城镇
- 保皇派控制的城镇
- 主要战役

定会回归,但"什么时候"回归就不好说了。我倾向于认为查理会召回一个清理过的议会,并通过一系列针对叛国人士的法案向议会施压,当然,查理不得不处理议会趁他不在时通过的各种"条例"(而不是成型的"法案")。因为这些条例很多都与增加现金流有关,查理很有可能看也不看,就例行公事地将它们作为正式法案批准下来。由于人们都担心社会动荡不安,一些地区对国家恢复稳定感到非常高兴。议会已经得到了查理的让步,所以英格兰不会在保皇派获胜后成为一个专制主义国家。毕竟查理曾在没有议会的情况下统治了11年,但他并不像该世纪后期的那些"专制"的法国国王一样,想要一场彻头彻尾的改革。

宗教界的反应会如何?

兰利:查理决心建立一个广泛的英格兰教会,并让一群大主教辅佐他成为教会最高领袖。如果内战获胜,查理是不会回到过去的。要是在1646年(当威斯敏斯特集会废除了圣公会的主要部分时)前查理取得了决定性胜利的话,那之后的一切就变得容易得多了。改革教会的压力会继续存在,而威斯敏斯特集会的一些长老派成员已经早就在寻求一个折中的方案了。

莫里尔:查理相信,作为教会的最高领袖,他会向上帝汇报他的行动。他也相信英格兰教会是天主教派和改革教派的结合体。一方面,英格兰教会是使徒教会的嫡系,另一方面,由于历史上罗马元老声称自己的主权高于其他元老,而罗马元老和主教的管理又导致了腐败,所以英格兰教会又摆脱了由于崇拜和管理不善导致的腐败现象。

如果查理继续在位，爱尔兰和苏格兰会有什么遭遇呢？

兰利：查理就像他的父亲一样，三心二意地管理着苏格兰。就算他在英格兰内战中获胜，我也不觉得他会在苏格兰做什么实事。他决心统一英格兰、苏格兰和爱尔兰的宗教政策，但是可能会减缓执行速度。他应该不会让英格兰入侵苏格兰，因为这样会导致英格兰分裂。很多英格兰清教徒都把苏格兰的长老会教派当作希望之光，可能会支持他们。

爱尔兰的局面可能会不同。查理在爱尔兰受到广泛支持，但是他需要有更有决定性的行动。英格兰内战的胜利可能会让查理转变策略，或者彻底取消与天主教联邦的协议。虽然都柏林和帕莱地区（Pale）的大部分人都对查理忠心耿耿，但是查理如果不入侵爱尔兰，很难想象他能如何镇压爱尔兰的反对势力。

莫里尔：查理应该不会对苏格兰做什么。在1641年，他与苏格兰签订了一项协议，在今天看来就是最大限度自治（devolution max），让苏格兰成为自治国，让他自己成为傀儡国王。他也可以分割苏格兰，管理一部分地区，但是这不是他首先要担心的问题，因为他的重心是重建英格兰。早在1642年年末，爱尔兰天主教就控制了85%的爱尔兰人。所以他可能也会和爱尔兰联邦签订一样的协议，让爱尔兰最大限度自治，这样他就不用再去花大量的钱重新夺回爱尔兰的控制权了。我们甚至可能提前300年就经历

1921年的分治，爱尔兰被划分为天主教南部及新教北部。

如果保皇派获胜，1651年的英格兰会变成什么样呢？

兰利：有些历史学家说克伦威尔领导的17世纪50年代是一个"警察国家"。查理可能也会担心他的对手展现出类似的反抗情绪，所以他会想要处理伦敦不受监管的媒体，控制他们的出版物。克伦威尔当政时，军队到处可见，这在日后产生了很多问题。我觉得军队的问题也会让查理感到头痛。在苏格兰，遣散的军队可能会回去参与到三十年战争的尾声中去。

在克伦威尔掌权的17世纪50年代，进行了一些宗教实验。如果查理掌权，这些实验会变得完全不同。查理会让英格兰重新变为中立的圣公会国家。17世纪50年代，温和的圣公会教徒不时地出现在英格兰。有很多证据表明，圣公会会非常支持这个改变。关于宗教的异议会转到地下，就像战前一样，但是可能会为之后数十年的斯图尔特（Stuart）王朝的统治带来麻烦。

这会影响其他国家也发生革命吗？

莫里尔：英国的宗教改革确确实实激励了之后的各种改革。1649年的改革和1646—1659年喷涌而出的激进变革都促进了后来的社会改革，包括米尔顿（Milton）、哈林顿（Harrington）、阿尔杰农·悉尼（Algernon Sidney）、克伦威尔等人的变革。如果没有1649年的改革，之后的改革也都会不复存在。

如果维多利亚女王遭遇刺杀，会怎么样？

伦敦，1840 年

凯瑟琳·柯曾
（CATHERINE CURZON）

凯瑟琳·柯曾是一位专门研究 18 世纪历史的皇家历史学家。她在许多出版物中发表过作品，也曾在布赖顿（Brighton）的英皇阁（Royal Pavilion）和约翰逊博士故居（Dr Johnson's house）等场地发表过讲话，并著有《乔治苑的生活以及乔治王时代的英国国王》（Life in the Georgian Court and Kings of Georgian Britain）一书。

刺杀维多利亚女王未遂的历史背景是什么？

爱德华·牛津（Edward Oxford）在 1840 年 6 月 10 日企图刺杀维多利亚。当时，维多利亚 21 岁，怀着她的第一个孩子。出于习惯，女王和艾伯特亲王（Prince Albert）在宪法山上乘坐马车，而年仅 18 岁的牛津带着装有两发子弹的手枪伺机而动。当女王进入射程范围之内，牛津开枪了。幸运的是，他的两枪都没有打中。维多利亚和艾伯特都没有受伤，而牛津还没来得及逃到澳大利亚，就被关进了布罗德莫尔精神病院（Bedlam and Broadmoor）。从那以后，维多利亚女王成为了世界君王之中带有传奇色彩的历史人物。当然，如果有一发子弹击中了女王，历史会变得非常不同。

如果维多利亚遇刺身亡，对欧洲会有什么影响？

现代欧洲的状况可能会发生历史性的改变。如果维多利亚在产下子嗣之前被刺杀，对整个欧洲的皇室家族都会有很大影响。如果维多利亚公主不曾出世，在维多利亚被刺杀时死在了她的腹中，那么日耳曼帝国肯定会变得非常不一样，这件事毫无疑问会对欧洲带来最重大的影响。毕竟，她是腓特烈三世（Frederick III）的妻子，也是威廉二世的母亲（Wilhelm II），而威廉二世将他的国家卷入了第一次世界大战。

如果有一发子弹击中了女王,
历史会变得非常不同。

▲ 温特哈尔特（Winterhalter）在1842年画的维多利亚女王年轻时期的肖像

如果维多利亚身亡了，谁会继位呢？

下一个继承王位的人应该是乔治三世国王（King George III）的儿子，汉诺威国王欧内斯特·奥古斯塔斯（Ernest Augustus）。他在英国数十年来都极不受欢迎，主要是因为各种关于他的传闻，包括谋杀、自杀、选票作弊和好几桩性丑闻，以及很多他与家庭成员的同性恋传闻。

这些传闻并没有事实根据，从他的政治观点中可以找到这些传闻的源头。他投票反对改革法令，还反对天主教解放。当他得知铁公爵舰队（Iron Duke）想要和爱尔兰天主教寻求和解时，他甚至还企图建立一个新的政府，来取代威灵顿公爵（Wellington）自己的政府。欧内斯特是一个强硬派保守党，脸上还带有一道丑陋的伤疤，他自然而然地成为英国大众心目中的妖怪，再也没有真正摆脱这个标签。

议会有没有可能修改继承顺序，避免欧内斯特·奥古斯塔斯继位呢？

不可能。从宪法上来看，无论欧内斯特·奥

历史将如何被改写？

真实的时间线

1840

● **刺杀未遂**
爱德华·牛津企图在宪法山上刺杀维多利亚女王。幸运的是，女王毫发无伤地逃过了一劫。1840年6月10日

● **牛津被捕**
被捕后，牛津被诊断为精神状态不稳定。他的主要目的不是刺杀女王，而是想借此出名。1840年6月10日

● **惩罚牛津**
由于牛津患有严重的精神疾病，他被宣判无罪。在他住进精神病院之后，成为了一个模范病人。1840年7月10日

● **惩罚牛津**
由于牛津患有严重的精神疾病，他被宣判无罪。在他住进精神病院之后，成为了一个模范病人。1840年7月10日

真实的时间线

● **维多利亚的女儿出世**
维多利亚在被刺杀时怀有身孕，这个婴儿健康地出世，是个公主。1840年11月21日

改写后的时间线

● **刺杀成功**
爱德华·牛津企图在宪法山上刺杀维多利亚女王。怀着身孕的女王遇刺身亡。1840年6月20日

● **惩罚牛津**
牛津被判叛国罪。在欧内斯特·奥古斯塔斯到达英格兰那天，他见证了牛津被处以绞刑。

● **欧内斯特·奥古斯塔斯加冕**
新国王欧内斯特·奥古斯塔斯从汉诺威搬来英国。在他本人未到达英国之前，议会作为摄政委员会统治着英国。1840年6月10日

从牛津因叛国罪被判死刑到现在已经过了很久了,谣言说牛津其实是现任国王刺杀女王的替罪羊。国王利用牛津,想要除掉维多利亚。

古斯塔斯本人是否受欢迎,想要跳过他去支持另一个继承者基本不可能。再说了,当社会处于震惊之中时,做出这样的选择并不明智。如果他们硬要这样做,最有可能的候选人就是欧内斯特·奥古斯塔斯的弟弟,剑桥公爵阿道弗斯王子(Prince Adolphus)。但他对做任何地方的国王都没有兴趣,更没有统治英格兰的野心。

尽管在老百姓眼里,维多利亚与艾伯特的婚姻非常持久,但是让已故女王的年轻丈夫成为国王是绝对史无前例的。当时他们结婚还不足六个月,他无论如何都没有资格当英国国王。当时,议会最想要的就是统一全国。如果议会任命艾伯特为国王,甚至只是想要试着这么做的话,都会是一个致命错误。

欧内斯特·奥古斯塔斯在英国如此不受欢迎,如果他即位的话,对英国会有什么影响呢?

欧内斯特·奥古斯塔斯自1837年起就统治着汉诺威。他一到达他的王国,就立刻崭露头角。他解散了议会,取消了备受争议的汉诺威宪法。他还以开除作为威胁,让所有公职人员都发誓效忠于王室。欧内斯特的这些举动的确带来了一个多变而又充满冲突的政治系统。如果在1840年,他被召回英国,接受王位,那无疑会是雪上加霜。在他的统治下,他肯定要让汉诺威和英国成为新的共主邦联,所以政治格局会更加动荡。

尽管在任何改写后的时间线中讨论改革看上去很容易,但是根据历史,我们可以猜测,如果欧内斯特·奥古斯塔斯登上了王位,当了英国国

● **欧内斯特·奥古斯塔斯去世**
在当了24年汉诺威国王后,身陷丑闻的欧内斯特·奥古斯塔斯去世了。他的儿子乔治五世继位。1851年11月18日

● **废黜乔治五世**
普鲁士在战争中获胜,吞并了汉诺威。乔治五世直到死前都拒绝承认自己被废黜。1866年9月20日

● **维多利亚女王去世**
维多利亚女王在位六十年,成为了里程碑式的人物。富有传奇色彩的维多利亚女王在81岁时去世。1901年1月22日

● **爱德华七世继位**
爱德华七世登基。他非常不喜欢他的侄子威廉二世,导致两国之间关系紧张。1901年1月22日

● **惩罚牛津**
牛津被判叛国罪。欧内斯特·奥古斯塔斯到达英格兰那天,见证了牛津被处以绞刑。1840年

● **普奥战争**
当战争爆发时,汉诺威与奥地利结盟,对抗普鲁士。最后,普鲁士赢得了胜利。1866年9月23日—6月12日

● **乔治五世去世**
汉诺威最后的君主去世,他从未官方承认普鲁士吞并了他的王国。1878年6月12日

● **乔治五世去世**
乔治六世及后续的继承者们同意分离英国王位与英国政府,不再同时统治两个大相径庭的王国。1878年6月12日

● **乔治五世结婚**
乔治五世和剑桥的奥古斯塔公主结婚。他们要做的事很简单:传宗接代,保证王位的继承血脉。1840年12月1日

● **任命本廷克勋爵**
因为反爱尔兰人的国王一直对首相皮尔指手画脚,皮尔辞职。乔治·本廷克勋爵取代了他的位置。1846年12月1日

● **欧内斯特·奥古斯塔斯去世**
强硬派欧内斯特·奥古斯塔斯去世。他的儿子乔治五世继位,获得英国与汉诺威的王位。1851年

● **普奥战争**
乔治五世不能说服英国加入战争。面对退位的危险,他选择宣布汉诺威也保持中立。1866年8月23日—6月12日

● **继位兵分两路**
乔治六世将汉诺威的王位交给他的弟弟,改变了宪法,终结了共主邦联。1879年1月1日

▲ 在布罗德莫尔度过了几年之后，爱德华·牛津在澳大利亚开启了新的人生

王，我们更有可能看到很多公开的叫嚣，而不是实际的行动。其实，在整个国家因为女王被刺杀而悲痛欲绝时，民众很有可能笼罩在爱国主义之中，从而欢迎这位新的君主。

从长远来看，他有可能重新获得大众的喜爱吗？

作为一个强硬派的代表人物，国王与人民的蜜月期应该不会持续很久。欧内斯特·奥古斯塔斯习惯了在汉诺威的专制统治，可能会成为一个霸权统治的君主。尤其在爱尔兰问题上，他的观点一直很强硬。当爱尔兰的马铃薯饥荒来袭时，欧内斯特·奥古斯塔斯会觉得这是重拳出击爱尔兰的好机会，并通过私下干预，阻止其他人废除谷物法。这样的话，他就史无前例地干预了议会事务。为了抗议这一点，罗伯特·皮尔（Robert Peel）将会辞去英国首相的职务。欧内斯特·奥古斯塔斯为了稳固局面，任命强硬派乔治·本廷克勋爵（Lord George Bentinck）作为领袖，领导一个全新的超级保守党的政府。

横扫爱尔兰的饥荒越发猖獗，英国人民再一次陷入不安之中。各种谣言和丑闻可能再次回归，将欧内斯特·奥古斯塔斯与维多利亚女王的刺杀案联系在一起。从牛津因叛国罪被判死刑到现在已经过了很久了，谣言说牛津其实是现任国王刺杀女王的替罪羊。国王利用牛津，想要除掉年轻的女王，扫除登基之路上的障碍，然后又匆匆将牛津送上绞架，缄默其口。

1848年，欧洲各地都发生了革命的浪潮。英国刚刚开始有一点微弱的骚动，欧内斯特·奥古斯塔斯就派军队上街了。任何一个抗议者都会立刻遭到惩罚，刚萌芽的英国革命被扼杀在摇篮里。

然而，欧内斯特·奥古斯塔斯不在汉诺威了。就在他忽略了他的内陆王国之际，革命热潮席卷而来。欧内斯特·奥古斯塔斯想要向普鲁士寻求帮助，镇压汉诺威的起义，迅速平息事端。可是，这个举动会让国王变得更加不受欢迎，因为他会成为那个向普鲁士人敞开国门的人。

奥古斯塔斯会尝试在英国进行改革吗？

欧内斯特·奥古斯塔斯虽是一个独裁者，但并不傻。他很清楚和平的手段更容易赢得民心。与其彻底改革，他应该会尝试通过国家的风貌与文化来扩大他的影响力，因为这是久经考验的一个方法。就像他在汉诺威做的那样，他会在艺术及交通基础建设方面投资，为建立纵横英国的铁路网络打下基础。

在本廷克勋爵的精心治理之下，国王会继续他在汉诺威实行的政策，让各个社会阶层都有机会参政。可是，由于这个全力支持国王的超级保守党政府施展的阴谋诡计，在实际操作中，这项大有可为的政策只不过是耍耍嘴皮子功夫。当然了，天主教徒无论是出自哪一个阶级、哪一个党派，都不能有机会参政。

当欧内斯特·奥古斯塔斯在1851年去世时，他的领地有哪些？

欧内斯特·奥古斯塔斯的儿子将继承他的两个王位，成为汉诺威及英国国王乔治五世。乔治就像他的父亲一样，相信专制主义。由于乔治眼盲，他明白很多人觉得他不是一个合适的君王候选人。因此，他下定决心，要让自己成为一个严厉而强硬的国王，在这片土地上留下他的政绩。

如果因为牛津刺杀女王成功，他的父亲登基成为英国国王的话，乔治五世会在21岁的时候成为王位继承人。这位年轻的王子并没有娶妻，也没有继承人，让人怀疑他能不能留下长远的继位血脉。这样的话，他需要尽快结婚，而最容易想到的候选人就是剑桥的奥古丝塔公主（Princess Augusta of Cambridge）。她是阿道弗斯王子的女儿，也是乔治的堂妹。大家会期望他们结婚后产下王位继承人和备选人。

乔治并不是一位与时俱进的君主，在充满变革的欧洲，他就像恐龙一样实行着王室专制，而这种制度正在迅速沦为过去式。身处英格兰的他虽然想尝试统治两个领地，但是他永远无法彻底掌权。当普奥战争爆发时，乔治五世会发现这是他必将面临的命运。

乔治五世会将英国卷入普奥战争吗？还是英国的影响力能让汉诺威远离这场战争？

从理论上讲，乔治统治着汉诺威和英国两个国家，所以想要在1866年投身于战争的话，说起来很容易，做起来却很难。在1701年的王位继承法中有一个条款提到："在没有议会允许的情况下，这个国家不会为了保卫英国皇室领土之外的疆土和领地而有义务参与任何战争。"

然而，乔治五世是一个狂热信仰君王专制主义的人，十分享受他在汉诺威获得的权力。在英国，他会觉得管理起来要困难得多。

当乔治想到普鲁士在镇压1848年汉诺威革命中起到的作用时，他会呼吁让英国加入战争，支持普鲁士。然而，议会的信息很明确：英国必须保持中立。如果乔治五世想要解散议会，逼迫英国加入战争，这件事注定不会有什么结果。因此，乔治五世面临着一个艰难的选择。从宪法上来看，汉诺威和英国的共主邦联让所有人都感到非常头痛。毕竟，一个君王怎么可能代表一个国家打仗，而让另一个国家保持中立呢？答案当然是不可能的。

可想而知，乔治五世肯定不会为了汉诺威的王位而放弃强大的英国王位，他也不会愿意将他的家族统治了几个世纪的汉诺威让给普鲁士。其实，汉诺威最好的选择就是跟着英国宣称中立。这样做就是在向那些想要血洗汉诺威的好战之国宣示，超级大国英国会在不远处等着他们。

普鲁士在这场短暂却残酷的战争中获胜了，汉诺威应该基本上毫发无伤。只不过，对立双方的支持者们可能会有一些小型的纷争罢了。在这种敌对状态解除的时候，乔治五世应该会觉得议会给了他一个重要的教训，他也不会再将自己的意愿强加于议会之上了。

英国长远的命运又会如何呢？

乔治五世自然会把王位传给乔治六世。这位新国王很清楚他的父亲作为两国国王而遇到的麻烦。他会从上一任国王的遭遇中学到教训，立刻研究如何将英国和汉诺威王位的继位顺序分开。由于汉诺威无疑是两个领地中较弱的那个，乔治最后应该会选择离开汉诺威的王座，让他的弟弟继位。这样的话，他就能继续控制英国，从而扩大英国的领土和臣国。随着时间的推移，欧内斯特·奥古斯塔斯的继承者们应该会慢慢变成宪制君主，主持着一个跨越全球的英帝国。

如果亚伯拉罕·林肯没有遭遇刺杀，会怎么样？

美国，1865年

斯蒂芬·L. 卡特教授
（PROFESSOR STEPHEN L. CARTER）

斯蒂芬·卡特是法学教授，也是一位报纸专栏作家和畅销小说作家。他在耶鲁大学法学院任教，曾出版架空历史小说《弹劾亚伯拉罕·林肯》。在这本书中，这位标志性的政治人物试图逃脱一个黑洞一般的政治陷阱，想要保住自己总统的职位及其历史地位。

如果亚伯拉罕·林肯没有被刺杀，会怎么样？

自从1866年命中注定的那一天开始，很多历史学家和作家就开始反复思考这个问题了。简单来说，如果林肯活了下来，或者有人代替他中枪，例如枪手本来想要袭击的目标安德鲁·约翰逊（Andrew Johnson）中枪的话，历史肯定会改变轨迹。然而，林肯在内战之前，以及内战之中的所作所为已经从根本上定义了他这个人，他是历任美国总统中最顽强不屈且最脚踏实地的政治家之一。

如果林肯活了下来，还会有人想要刺杀他吗？

从我们的记录来看，大多数南方邦联之前的领袖都对林肯被枪杀的事感到震惊，包括很多种植园主。他们震惊的原因，并不像那些为南方辩护的人之前说的那样是出于尊敬，更不是伪君子在惺惺作态。虽然林肯打击了他们，他们却视林肯为最后的救命稻草。林肯可以帮助他们抵挡北方更加激进的要求，避免让他们受到更重的处罚。

巧合的是，林肯的一些对手的确担心他会打破美国总统的惯例，连任三届总统。甚至有传言说，他计划一辈子做总统。如果他继续活着，这些担忧会化作行动吗？他会在1868年再次竞选吗？我们不得而知。

林肯做的很多事都会让任何一个现代总统陷入被弹劾的危机。

在内战发生的几年中……他开始觉得被解放的奴隶可以留在美国。

▲ 就像这幅描绘马纳萨斯战役（Battle of Manassas）的油画一样，内战既残忍又血腥

历史将如何被改写？

真实的时间线

1861

● **林肯就职**
就在主要奴隶州宣布从美利坚合众国退出的前几周，共和党领袖亚伯拉罕·林肯就职，成为第 16 任美国总统。他也是第一位成为白宫最高领袖的共和党人。1861 年 3 月 4 日

● **内战爆发**
南卡罗来纳（South Carolina）、密西西比（Mississippi）、佛罗里达（Florida）、阿拉巴马（Alabama）、佐治亚（Georgia）、路易斯安那（Louisiana）和得克萨斯（Texas）州宣布退出美利坚合众国，组成美利坚联盟国（简称南方邦联），将美国推入内战之中。1861 年 4 月 12 日

● **颁布解放黑奴宣言**
作为废除美国奴隶制征战的一部分，林肯颁布了一份总统宣言，宣布南方邦联十个反叛州中的所有奴隶获得自由。1863 年 1 月 1 日

● **林肯遇刺**
就在南方邦联向合众国投降 6 天后，林肯与他的妻子玛丽·托德·林肯（Mary Todd Lincoln）、外交官亨利·拉斯伯恩（Henry Rathbone）和拉斯伯恩的未婚妻克拉拉·哈里斯（Clara Harris）一起去了福特剧院。南方邦联支持者约翰·威尔克斯·布思（John Wilkes Booth）和他的同党决定杀死林肯。在闯入了林肯在剧院的包厢后，布思近距离向林肯头部开了枪。1865 年 4 月 11 日

● **约翰逊成为总统**
林肯的副总统安德鲁·约翰逊成为了美利坚合众国第 17 任总统。约翰逊是一位民主党人，他与林肯绑定，共同参与竞选。约翰逊开始担任总统后，计划迅速复兴退出南方邦联的各州。1865 年 4 月 15 日

真实的时间线

改写后的时间线

● **刺杀受到阻挠**
南方邦联支持者约翰·威尔克斯·布思进入了华盛顿哥伦比亚特区（Washington, DC）的福特剧院。布思将林肯当作南方毁灭的标志，想要杀了他。然而，密谋暴露，布思负伤。1865 年 4 月 11 日

在内战结束之后，林肯对国家的重建有什么计划呢？

林肯对具体的重建计划是有所保密的。他在1863年和1864年战争仍然在进行的时候，曾开始公开讨论过如何重建南方。因此，很多历史学家认为我们不能把林肯的计划当回事：他可能只是把这个计划当作一个诱饵，勾引一部分或者所有对立州投降。我们不能肯定他之后会做些什么。

这个计划有三个重要的部分。最有名的就是那个"百分之十"规定。该规定提出如果一个对立州中10%的合法投票人发誓退出南方邦联，宣誓效忠合众国，那么这个州就可以重新加入合众国。到那个时候，该州可以成立一个新的政府，并派代表加入国会。第二，林肯承诺会赦免所有参与反抗的人，除了那些高级领袖。第三，他承诺保护除了奴隶之外的私人财产。

这里的最后一点尤其有心机。人们常常忘了种植园主群体拥有了绝大多数的奴隶。那些为南方邦联打仗的穷人和工人阶级的家里几乎不可能有奴隶。整个南方对持有奴隶的阶级表现出强烈的不满情绪。这种情绪帮助弗吉尼亚（Virginia）西北部在战争中脱离了弗吉尼亚州（为日后建立西弗吉尼亚州打下了基础），这也会让北卡罗来纳州（North Carolina）的西山脱离该州（并回归合众国），因为那里有很多贫穷的农场，几乎没有奴隶。

林肯会愿意妥协吗？

林肯如果活了下来，很可能会与那些激进分子妥协。就像他喜欢说的那样，他更倾向于接受一个发誓从此以后不做错事的人（而不是一个发誓坚称自己从未做过错事的人）。但是，他明确表达过他和约翰逊一样喜欢那种坚定的誓言。两党肯定会达成协议，在合法投票者中划分一个百分比，可能是25%。

林肯会如何处理那些被解放的奴隶是更难预测的一件事。他登上了一个强烈支持黑人投票权

● **重建开始**
林肯在死前列出了详尽的计划，通过"重建"将各州团结起来，让饱受战争蹂躏的美国能够恢复如初。在约翰逊的领导下，重建的过程加速展开。1865—1877年

● **购获阿拉斯加**
安德鲁·约翰逊与国务卿威廉·苏厄德（William Seward）一起见证了美国政府（用720万美金）从俄国购得了阿拉斯加。这片新获得的领土被改名为阿拉斯加区。1867年3月30日

● **战争部长被停职**
约翰逊越来越不受国会欢迎，最后与陆军部长埃德温·斯坦顿（Edwin Stanton）大打出手。约翰逊要求他请辞，但是斯坦顿拒绝，最后约翰逊将他停职。1867年8月5日

● **公开审判**
布思公开接受审判。主要由北方人组成的法庭全体一致同意他有罪。他判刑以绞刑。因为林肯很想弥补与南方破裂的关系，所以他赦免了布思。1865年6月9日

● **颁布民权法案**
尽管约翰逊行使了否决权，国会还是通过了第一条联邦法律，定义在宪法下，所有美国人皆为平等，包括前奴隶以及战败南方邦联州的公民。1866年4月9日

● **弹劾林肯**
一场激烈的运动让总统遭到弹劾，原因是重建缺乏实质性进展，而且林肯也不愿意惩罚反叛州。林肯靠着他的机智化险为夷。1868年

● **国会弹劾约翰逊**
约翰逊将斯坦顿停职一事告知了国会。国会将斯坦顿复职，约翰逊再一次将他停职。国会因约翰逊违反总统任期法而弹劾他。1868年2月24日

● **通过民权法案**
林肯推进了宪法第十四修正案，确保每一位美国公民的权利，以此安抚了共和党内部的激进运动。1866年1月15日

● **重建开始**
国会强烈催促政府采取具体的重建措施，但林肯不愿意加快速度，这让副总统约翰逊感到非常懊恼。然而，在1867年后期，林肯开始了重建过程。1867年9月

● **白人起义**
最新成立的3K党攻击了非洲裔美国家庭以及被解放黑奴事务管理局的工作人员。在战争英雄尤利塞斯·格兰特（Ulysses S Grant）的帮助下，林肯见证了3K党的解散。1868年8月

● **国家团结**
虽然林肯的地位受到动摇，但他还是非常刚毅果决。他做出让步，愿意加快重建的脚步。反叛州受到了合理的处罚，平息了北方的怒火，最终与合众国团结一致。1870年

● **林肯去世**
林肯见证了整个重建过程，最后在他深爱的妻子玛丽死后一年去世。全国上下因为前任总统的过世而哀悼。1882年11月

▲ 约翰·威尔克斯·布思刺杀林肯，改变了历史进程

的位置，这不是他的本意。但是，他坚持黑人投票权不能成为重新加入合众国的一个条件。我们也不清楚他之后会支持什么样的公民权利法。然而，就算他支持国会在他遇刺后批准的那个法案，最高法院应该还是会将方案判为不符合宪法，就像后来发生的那样。

安德鲁·约翰逊最后被国会弹劾。如果林肯活下来的话，他也会面对类似的命运吗？

让我把话说清楚。尽管在我写的小说里，林肯在幻想世界中活了下来，而且被弹劾了，我不觉得在真实世界里他会被弹劾。就像你说的那样，他太机智了。像我小说里写的那样，我不确定他会不会用各种阴谋去对付他的对手，但是我觉得他会在大事上寻求妥协。

而且，我也怀疑他的对手会不会真的这么做。尽管林肯不受自己党派领袖的欢迎，但是他很享受他在合众国取得的巨大威信。想要击碎大众对他的支持会是项庞大的任务，我觉得激进派的领袖会犹豫要不要去这么做。

如果林肯继续领导美国，美国公民获得公民权利之路会有何不同呢？

很多历史学家都被这个问题所困扰。在战争的过程中林肯也在慢慢发生改变。一开始，他反对奴隶，但是他觉得解放后的奴隶应该送回非洲。一开始，他认为有些比较聪明的黑人可以获得投票权，但仅限于此。林肯也觉得无论黑人和白人的合法权益如何，他们都不可能是完全平等的。他从小在边疆长大，他的观点来自他的成长背景。对于当时当地的人来说，他的想法其实已经是比较有前瞻性的了。

在战争的数年里，他的观点开始发生改变。他开始觉得被解放的奴隶可以留在美国。他似乎也开始支持当时所说的"全体黑人投票权"了。就像我刚才说的，我不认为如果林肯活下来的话，历史的大方向会有什么不同。那样的话，我们就把这一个个体看得太重了。但是历史是不是可能有更多进步，至少在某一些领域进步更快？我觉得是有可能的。

如果受到弹劾，对林肯会有什么后果呢？这会如何影响他的政治生涯以及他最后在历史上的地位呢？

那些在历史中死了的人都比活着的人的境遇更好。在林肯时代，受过高等教育的阶级常常说自安德鲁·约翰逊（精英们也并不喜欢他）以来的每一个总统都马马虎虎。林肯显然不是马马虎虎的那一个。内战、解放黑奴宣言和宪法第十四修正案都证明了这一点。

无论如何，我觉得他在历史上的地位还是会，或者说应该会，很稳固。不过，我觉得正是因为遇刺，才将他升高为一个备受赞扬的人物，

▲ 如果林肯不是布思原本的目标，那么凶手一开始想要刺杀尤利塞斯·格兰特和安德鲁·约翰逊吗？

让人很难开口批评他。（如果他没有遇刺身亡）我还是会像现在一样将他视为最优秀的美国总统吗？我觉得答案还是肯定的。但是我当然也不知道事实会不会是这样。

为了帮助结束内战，林肯不得不做出一些不讨好甚至是很残酷的决定。在内战之后他会面临什么样的后果呢？

为了终结这场战争，林肯暂停了申请人身保护令的权利。他无视了法庭的要求，不允许释放囚犯。他允许国务卿和军队将记者逮捕入狱，并让他的特务机关公开了美国内部的每一封电报。他用武力组织马里兰（Maryland）州议会开会，对脱离联邦投票。他做过的这类事情数不胜数。林肯做的很多事都会让任何一个现代总统陷入被弹劾的危机。但是，我们必须记得，白宫当时本身就刚刚建立，林肯对权力的逐步掌控恰恰是政府很脆弱的时候，而当时的政府强烈需要做出这些强势的行动。我不是说他的所作所为是对的，我只是想要把这件事放在时代背景中来讨论。

如果约翰·菲兹杰拉德·肯尼迪没有被刺杀,会怎么样?

美国,1963 年

杰夫·格林菲尔德(JEFF GREENFIELD)

杰夫·格林菲尔德是一名荣获诸多奖项的美国电视记者。他曾在有线电视新闻网(CNN),美国广播公司(ABC)和美国哥伦比亚广播公司(CBS)工作。在从业的 30 多年中,他为《时代》杂志、《纽约时报》及《洛杉矶时报》撰写过文章。他的个人以及与他人合著的作品共有 13 本,包括畅销书《如果肯尼迪或者:约翰·菲兹杰拉德·肯尼迪总统的第一及第二任期》(If Kennedy Lived: The First and Second Terms Of President John F Kennedy)。

如果肯尼迪没有在 1963 年于达拉斯遇刺,会发生些什么?

如果肯尼迪活了下来,当时的副总统林登·约翰逊(Lyndon Johnson)非常有可能被迫结束政治生涯。肯尼迪在达拉斯中枪的那天,有两宗不同的调查正在进行,这两宗调查都是针对林登·约翰逊的财政状况的。参议院的一个委员会在国会山开展第一宗调查,宣称他拿了回扣。另一宗是《生活》杂志的调查,这本杂志在当时是美国最重要的刊物之一。杂志在质疑这个一辈子都拿着政府工资的人是如何累积如此多的财富的。肯尼迪遇刺后,这些调查都戛然而止了。因为美国已经受到了巨大的创伤,没有人有兴趣再去雪上加霜。

如果肯尼迪活了下来,大家的第一反应会是去加快调查,弄明白这个人到底在搞什么鬼。毕竟,就像他们说的,这个人离白宫只有一步之遥。因此,我觉得林登·约翰逊会首先身陷丑闻,被迫结束政治生涯。这件事是最有可能发生的。

如果肯尼迪活过了两届任期,"冷战"以及与苏联的紧张关系还是会升级得这么快吗?

我要强调的是,很多人只看到了肯尼迪竞选总统时展示的那一面。那时的他那么强硬,那么

◀ 如果肯尼迪没有遇刺，他的历史形象可能并不会像现在这么正面

到那时，他已经当了两届总统，没有人知道他的健康状态会是如何。

斗志昂扬。在他的就职演讲中,他说他愿意付出任何代价,忍辱负重。但是,这些人没有看到古巴导弹危机对他的影响有多大。很显然,他和赫鲁晓夫(苏联共产党中央委员会第一书记)差点指挥了一场核武器大屠杀,这件事彻底改变了他看待世界的角度。从那时开始,他开始愿意和苏联寻求共识:比如签署禁止核试验条约,或者想其他办法来减缓"冷战"的严峻局势。

这会如何影响越南战争呢?

就国际上的丑闻来说,最具争议的当然就是越南战争。如果你想要改写历史,就要思考每件事的概率了,起码我是这样想的。如果想改变历史进程,你就要尽可能仔细地研究当时主要角色的所说所想。在1963年秋季,肯尼迪意识到越南要失守了,这就是一个证据。他草率地批准了一场政变,让新的领导层管理南越,或者说他没有阻止这场政变。他觉得当时的局面违反了他

▲ 如果肯尼迪连任两届总统,美国在越南战争中的参与度可能不会这么高

历史将如何被改写?

● **创建和平队**
美国总统第10924号行政命令创建了这个美国志愿者项目,以促进美国与其他国家的关系。1961年3月1日

● **肯尼迪遇刺**
遇刺时,肯尼迪正坐在得克萨斯州达拉斯城的一辆敞篷车里。他身中三枪,一枪击中头部,一枪击中背部,另一枪击中颈部,负伤而死。1963年11月22日

真实的时间线

真实的时间线

改写后的时间线

1952

● **肯尼迪入选参议院**
在众议院工作了8年之后,肯尼迪赢得了1952年的选举,取得了参议院的一个席位。他在随后一年与杰奎琳·李·布维尔(Jacqueline Lee Bouvier)结婚。
1952年11月4日

● **肯尼迪成为总统**
肯尼迪的竞选过程有条不紊,而且获得了林登·B.约翰逊的支持,最后在总统选举中成功打败共和党候选人理查德·尼克松(Richard Nixon),成为美利坚合众国第35任总统。
1960年11月8日

● **古巴导弹危机开始**
从美国中央情报局的一架侦查机拍到的照片中看,苏联人正在古巴修建弹道导弹发射场。肯尼迪对此作出反应,决定封锁港口,检查到达古巴的每一艘苏联军舰。
1962年10月14日

● **对越南的担忧**
肯尼迪评估了越南的情况,说道:"我们不希望继续留在越南……他们会把我们打得落花流水……但是我不能在把那块领地放手让给共产党之后,再让美国人民重新将我选为总统。"1963年4月

的原则，因为他得派遣大量的美国人去参与一场远在亚洲的陆地战争。他一直告诉人民他想要退兵。但是，在他1964年重新当选之前，他没办法这么做，因为当时的政治局面不允许。人们会指控他对付共产党的手段过于软弱。我觉得最有可能的情况是在1964年时，他继续让美国参战一段时间，试图维持原状，避免发生任何意外。我觉得东京湾（Gulf of Tonkin）事件不会发生。

约翰逊当时非常迅速地采取行动，悄悄增加了美军参战的程度。据我猜测，肯尼迪不会这么做。我觉得我们并不会参与越南战争。就算我们参与了，20世纪60年代末美国发生的文化冲突也会非常不一样。我们还是会有毒品，还是会有性，还是会有长发……但是我们不会有一群抗议者。因为通过越南，人们会发现国家并没有被迫误入歧途，只是有点居心不良。用乔治·布什（George Bush）的话来说，只会有"一场普通的抗议运动"。

你觉得他会是那一代人的标志性人物吗？

有意思的是，我觉得并不会那样，他不会比现在更具有标志性。因为恰恰是他的死、他的牺牲，才让他成为了一个标志。我觉得他如果活着的话不会这样，因为当你在一个人处于巅峰状态的时候硬生生地将他抹去，他就会成为一个偶像。我觉得他会参与更多的公众服务，例如国内和平队等组织；我觉得这些事情会更快提上议程，因为这是他热爱的事业。另一方面，当他去达拉斯时，有一些媒体人正在密切监视他的私人生活，这也是另一枚定时炸弹。当时的时代确实与今天不同，也没有人了解他的私生活。但是有一些很厉害的调查记者在密切关注他私生活上的一举一动。我觉得他和他的弟弟罗伯特会努力保守那个秘密。他们也许会成功——别忘了他以前有多强硬，他会用非法入侵调查和反垄断的手段来威胁记者，让他们难堪。但是我觉得还是会走漏一些风声，足以影响他的名誉。如果他不是

● **发表沃伦报告**
沃伦委员会调查了肯尼迪遇刺事件。在委员会成立一年后，林登·约翰逊收到了这份报告。报告指出，李·哈维·奥斯瓦德（Lee Harvey Oswald）和杰克·鲁比（Jack Ruby）是独自行动的。**1964年9月24日**

● **美国回应东京湾事件**
约翰逊总统利用国会给他的权力，向越南派遣陆地部队。首先到达的3500名美国海军在南越登陆，越南战争迅速升级。**1965年3月8日**

● **理查德·尼克松当选总统**
前副总统理查德·尼克松在1960年选举中是肯尼迪的对手，终于轮到他担任总统了。他在任期的第一届中十分受欢迎：他与苏联谈妥了限制战略核武器的条约，并加强了民权改革。之后，他在选举中大获全胜，又一次当选。**1968年11月5日**

● **通过民权法案**
新总统林登·约翰逊利用肯尼迪的死作为催化剂，推动国会在1964年通过民权法案。这项法案将在学校、工作场所以及公共场合针对种族、宗教、性别、肤色及国籍产生的歧视定为非法行为。**1964年7月2日**

● **美国各地爆发种族主义骚乱**
承诺终结美国内部歧视的民权法案迟迟没有实质性进展，美国非洲裔社区及其他种族团体失去了耐心，美国各地爆发暴力及非暴力抗议。**1966年**

● **水门事件**
尼克松总统的支持率在他的第二任期就开始下降，为了打击对手，尼克松政府试图窃听民主党总部。事件暴露后，尼克松总统被迫辞职。**1792年6月**

● **肯尼迪再次当选**
肯尼迪与共和党人巴里·戈德华特（Barry Goldwater）成为对手，最后大获全胜，赢得了选举，在白宫开始担任第二届总统。他的个人魅力，以及在面临苏联威胁时的强硬立场，帮助他赢得了超过三分之二的选票。**1964年11月3日**

● **肯尼迪在越南踌躇不决**
肯尼迪不愿意投入任何军事力量，开展一场"在亚洲的陆地战争"。马多克斯号（USS Maddox）和三艘越南鱼雷艇在东京湾僵持不下，但是最后什么也没有发生。**1965年3月8日**

● **苏美关系缓和**
肯尼迪没有再过多插手越南战争，彻底避免了战争升级。参与"冷战"的两个主要国家开始洽谈，缓和了两国的关系。**1967年**

● **杰基·肯尼迪离开约翰**
肯尼迪结束了第二届总统任期，理查德·尼克松在白宫取代了他的位置。作为前第一夫人，杰奎琳觉得她已经完成了任务，非正式地与背叛她的丈夫分居。**1968年11月5日**

● **肯尼迪去世**
在第二届总统任期结束后，肯尼迪的健康状况非常之差。他的疾病终于纷纷来袭，他在离开白宫十年后去世。**1978年**

▲ 1962年的"为工作和自由向华盛顿进军"是民权运动的重要时刻，但是肯尼迪处理民权运动的经历并不会像他的继任者那么丰富

在46岁时死了，他就不会成为国民偶像。

肯尼迪与玛丽莲·梦露的关系在今天看来是一个传奇。如果肯尼迪活下来的话，你觉得美国会经历类似克林顿丑闻的事件吗？

让我来告诉你会发生什么不一样的事：我问了一些人，看看他们觉得肯尼迪能不能在这场丑闻中幸存，他们都说"肯定不会"。美国在20世纪60年代早期时的文化氛围与20世纪90年代是完完全全不一样的。在1964年，纳尔逊·洛克菲勒（Nelson Rockefeller）是总统候选人之一，他在总统竞选的一场重要的首轮投票中失败了，原因仅仅是当时他的妻子生了个宝宝，让人们回想起他曾抛弃了他年纪较大的前妻，娶了一个更年轻的女子。在1964年时，从未有过一个离过婚的总统。没有人会觉得"算了，这是私事，每个人都有糊涂的时候"。我觉得（这个丑闻在当时会比克林顿丑闻）更令人震惊。在20世纪60年代中期，文化才刚刚开始发生改变。正因如此，我才觉得他们会拼尽全力，让这个故事不要公之于众。当时的时代完全不一样。

你觉得杰基（Jackie）能忍受多久呢？

杰基可能会非正式地与肯尼迪分居，比方说"我要去纽约了，开始我自己的人生。我们不会离婚或者怎样，但是我要过我自己的日子"。我无从知晓会发生什么，但是我真的觉得她会为她自己活一次。你别忘了当杰基成为第一夫人的时候，她才31岁——年轻到令人震惊。所以你在讨论一个还没到40岁就遭到丈夫抛弃的女人。但是，她没必要再这么被晾着，因为肯尼迪不需要再竞选了，所以我真的觉得她会试图找到自己的人生，不管肯尼迪会不会陪伴她。

约翰逊是参议院的领袖。他明白参议院是如何运作的，而肯尼迪并不明白。

我们也不知道肯尼迪的健康状况会如何。有人在1960年问他："为什么你要竞选总统？你这么年轻！"他说："我不知道八年后我的健康状况会如何。"他生过各种各样的病：他有艾迪生氏病（Addison's disease），肠道有很严重的问题，明显也有未经治疗的性病。因为艾迪生氏病吃的各种药和他在战争中负的伤让他身患背痛，愁苦不堪。他经历着这一切，因此有历史学家称赞他活着的每一天都体现了他的勇气。但是，他第二届任期结束时就会是50岁出头了，没有人知道他的健康状况会是如何。

肯尼迪推进了民权法案——他的死催化了1964年该法案的推行。如果不是因为他遇刺，法案会推行得这么快吗？

在这个方面，我觉得肯尼迪的成就不能与约翰逊相提并论，这么说有以下两个原因。约翰逊把肯尼迪和他的死当作了一张强大的煽情牌，让这些法案得到批准。第二，约翰逊是参议院的领袖。他明白参议院是如何运作的，而肯尼迪并不明白。约翰逊是一个南方人，是一个"得州人"，他明白参议院运作的细枝末节。1964年后，他拥有了立法权，用你的话说，就是在议会占多数席位。他其实是在国会掌握了足够的选票，让法案得以通过的。

我还觉得肯尼迪对民权没有什么兴趣，他很晚才开始关注这方面。尽管约翰逊是南方人，他一直有一种直觉，觉得他可以做这件事。我觉得约翰逊在1965的那次演讲，就是"我们将会克服"的演讲，真实反映了他的事业追求。约翰逊对国会说的意思大概是这样的："我年轻的时候一直在想，如果我有权力纠正这个错误，我一定会这么做的。让我告诉你一个秘密；我现在有这样的权力，我也打算用我的权力来做这件事。"

肯尼迪也是一个注重外交政策的总统。如果肯尼迪可以通过放弃民权运动来避免越南战争，他肯定会这么做的。我们最终还是能实现平权，不过如果肯尼迪活了下来，这个过程会比约翰逊领导的过程要慢一点。

如果水门事件没有暴露，会怎么样？

美国，1972—2016 年

1974 年 8 月 8 日，理查德·尼克松总统请辞。由于水门丑闻，他面临着被弹劾的威胁，成为美国历史上第一位因此辞职的美国总统。这仍然是美国政治历史上至关重要的转折点之一。但是，如果他没有被抓到，会怎么样呢？

尼克松在 1972 年以压倒性的胜利再次当选总统，在他当选不到两年后辞职。在他的第一届任期中，他是一位表现相对自由、激进的共和党人。在改革医保的过程中，他看上去还是会继续保持这个风格。但是，他又在考虑取缔美国国家环境保护局（Environmental Protection Agency，简称 EPA），让人觉得他可能更倾向于右派了。

"很多人指出，他削减 EPA 的计划是他开始改变的一个标志，他可能在往更保守的方向走。"
南安普敦大学（University of Southampton）

历史将如何被改写？

真实的时间线

1972

● **水门酒店**
五名男子因涉嫌企图窃听民主党全国委员会办公室，在水门酒店被捕。1972 年 6 月 17 日

● **尼克松重新当选**
尽管尼克松与闯入水门酒店的人有所联系，他还是以压倒性的胜利重新当选，赢得了 60% 的选票。1972 年 11 月 11 日

● **录音**
在经历调查后，尼克松在白宫内设置录音系统的事实首次被公之于众。1973 年 7 月 16 日

真实的时间线

● **尼克松拒绝上交录音**
尼克松没有销毁那些录音，但是拒绝将其上交给参议院水门事件调查委员会。1973 年 7 月 18 日

● **弹劾**
法院以 8 比 0 票通过裁决，命令尼克松交出录音，表明他涉及水门事件。开始弹劾进程。1974 年 7 月 24 日

改写后的时间线

● **焚毁录音**
在参议院或最高法院要求上交录音之前，尼克松焚毁了录音，毁灭了所有将他与水门事件联系在一起的证据。1973 年 7 月 18 日

● **助手入狱**
尽管尼克松的一些亲信入狱了，总统自己几乎毫发无损地从水门丑闻中走了出来。1973 年 8 月

● **取缔 EPA**
尼克松担心 EPA 的权力变得太大，在 EPA 成立 3 年之际砍掉了这个部门。1974 年 2 月

的肯德里克·奥利弗（Kendrick Oliver）教授告诉我们，"（但是）在选举之前，有证据表明，他正在与泰德·肯尼迪（Ted Kennedy）商讨一个能获得两党支持的医保方案。"

（如果尼克松没有辞职）越战的结果可能也会变得非常不一样。尼克松从他的前任林登·约翰逊那里接手了这场战争。尽管1973年的《巴黎和平协约》理应将这场战争画上句号，但是当美国军队退兵之际，由苏联支持的北越发动了攻击，最后在1975年攻占了南越。如果尼克松仍然掌权，这件事的结果可能会非常不一样。

"有一些历史学家认为，尼克松在坐等巴黎和平协约失败，满心盘算着要带领一支精锐空军部队回到越南，炫耀美国强大的空军力量。"奥利弗教授说道，"但是，水门事件大大削弱了尼克松的管理层，南越不可能对北越袭击做出任何反应，最终还是会走向失败。"

话说回来，还有一件事会与现在不同，也是更有趣的一点——尼克松在公众眼中的形象。

尽管奥利弗教授称他从未"被深爱"，但是原本大家还是尊敬他的。那些将他与水门事件联系在一起的录音是在白宫录的，这些录音彻底吞噬了这些尊敬之情。

"让尼克松最丢脸的事之一就是他说过的那些话。"奥利弗总统说道，"他用了很多'被删减的脏话'。这让人们看清了这个人，这个声称持有保守家庭观念的人，其实经常骂脏话，而且说得很多。他还经常说一些反犹太人的话。这些录音揭露了他复杂而黑暗的性格。"

不管怎么说，尼克松的请辞最终将共和党带上了一条非常不同的道路，变成了今天这个样子。在民主党人吉米·卡特（Jimmy Carter）出人意料地赢得1976年选举之后，共和党明显向右派转移。如果尼克松继续完成了第二届任期，这是不会发生的。

"你可能不会见到罗纳德·里根（Ronald Reagan）在1980年成为一名成功的总统候选人。"奥利弗教授解释道。

● **福特总统**
杰拉尔德·福特（Gerald Ford）在担任副总统8个月后成为总统。他赦免了尼克松的所有罪行，召来了争议。1974年8月9日

● **春季攻势**
在美国几乎没有反抗的情况下，北越入侵南越，最终引起春季攻势以及1975年的西贡沦陷。1974年12月

● **卡特当选总统**
吉米·卡特以反水门为主张竞选美国总统，出人意料地获得胜利，成为美国第39任总统。1976年

● **罗纳德·里根当选总统**
卡特想要连任总统，罗纳德·里根以489对49的选举团票数重重地打击了卡特，成为美国总统。1980

● **特朗普当选总统**
唐纳德·特朗普（Donald Trump）乘着共和党的保守派价值观浪潮，出其不意，成为美国总统。2016年11月8日

● **春季攻势未成**
由于美国重新参与越战，越南的春季攻势不复存在。南越没有沦陷，北越和南越保持分裂状态。1975年4月

● **第二届任期结束**
尼克松成功地结束了他的第二届任期，当时的共和党会比现在的共和党要自由得多。1977年1月20日

● **民主党陷入混乱**
民主党为了和一个激进的共和党人对抗，被迫更加左倾。1984年

● **美国重新进入越南**
北越想要扩张到南越，但是尼克松指派的空军部队迅速抵挡了他们。1974年12月

● **卡特失败**
吉米·卡特竞选美国总统失败，很多投票者担心他的从政经验太少。1976年11月2日

● **谁是里根？**
由于共和党变得更加左倾，罗纳德·里根没有得到竞选总统的机会。1980年

● **跳过了特朗普**
由于共和党更右倾的那些观点没有普及，唐纳德·特朗普不会成为美国的第45任总统。2016年

肯德里克·奥利弗（KENDRICK OLIVER）教授

肯德里克·奥利弗是南安普敦大学的美国历史教授，也是该校帝国与后殖民研究中心（The Center for Imperial and Post-Colonial Studies）的主任。他专门研究1945—1980年的美国历史，尤其是现代政治、社会及文化问题。

战争与战役

如果天平倾向了另外一边，天下将谁主沉浮？

66	如果土耳其人没有占领君士坦丁堡，会怎么样？
70	如果西班牙没有征服阿兹特克人，会怎么样？
76	如果詹姆斯起义成功了，会怎么样？
80	如果西班牙无敌舰队胜利了，会怎么样？
86	如果英国成功镇压了美国的独立战争，会怎么样？
92	如果拿破仑赢得了滑铁卢战役，会怎么样？
98	如果南方邦联赢得了内战，会怎么样？
104	如果德国在第一次世界大战中获胜，会怎么样？
110	如果奥斯曼帝国在第一次世界大战期间加入了协约国，会怎么样？
114	如果三国盟军在1918年进军柏林，会怎么样？
118	如果美国入侵了加拿大，会怎么样？
122	如果德国赢得了大不列颠战役，会怎么样？
128	如果日本没有袭击珍珠港，会怎么样？
134	如果同盟国在大西洋战役中失败了，会怎么样？
140	如果古巴导弹危机升级了，会怎么样？

如果土耳其人没有占领君士坦丁堡，会怎么样？

罗马帝国，1451—1521 年

1453 年 5 月 29 日，奥斯曼帝国（Ottoman Empire）的领袖苏丹·穆罕默德二世（Sultan Mehmed II）攻占了君士坦丁堡。最后一位拜占庭皇帝君士坦丁十一世（Constantine XI）为了保护自己的城邦，抵抗土耳其人的袭击，战死沙场。这场胜利之后，穆罕默德二世在巴尔干半岛（the Balkans）和爱琴海（the Aegean）向基督教势力开战。1481 年，他试图在奥特朗托（Otranto）入侵意大利，但在入侵之前便去世了。如果威尼斯派出的战舰没有延

历史将如何被改写？

真实的时间线

1451

- **苏丹上位**
  苏丹穆罕默德二世继承父位，成为奥斯曼帝国的统治者，但是很多人对他的能力持保留意见。1451 年

真实的时间线

- **为博斯普鲁斯（Bosphorus）增强防御**
  苏丹穆罕默德二世建造了如梅利堡垒。如梅利堡就在君士坦丁堡的北面，是一座巨大的堡垒。他在那里监控博斯普鲁斯海峡及高地。1452 年 4 月

- **准备工作**
  穆罕默德二世向伯罗奔尼撒区派遣了一支大部队，拦截想要到达君士坦丁堡的援军。1452 年 10 月

- **不惜一切代价**
  拜占庭皇帝同意让东部和西部的基督教会统一，以此换取军事援助。1452 年 12 月 12 日

改写后的时间线

- **为了信仰**
  官方援军迟迟未到，富裕的基督徒开始用小分队来帮助保卫这座城市。1453 年

- **威尼斯人启航**
  威尼斯人本来要派遣一支舰队前来支援，但是这件事延迟了好几个月。这意味着这支舰队将会错过这场战役。1453 年 4 月

- **土耳其人后退**
  在围城军队向北进军的过程中，威尼斯舰队阻断了对围城军队的供应，因此土耳其人没有成功攻陷君士坦丁堡。1453 年 6 月 30 日

- **封锁港口**
  威尼斯的舰队封锁了君士坦丁堡港口，让穆罕默德二世无法带领舰队进城。1454 年

误,及时到达君士坦丁堡,成功拯救了这座城市的话,事态将如何发展呢?

如果威尼斯的战舰占领了君士坦丁堡港口,穆罕默德就不能将他自己的船停在这片水域。这样的话,防御方就可以集中精力,防御陆地上的围墙。在攻城失败持续了几个月后,穆罕默德二世将被迫退回他的首都埃迪尔内(Edirne)。为了报复,他在1454年4月向威尼斯宣战。这次,他将集中兵力攻击伯罗奔尼撒区(the Peloponnese)的威尼斯。指挥官克里斯托福罗·莫罗(Cristoforo Moro)在1455年6月的内格罗蓬蒂(Negroponte)战役中打败了土耳其人。六个月后,安纳托利亚辖区(Anatolian beyliks)的一场起义迫使穆罕默德二世离开了希腊。1456年,莫罗夺取了莱斯沃斯岛(the island of Lesbos)及比雷埃夫斯(Piraeus)的港口城市。5月1日,威尼斯及希腊军队攻占了雅典。同时,加拉塔(Galata)的热那亚人成功占领了穆罕默德二世的如梅利堡垒(Rumeli Hisari)。穆罕默德无法再一次攻击君士坦丁堡。

1481年穆罕默德二世死后,他的两个儿子巴耶济德(Bayezid)与杰姆(Cem)为了争夺对帝国的控制权,开展了一场长达十年的内战。他们将帝国分成了两个部分,巴耶济德控制了欧洲地区,杰姆则控制了亚洲地区。君士坦丁堡的皇帝曼努埃尔三世(Manuel III)利用这种分裂,赢得了两位苏丹的让步,但是几乎没有分到什么领土。

1512年4月,塞利姆一世(Selim I)毒杀了自己的父亲和哥哥,成为了西部的苏丹。他立刻入侵了安纳托利亚,战争以处死杰姆而告终。由塞利姆宣布,奥斯曼帝国重新统一。热那亚人畏惧塞利姆的力量以及残忍的作风,便将如梅利堡垒还给了他,条件是他必须答应不去侵害加拉塔的热那亚人殖民地。

在之后的两年里,塞利姆将陆军和海军力量带到了君士坦丁堡,准备再一次围攻君士坦丁堡。1515年3月,围攻开始。5月11日,君士坦丁堡沦陷,围攻结束。最后一任皇帝君士坦丁十二世逃离了该城。他在罗马教宫邸中获得了一处府邸,并在那里建立了流亡中的政府。他在临死前加入了医院骑士团(Knights

● **围城开始**
穆罕默德二世带领着最后一支部队到达君士坦丁堡,正式开始围攻这座池。防御者纷纷来到围墙之上。1453年4月5日

● **海军激战**
奥斯曼帝国的军队未能冲破围墙,于是它们的军舰开始尝试阻止基督教的军舰抵达君士坦丁堡。1453年4月20日

● **全力一击**
大量入侵者的涌入击溃了基督教的守卫兵,他们无法阻止奥斯曼帝国的士兵冲破围墙,进入城邦。1453年5月29日

● **教会分立**
尽管君士坦丁堡沦陷已经过了几百年,君士坦丁堡仍然是一个让俄国东正教产生分歧的话题。17世纪

● **改称伊斯坦布尔**
占领之后,奥斯曼帝国很快将君士坦丁堡改名为伊斯坦布尔。但是,直到20世纪,伊斯坦布尔才成为这座城市的官方名称。1930年

● **内格罗蓬蒂战役**
威尼斯指挥官克里斯托福罗·莫罗与土耳其人对战,在内格罗蓬蒂战役中给了土耳其人致命一击。1455年6月

● **奥斯曼帝国重新统一**
苏丹塞利姆一世在士麦那战役(Battle of Smyrna)中打败了他的叔叔杰姆。杰姆将亚洲地区的控制权转交给了塞利姆一世。1513年4月10日

● **付之一炬**
皇帝查理五世召开了沃尔姆斯议会决定终结马丁·路德的宗教改革。马丁·路德拒绝放弃他的信仰,死在了火刑柱上。1521年4月21日

● **威尼斯-土耳其战争**
穆罕默德二世与威尼斯开战,深陷困局。由于土耳其辖区发起了起义,他被迫向安纳托利亚转移一部分军力。1454年4月—5月

● **兄弟反目**
巴耶济德称帝,他的弟弟杰姆感到不满,发起了一场血腥的内战。直到九月,君士坦丁堡才重获和平。1481—1491年

● **君士坦丁堡沦陷**
塞利姆一世向君士坦丁堡进攻。5月15日围墙倒塌之际,为数不多的守城者逃到了威尼斯的军舰上。1515年3月12日—3月15日

·67·

托马斯·F. 马登（THOMAS F. MADDEN）

托马斯·F. 马登是圣路易斯大学（Saint Louis University）的历史教授，也是该校中世纪及文艺复兴研究中心的主任。他是著名的美国中世纪研究协会（Medieval Academy of America）及约翰·西蒙·古根海姆基金会（John Simon Guggenheim Foundation）的研究员。

Hospitaller）。

1520年，新苏丹苏莱曼一世（Suleiman I）将他的和平条约（Edict of Grace）派发给了塞尔维亚（Serbia）、波斯尼亚（Bosnia）、瓦拉几亚（Wallachia）和阿尔巴尼亚（Albania）的统治者，允许他们通过进贡获得虚拟独立。苏莱曼集中精力，增加君士坦丁堡的人口，重建这座早已残破不堪的城邦。

在德国，新当选的查理五世（Charles V）召开沃尔姆斯议会（Diet of Worms）。由于土耳其的威胁不复存在，国王开始反对支持新教的王子。由于马丁·路德（Martin Luther）拒绝放弃他的异教信仰而死了火刑柱上。1521年至1523年，皇室力量消灭了德国境内的最后一位新教领袖。查理与教皇克莱门特七世（Pope Clement VII）之间保持着良好的关系。这让克莱门特得以在1527年批准亨利八世废除他与阿拉贡的凯瑟琳之间的婚约。新教改革告吹，只有瑞典和苏格兰留存了些许孤立的星星之火。

如果西班牙没有征服阿兹特克人，会怎么样？

墨西哥，1519年

马修·里斯道（MATTHEW RESTALL）

马修·里斯道是宾夕法尼亚州立大学（The Pennsylvania State University）研究拉丁美洲殖民地时期历史的教授。他的专业领域是尤卡坦（Yucatan）与墨西哥、危地马拉与伯利兹（Belize）、玛雅历史、西班牙征服史以及西班牙美洲中的非洲人。在2011年及2012年，有4本他参与合著的书先后出版，包括《2012与世界末日：玛雅预言中的西方文化根基》（2012 And The End Of The World: The Western Roots Of The Maya Apocalypse）以及《殖民地时期的拉丁美洲》（Latin America In Colonial Times）。

海伦·考伊（HELEN COWIE）

海伦·考伊是约克大学的历史学讲师。她著有《在西班牙及西班牙帝国中征服大自然，1750—1950》以及《展示十九世纪英国的动物：共情、教育及娱乐》。

如果西班牙人没有征服阿兹特克人，会怎么样？

海伦·考伊：西班牙征服者当时使用的武器非常高级。他们用钢铁剑、弩、火绳枪和大炮对付黑曜石剑、投石器和弓箭，所以很容易让人觉得征服阿兹特克人是必然会发生的事。不过，如果我们仔细看看征战中的历史事件，就会明白科尔特斯（Cortes）的胜利并非必然，他的远征队其实很有可能在中途失败。有几次，西班牙人眼看就要失败了——最戏剧化的一次就是所谓的"悲痛之夜"。那一次，西班牙在欠缺考虑的情况下，派人屠杀了阿兹特克的贵族，最后被迫逃到特诺奇提特兰（Tenochtitlan）。如果没有诸如特拉斯卡兰人等原住民同盟持续不断的支持，西班牙人是无法征服阿兹特克帝国的。从政治上破坏阿兹特克社会稳定的除了技术和马匹，还有疾病带来的毁灭性影响。但是，要不是在几个关键时刻交到好运，科尔特斯很有可能会失败。

马修·里斯道：埃尔南·科尔特斯（Hernan

▼ 如果阿兹特克人抵挡了西班牙人的征战，他们应该会开始使用新型武器

西班牙征服者最后肯定会见到使用钢铁武器甚至使用枪支的阿兹特克武士。

◀ 在征战时,特诺奇提特兰爆发了激烈的对战。如果致命的天花病毒没有传遍阿兹特克帝国,就算西班牙人拥有更好的武器,也有可能面临失败

Cortes)领导的入侵差一点就失败了。大多数在1519年至1520年从加勒比穿越到墨西哥的人都在与阿兹特克人的对战中身亡了,科尔特斯自己也与死神擦肩而过。但是,如果科尔特斯在打败阿兹特克之前死了,战争最后的结果肯定还是会非常类似:与他同行的一名船长会继续以同样的方式进军,例如佩德罗·阿尔瓦拉多(Pedro Alvarado)。然而,西班牙征服者及其同盟的死亡率很高,几位起到关键作用的船长都死了,各方领导频频失败,这些因素可能会让幸存下来的人退回古巴。

这对后来旧世界征服新世界的尝试会有什么影响?

考伊:就算科尔特斯打了败仗,也很难想象西班牙人会放弃攻占阿兹特克。之后的远征队应该会越来越多,可能还会带上更多的军队远征。当时疾病的蔓延为科尔特斯的远征助了一臂之力,给了阿兹特克人致命一击。尽管代价高昂,但帮助西班牙人最终获得了胜利。不过话说回来,在科尔特斯失败后,他们未必能像科尔特斯那样轻而易举地吸引到原住民做同盟。西班牙人

历史将如何被改写?

● **发现新世界**
克里斯托弗·哥伦布(Christopher Columbus)在寻找新大陆与贸易机会的过程中,成为了第一个发现新世界的人。此后,很多欧洲人开启了穿越大西洋的航行。1492年10月12日

● **征战开始**
科尔特斯又一次登陆尤卡坦。这一次,他从古巴航行而来,率领了11艘军舰和500名士兵。他想要为他自己占领新世界的这片土地。1519年3月4日

● **科尔特斯到达特诺奇提特兰**
西班牙征服者到达阿兹特克首都,从阿兹特克领袖蒙特苏马二世那里收获了礼物,住在了他的宫殿中。1519年11月8日

真实的时间线

真实的时间线

改写后的时间线

1428

阿兹特克帝国成为主导力量
阿兹特克人战胜了阿斯卡波察尔科区(Azcapotzalco)的特帕内克人(Tepanec),形成中美地区的主要文明。他们的文化、建筑和语言都在这片地区起主导作用。1428年

大洪水
一场大洪水摧毁了阿兹特克首都特诺奇提特兰。在西班牙征服者到达之前,这场大洪水和其他的饥荒及洪灾削弱了阿兹特克人的力量。1510年

见证流星
有人称,一颗流星在这一天划过天空。在阿兹特克文化中,这是一个征兆。这颗流星意味着厄运即将到来,让阿兹特克皇帝蒙特苏马(Montezuma)忧心忡忡。1517年

科尔特斯的第一批军队登陆
西班牙征服者率领着一支小部队在尤卡坦登陆。在与原住民激战后,这支军队轻而易举地被击败了。西班牙人发誓,会率领一支更大的军队回归。1517年2月

科尔特斯去世
蒙特苏马立刻开始小心翼翼地提防这这批入侵旧世界的人。他指挥了一场战争,让士兵全力以赴向西班牙人开战。这场出其不意的战争让科尔特斯的军队无力抵抗。阿兹特克人杀了科尔特斯,击溃了他的军队。1519年11月8日

阿兹特克帝国在两年的战争之后就沦陷了，这影响了我们看待阿兹特克人的方式。

之所以能吸引到（原住民）支持者，是因为他们看上去是一支能获得胜利的精兵，可以帮原住民对抗他们的敌人阿兹特克人。如果科尔特斯失败了，或者被杀了，西班牙部队坚不可摧的光环就随之消失，应该很难找到原住民支持者了。

阿兹特克人能从欧洲人那里学到些什么？随着时间的推移，他们能利用欧洲人枪支之类的技术实现现代化吗？

里斯道：他们肯定会这么做，就像后几个世纪中其他原住民和印第安人一样。后来的原住民和印第安人成为了北部平原上的武士，骑着马，操着步枪，一点问题都没有。在西班牙与阿兹特克的战争中，阿兹特克人其实已经夺取了西班牙人的武器和盔甲，并开始使用这些东西了。如果这场战争化为一系列的战役，变成一场长达数年甚至数十年的征战，西班牙征服者最后肯定会见到使用钢铁武器甚至使用枪支的阿兹特克武士。

考伊：证据表明，在科尔斯特率领的征战中，阿兹特克人已经开始学习如何对付欧洲武器以及作战技巧了。比如，为了躲避西班牙大炮及火绳枪发射的炮弹，阿兹特克士兵进军时不会走直线，而是会左右移动。为了消除西班牙骑兵的优势，他们会在路上竖起路障，避免在马匹擅长的开放式平原作战。如果科尔特斯失败，阿兹特克人的军事作战技巧应该会继续升级，能够更有效地打击欧洲士兵。他们也会了解到西班牙人在这场战争中的目的及理念，从而选择一种更有攻击性的作战方案，以应对之后的入侵。

● **塞姆博拉战役**（Battle of Cempoala）
科尔特斯和他的军队匆匆离开特诺奇提特兰，开始打仗。最终，他们打败了科尔特斯的宿敌——西班牙人迭戈·贝拉斯克斯（Diego Velazquez）。1520年4月

● **悲痛之夜**
两支军力都开始向阿兹特克人发动进攻。尽管蒙特苏玛（Montezuma）死了，他们还是被打得节节败退。西班牙军队从特诺奇提特兰逃走，但是死伤无数。1520年7月

● **特诺奇提特兰沦陷**
在持续3个月的攻城后，天花、马匹以及西班牙的钢铁武器打垮了特诺奇提兰，人民全线崩溃。1521年8月

● **墨西哥城的诞生**
特诺奇提特兰重建为墨西哥城，成为了新西班牙的新首都。在夸乌特莫克（Cuauhetemoc）被处死之前，他是该城的傀儡统治者。1522年

● **科尔特斯与底拉斯卡拉人结盟**
底拉斯卡拉人是阿兹特克人不共戴天的仇人，他们与西班牙人结了盟。底拉斯卡拉人想要摧毁阿兹特克文明，就像科尔特斯想要金矿和财富一样。1520年7月

● **宗教改变**
由于墨西哥持续抵抗入侵，天主教义的传播停滞不前，而传统的阿兹特克宗教和文化欣欣向荣。1525年6月

● **天花泛滥**
欧洲侵入者给新世界带来了病毒。天花成为了传染病，害死了大批的阿兹特克人。1520年8月

● **新一轮远征**
由于西班牙人带来了旧世界的疾病，还开展了新一轮的远征，阿兹特克文明渐渐消亡。1640年

● **科尔特斯去世**
埃尔南·科尔特斯在62岁时去世。后来的人们认为这位阿兹特克文明的征服者是一位伟大的探险家，但也是一个贪得无厌的人。1567年

● **新技术**
阿兹特克人通过不断的尝试，以及对西班牙囚犯的审讯，最终学会了骑马，也学会了如何制造钢铁武器以及如何使用枪支。1520年1月

● **对于旧世界的经济影响**
西班牙没有开采到阿兹特克的金矿，经济状况停滞不前。因此，西班牙现代化的脚步也变慢了。1520年2月

● **摧毁底拉斯卡拉**
底拉斯卡拉人曾与西班牙人结盟。为了惩罚他们，阿兹特克人在底拉斯卡拉进行了大屠杀，以确保底拉斯卡拉人不会再向阿兹特克人添麻烦。1520年4月

● **取消皮萨罗（Pizarro）征战**
因为无力支付军资，西班牙人只好取消征战秘鲁以及印加帝国的计划。1532年

● **科技进步**
阿兹特克人掌握了钢铁技术后，将其他西方技术也融入了他们的军事之中，例如火枪与大炮。1781年

● **阿兹特克文明消亡**
西班牙人不断入侵，疾病持续爆发，法国人和英国人也加入了入侵的队伍中，最后导致了阿兹特克文明的消亡。1819年

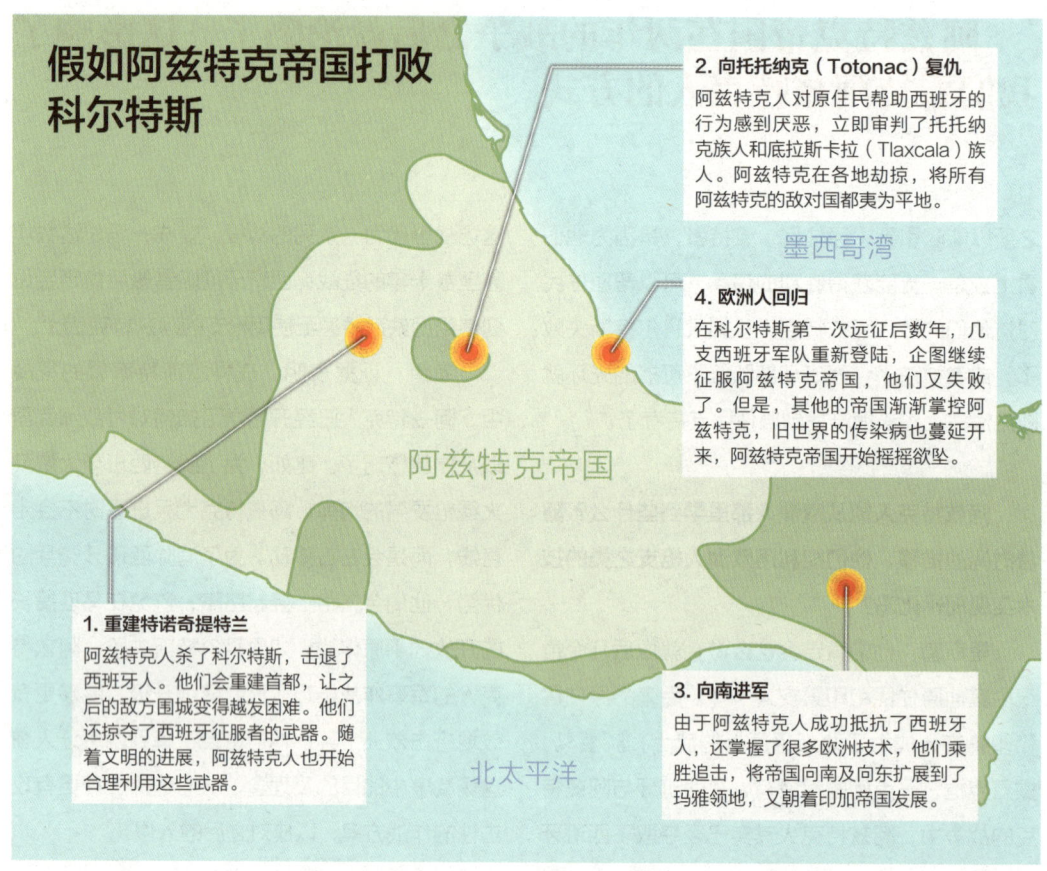

假如阿兹特克帝国打败科尔特斯

1. 重建特诺奇提特兰
阿兹特克人杀了科尔特斯，击退了西班牙人。他们会重建首都，让之后的敌方围城变得越发困难。他们还掠夺了西班牙征服者的武器。随着文明的进展，阿兹特克人也开始合理利用这些武器。

2. 向托托纳克（Totonac）复仇
阿兹特克人对原住民帮助西班牙的行为感到厌恶，立即审判了托托纳克族人和底拉斯卡拉（Tlaxcala）族人。阿兹特克在各地劫掠，将所有阿兹特克的敌对国都夷为平地。

3. 向南进军
由于阿兹特克人成功抵抗了西班牙人，还掌握了很多欧洲技术，他们乘胜追击，将帝国向南及向东扩展到了玛雅领地，又朝着印加帝国发展。

4. 欧洲人回归
在科尔特斯第一次远征后数年，几支西班牙军队重新登陆，企图继续征服阿兹特克帝国，他们又失败了。但是，其他的帝国渐渐掌控阿兹特克，旧世界的传染病也蔓延开来，阿兹特克帝国开始摇摇欲坠。

阿兹特克人会攻占这块大陆的其他地区，扩张阿兹特克帝国吗？

里斯道：如果阿兹特克人在战争中获得了马匹以及西班牙的技术，他们会如何巩固并扩张自己的帝国呢？这是个很有意思的问题。阿兹特克人似乎在1519年前就随时准备向玛雅地区的南部扩张了，毫无疑问他们会有能力这么做的。

考伊：阿兹特克帝国的结构非常松散，所以这不好说。他们不太会将自己的政府、语言及宗教系统强加给他们攻占的民族，而是会保持现有的领袖，只是向他们征收贡品（税收的一种形式）而已。如果西班牙征战失败，这样的管理系统应该也不会变。不过，阿兹特克人应该会重重地惩罚那些之前与西班牙征服者结盟的民族，因为他们对阿兹特克帝国不忠，使阿兹特克人付出了双倍的代价来打击底拉斯卡拉人。阿兹特克人会在一片广袤的土地上进行奢侈品贸易，交易的商品包括玉、羽毛及美洲虎皮毛。尽管如此，他们应该不太可能改变管理结构，变成一个非常正式的征战帝国。

他们会与欧洲势力成为贸易伙伴吗？

里斯道：就算之后的几代阿兹特克人能够不断抵御西班牙人的攻击，还有另一个因素可能会让新世界帝国之间的互动变得很复杂，因为荷兰人、法国人和英国人在新世界的存在感越来越强了。在之后的几个世纪中，西班牙人、法国人和英国人会与原住民结盟，利用同盟关系互相开战，企图争夺领土，获得殖民地的控制权。

考伊：这不太可能。阿兹特克人的确在中美

洲广泛进行贸易，但是西班牙人愿不愿意接受这样一种商业关系又是另外一回事了。西班牙人想要大量的金矿银矿，这些都需要进行开采。除此以外，他们还想要愿意皈依基督教的灵魂。如果不去正式地征服阿兹特克帝国，这两样东西他们都无法得到。

如果入侵失败，对欧洲会有何影响呢？

里斯道：我觉得如果16世纪20年代西班牙人入侵失败的话，他们还是会继续入侵。传染病及持续入侵带来的影响在16世纪20年代末终将摧毁阿兹特克帝国。不过，让我们想象一下，如果阿兹特克人借用西班牙的技术，在这些袭击中存活了下来，将帝国延续到了16世纪，会怎么样。这样的话，阿兹特克帝国会让其他欧洲势力产生巨大的兴趣，例如英格兰。可能现在很难想象英格兰人在17世纪征服了阿兹特克人。不过，英格兰人（后来的英国人）确实在阿兹特克墨西哥的北部、东部和南部地区建立了一个巨大的帝国。这个帝国的部分地区成为了美利坚合众国。之后，美国继续进攻，最后永久占领了现今阿兹特克墨西哥遗址的一半地区。

考伊：如果没有成功征服阿兹特克帝国（以及后来的印加帝国），西班牙将受到严重的影响。之后，西班牙将靠着美国的银矿来为欧洲的军事战役提供经济支持。在宗教改革的背景下，宗教战争在旧世界各地频频爆发，阿兹特克的失败也将对天主教义在全球的传播产生巨大影响。

如果西班牙没有征服阿兹特克帝国，现在的我们看待阿兹特克文明会有何不同呢？

里斯道：阿兹特克帝国在两年的战争之后就沦陷了，这肯定影响了我们看待阿兹特克人的方式。西班牙人将阿兹特克文明描绘成一种野蛮、血腥的文明，以此来支持他们在这个地区入侵和殖民的合理性。他们尤其强调阿兹特克文明中将活人献祭的那一部分，尽管西班牙人、英格兰人和其他欧洲人都曾出于政治、宗教的理由公开处死过人。西班牙人还指控阿兹特克人吃人肉，这根本是无稽之谈。尽管我们现在对阿兹特克帝国的过去有了更加综合、辩证的认识，但是西班牙人宣传的负面形象还是停留在了大众的想象中。不过，如果阿兹特克人在1519年至1521年的西班牙入侵中存活了下来，如果他们绵延的帝国甚至与欧洲势力建立了同盟或外交关系的话，现在我们对阿兹特克人生活环境的了解会多得多，也不会对他们有那么强烈的刻板印象。

考伊：这很难说，这很大程度上要看后来的西班牙远征有没有征服阿兹特克，也要看他们在19世纪能否保持独立的主权。在19世纪，又一波欧洲帝国主义来袭，很有可能再次侵害阿兹特克。不管怎么样，假设至少有一部分西班牙征服者幸存了下来，将阿兹特克文明中活人献祭的部分传播出去，那阿兹特克的负面形象应该还是会保留下来。不过，我们可能会更加敬畏阿兹特克的军事能力，觉得这次征服是西班牙人的一次险胜。

如果詹姆斯起义成功了，会怎么样？

英国，1745年

在一系列起义失败之后，詹姆斯党在1745年再一次起义。这次起义是由邦尼王子查理（Bonnie Prince Charlie，查尔斯·爱德华·斯图亚特的别称）领导的复辟运动。同年12月，詹姆斯党军队已经向南进军，到达了德比（Derby，英国中部城市）。那时，他们面临着一个进退两难的局面：继续进军伦敦，还是回归北方？

如果詹姆斯党到达了伦敦，他们需要法国的协助才能成功。邦尼王子查理的军队只有5000个士兵，但是他们要控制一个有50万人口的城市。"然而，法国人正在准备入侵，计划在埃塞克斯（Essex）登陆。因此，如果查理到达伦敦时，法国也登陆了，詹姆斯党复辟就可能获得成功。"司琪教授说道。

詹姆斯党会得到法国的持续支持，但是他们肯定全力支持"小王位凯觎者"（Young Pretender，查尔斯的另一个别称），希望伦

历史将如何被改写？

高举战旗
邦尼王子查理在一些高地氏族的支持下，在格伦芬南（Glenfinnan）高举战旗，正式开始反叛起义。1745年8月19日

从伦敦撤兵
邦尼王子查理听从了军事顾问团的建议，决定不再继续向伦敦进军，唯恐他的军队中了敌人的圈套。1745年12月

退潮开始
一系列小规模战斗不停攻击着詹姆斯党，最终他们没能占领威廉堡（Fort William），反叛军命悬一线。1746年

真实的时间线

1745

越洋行动
邦尼王子查理带领一群跟随者在苏格兰登陆，展开战争，企图复辟斯图亚特王朝。1745年7月23日

改写后的时间线

进军伦敦
邦尼王子查理继续进军英国首都。他的法国盟友表示愿意派出援兵。1745年12月

詹姆斯党统治伦敦
法国军队在埃塞克斯和肯特（Kent）开辟了道路。詹姆斯党通过一场具有毁灭性的钳形攻势拿下了伦敦。1746年1月

敦的胜利能让英国退出奥地利王位继承战争（War of the Austrian Succession）。但这个过程对查理来说并不会一帆风顺，而且逃到朴次茅斯（Portsmouth）的国王乔治二世也不会轻易放弃王位。"汉诺威人必须另外在伯明翰（Birmingham）或布里斯托（Bristol）建立一个首都，英格兰也会成为一场大战的集中地。很多人认为，如果汉诺威人在伦敦失守，汉诺威政权也会随之崩溃。汉诺威得到的支持本身就很脆弱。如果伦敦失守，原本中立的那批人可能也会纷纷背叛汉诺威。我觉得还会展开全面内战。虽然真的很难说到底会发生什么，但是查理和他的支持者应该会得到法国正规部队的支持。这样的话，他们将能与英国对战，并在一场直接的对峙中打败英国军队。"

如果詹姆斯党叛乱成功，随后就会有一位詹姆斯党国王，英国和法国的联盟也会十分强大。因此，国际关系也会有所不同。首先，邦尼王子查理并不是一个很虔诚的人，他会保持英格兰的新教主义，甚至他自己可能都会皈依英国国教。这会加速发展大不列颠岛的信仰自由，也许能将信仰自由提前100年左右。

对新世界将产生更重大的影响："美国革命就快要失败时，法国介入了。法国人拯救了美国。如果没有法国人的介入，就不会有美利坚合众国。如果英法结盟了，那么英国政府就只需要镇压一场短暂的叛乱。"这样的话，法国与海峡对面的邻居新建立的良好盟约也会让法国人民感到满意，从而避免了法国革命的发生。这个改写后的时间线也会对欧洲其他地方影响深远。"英国的海军军力加上法国的陆军军力可能会创造出一个更强大的欧洲。这两大军力的组合会令普鲁士、奥地利及西班牙望而生畏。"

另一方面，这个全新的英法联盟本身会更具有攻击性吗？

"英国和法国有可能会向东开拓疆土，但是法国不会对奥地利的领地虎视眈眈。法国只想确保奥地利不会变得过于强大，威胁到法国的东部边境。"

如果1745年詹姆斯党叛乱成功了，之后又抵抗住了汉诺威人必然会展开的反击，可能会给历史带来深远的影响。拿破仑战争将不复存在，美国也不会诞生，这两个是最有可能发生的巨大变化。这样的话，到了20世纪，我们可能会看到一个非常不同而且比现在和平得多的世界。

● **血染峡谷**
政府军残酷地血洗高地，让坎伯兰荣获了"屠夫"的名号。高地文化及着装受到了压迫。1746年

● **醉酒的王位凯觎者**
邦尼王子查理逃到了欧洲，不再企图登上王位。他年迈时常常酗酒，充满了怨恨。1746—1788年

● **美国革命战争**
十三个殖民地（the Thirteen Colonies）为了抵抗英国的镇压，在法国与西班牙的帮助下获得独立，成立了美利坚合众国。1775年4月19日

● **英国对战法国**
法国废除君主制后，拿破仑成为了皇帝，将欧洲卷入了一系列血腥的冲突之中。1803—1815年

● **自由女神像**
自由女神像是法国送给美国的礼物，象征着团结。雕像坐落于曼哈顿，标志着美国脱离大不列颠的统治，获得自由。1886年

● **改变主要边境**
在没有大不列颠支持的情况下，法国、普鲁士及西班牙在奥地利继位战争中打败了荷兰及奥地利。1746年7月

● **美国革命失败**
在法国的帮助下，13个殖民地的反抗迅速被镇压。红衣兵对反叛者一点也不友善，制定了比之前更加严格的法律限制。1776年2月

● **和平的欧洲**
拿破仑只不过是一个革命理想主义者。奥地利、神圣罗马帝国及普鲁士始终没有鼓起勇气，对抗英法联盟。1792年4月

● **委托制作维多利亚雕像**
为了庆祝联盟的继续，法国开始准备维多利亚女王的雕像。这座雕像将坐落于纽约。1877年

● **第二次内战**
起初，詹姆斯党努力维持着国家秩序。在法国的支持下，邦尼王子查理处死了乔治二世，打击了所有反抗力量，让人民心服口服。1746年2月

● **长期盟友**
英国和法国成为了世界上最牢固的军事盟友，团结了陆军及海军，令全世界望而生畏。18世纪

● **法国革命不复存在**
法国人民会更加健康、更加快乐。路易十六（Louis XVI）和玛丽·安托瓦内特（Marie Antoinette）继续掌权，波旁王朝得以扩大，恢复了活力。1793年1月

● **德国退让**
在一系列的交战后，德国终于放弃挑战英法联盟下势不可当的军事力量。1914年

如果英国和法国的结盟,纽约海港上屹立的可能不再是自由女神像,而是维多利亚女王的雕像。

丹尼尔·司琪教授（PROFESSOR DANIEL SZECHI）

丹尼尔·司琪毕业于谢菲尔德大学（University of Sheffield），后在牛津大学获得博士学位。他现在是曼彻斯特大学（University of Manchester）早期现代史系的教授。他出版了很多关于詹姆斯党历史的著作，比如《英国失落的革命？》(Jacobitism and his book, Britain's Lost Revolution?))。

如果西班牙无敌舰队胜利了，会怎么样？

英格兰，1588 年

杰弗里·帕克（GEOFFREY PARKER）

著名历史学家杰弗里·帕克曾荣获诸多奖项，他在俄亥俄州立大学（Ohio State University）担任历史学教授，也是该校梅尔尚中心（Mershon Center）的一员。他的很多著作都探讨了现代欧洲的早期社会、政治和军事方面的历史。他最有名的两本书是《军事革命》(The Military Revolution)和《腓力二世的大策略》(The Grand Strategy Of Philip II)。

如果西班牙无敌舰队胜利了，会怎么样？

如果这样的话，他们肯定可以在马盖特（Margate）登陆，他们也可以到达伦敦。他们会沿着泰晤士河南岸进军，可能先到金斯顿（Kingston）的一座桥那里，再折返进军伦敦，拿下首都。伦敦的围墙根本不值一提，而且帕尔马（公爵）会有随军的攻城装备。我觉得一旦上了岸，西班牙人会势不可当。

这么说，如果西班牙人换一种策略的话，还是有可能登上英国的土地？

是的。当然了，去猜想这种基于假设发生的事肯定是很危险的。我们需要先做好两件事：第一，要让改写的程度尽可能小……你可以改变微小的事件。第二，你必须问问你自己，就算这些变化真的发生了，最后得到的长远图景又会有什么不同。这就是所谓的"二级反事实思维①"（second order coounter factual）。英格兰会被打败，但是长远来看会发生什么呢？

我觉得，目前我们有一些很有用的线索。很多人以为西班牙大军会在埃塞克斯登陆，而忽略

---

① 反事实思维，指对不真实的条件或可能性进行替换的一种思维过程。

伦敦围墙肯定会倒塌。

▲ 西班牙无敌舰队可以沿着泰晤士河北上，攻占伦敦

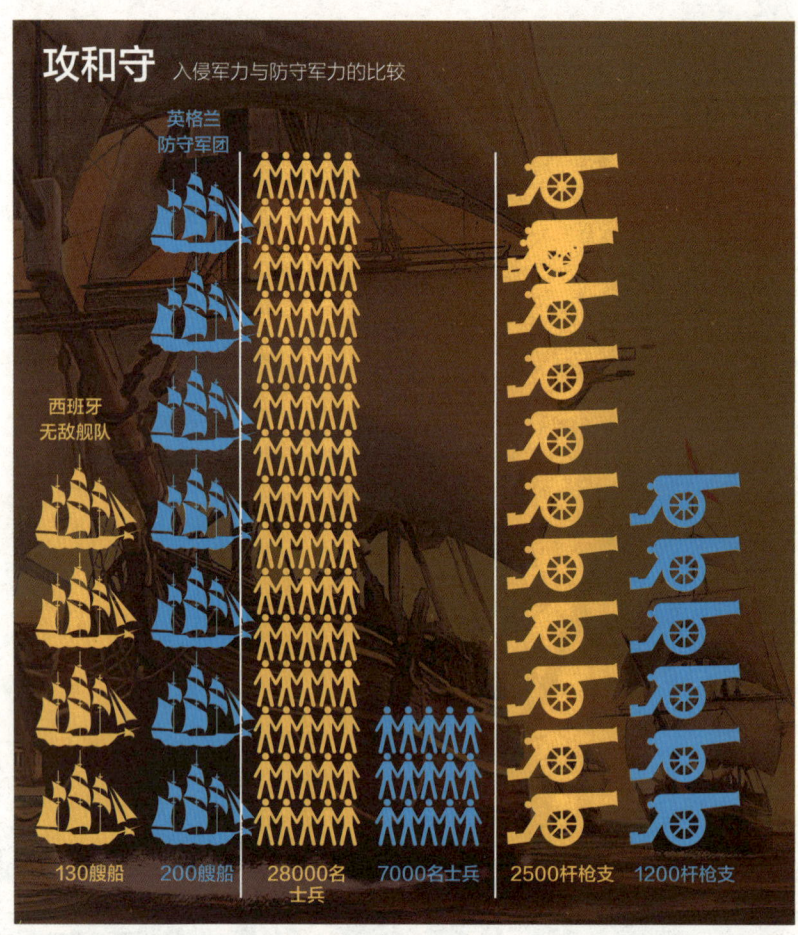

攻和守
入侵军力与防守军力的比较

英格兰防守军团

西班牙无敌舰队

| 130艘船 | 200艘船 | 28000名士兵 | 7000名士兵 | 2500杆枪支 | 1200杆枪支 |

历史将如何被改写？

真实的时间线

1558
● **伊丽莎白一世即位**
英格兰的天主教女王、西班牙国王腓力二世的妻子，玛丽一世去世后，她的继位人伊丽莎白一世在1559年公开指责天主教，支持新教。虔诚的天主教徒腓力二世气急败坏。1558年

● **新日历**
几个欧洲国家废弃了古老（且不准确）的儒略历，引入了全新的格里历。格里历是天主教发明的，所以新教国家英格兰直到1752年才开始采纳这种日历。在1752年采纳格里历时，他们把日期跳过了11日。1582年

● **处死玛丽**
伊丽莎白的堂姐玛丽一世也是苏格兰女王。由于玛丽信仰天主教，伊丽莎白下令将她砍头，激起了西班牙的怒火，西班牙与英格兰开战。腓力计划入侵英格兰，推翻英格兰的新教政权。1587年

● **舰队出发**
一支由130艘战舰组成的舰队从里斯本出发。船上有20000名士兵及2500杆枪支，还有用来推倒伦敦围墙的攻城装备。人数几近30000人的佛兰德军团在荷兰等待着西班牙无敌舰队。1588年5月28日

真实的时间线

改写后的时间线

● **在普利茅斯港开战**
西班牙无敌舰队在形势绝对有利的情况下，向普利茅斯港航行，让一大批英格兰战舰下了地狱。由于英格兰舰队在港口停泊时遇上了涨潮，很多战舰遭到破坏，七零八落，使海军队伍严重受损。1588年7月19日

他们非常邪恶……他们会伤害你们的女人，鞭打你们，然后逼迫你们回去做弥撒。

肯特，但是帕尔马其实会在肯特登陆。毕竟没有人能让军队散布各地，所以英格兰人就猜了一回，但是猜错了。在1592年，我们会看到帕尔马公爵开展另一次难度相当的军事行动。他的军队需要进入法国，解放法国西北部城市鲁昂镇（town of Rouen）。他们在七天内击退了敌军，完成了这项任务。

我还有一个类比：在诺曼底登陆那天，德国人也以类似的手段算计了伊丽莎白·都铎（Elizabeth Tudor）。那就是说，你要么像隆美尔（Rommel）想的那样，沿着河岸平均分布军队，要么你就得像冯·伦德施泰德（Von Rundstedt）那样，在沿岸布置一些军队，然后将主要军力留下来护城。你会如何选择呢？

西班牙人的佛兰德军团（Army of Flanders）当时在海峡的另一边，他们本来打算如何到达英格兰呢？

你看，这就是改写历史。这支舰队会从西班牙北上，通过某种方式与西班牙军团首领帕尔马沟通，在出发时通知他。这样的话，帕尔马的军队就可以提前在他们的小船上等候了。他们知道荷兰人（英格兰的同盟）会等着他们，所以准备了四艘非常强大的"盖伦帆船（galleasses）"。这些船在之前的军事行动中非常有效——它们有50门大炮，和伊丽莎白女王的大型帆船战斗力相当。西班牙人计划让这些吃水很浅的帆船直接进入海峡，将帕尔马的舰队带出来。荷兰人没有办法阻止这件事，因为他们的船没有足够的军

● **商议和平**
在西班牙无敌舰队出发的同一天，英格兰大使瓦伦丁·戴尔（Valentine Dale）与西班牙前来交涉的人在瓦尔堡（Warburg）会面。在英格兰方面不知情的情况下，西班牙已经选择了开战，并利用此次交涉让伊丽莎白分心。1588年5月28日

● **发现西班牙无敌舰队**
在西班牙企图入侵的过程中，糟糕的天气不断为英格兰带来有利的局势。暴风雨延迟了西班牙无敌舰队的航行，让几艘军舰不得不返回西班牙。剩下的舰队最终在英格兰西南部的康沃尔（Cornwall）进入战线。1588年7月19日

● **扭转局势**
当无敌舰队在法国海岸进港时，英国舰队派出8艘装满炸药和火药的火箭船，袭击停泊的西班牙无敌舰队，将其驱散。1588年7月28日

● **格拉沃利讷海战**
英国舰队带着更大的海军力量返回，并在法国北部的格拉沃利讷迅速击败了西班牙无敌舰队。1588年8月8日

● **议和取消**
西班牙无敌舰队开战的消息传到了英格兰，议和随即取消。伊丽莎白的舰队完全没有准备，西班牙的武器装备远远超过了英格兰。同时，强大的佛兰德军团却在海峡的另一边，这个消息无疑让英格兰雪上加霜。1588年7月16日

● **第一场血战**
当西班牙舰队在普利茅斯（Plymouth）停泊时，腓力二世直接下达命令，让西班牙放弃了一次攻击一部分英格兰舰队的机会。相反，腓力二世让西班牙无敌舰队去攻打弗朗西斯·德雷克（Francis Drake）的军舰。那些军舰虽然较为脆弱，但是速度很快。就这样，西班牙陷入了僵局。1588年7月21日

● **回归海面**
西班牙舰队与英格兰舰队在普利茅斯再往东的波特兰（Portland）交战。这场战役的本意是让西班牙舰队在怀特岛村（Isle of Wight）和英格兰之间获得一个暂时的港湾。不过，英格兰防守成功，逼迫西班牙舰队回到海面上：西班牙舰队只好转而向加来（Calais）出发。1588年7月23日

● **安全的港湾**
在打完第一个胜仗后，西班牙无敌舰队非常激动。他们迁移至索伦特（Solent），在怀特岛村和英格兰之间建立了一个安全的港湾。1588年7月23日

● **护送**
西班牙的"盖伦帆船"是无敌舰队中的一小部分，但是战斗力惊人。西班牙舰队利用"盖伦帆船"率先航行至荷兰，佛兰德军团在那里的驳船中等候着他们，然后护送剩下的士兵穿越海峡。1588年8月9日

● **进军**
佛兰德军团在肯特登陆，行军穿过英格兰乡村，势不可当。他们一路上攻城略地，扫平了许多城镇。一周后，他们攻下伦敦。1588年8月10日

● **刺杀伊丽莎白一世**
英格兰天主教徒收到了西班牙人到达伦敦的消息，开始了叛乱。无论如何，伊丽莎白的命运已定，她遭到了刺杀。但是，我们不知道这场刺杀是出于复仇，还是想要确定她受到了因镇压天主教徒而应得的惩罚。1588年8月11日

● **打败英格兰**
西班牙军队到达伦敦，他们在泰晤士河上还有一支小舰队。在这支小舰队的支持下，帕尔马公爵把随军的攻城装备很快推倒了伦敦古老的围墙和碉堡。伦敦沦陷，西班牙军队赢得了这场战役。1588年8月17日

▲ 西班牙无敌舰队在这场战役中牺牲了成千上万人的生命。相比死于炮火的人，有更多的人死于暴风雨

事装备来阻止这些帆船。一旦这些帆船进入了无敌舰队之中，无敌舰队就能横渡海峡。这些帆船在肯特海岸也做了同样的事，让其他人无法拦截那些登陆艇。

腓力二世集结的佛兰德军团很庞大，士兵们也都受过良好的训练，因此军团威名远扬。这支军团会在英国大地上获胜吗？

以每一名士兵的攻击力来说，西班牙军团肯定比英格兰军团要强，我觉得这是毫无疑问的事。西班牙军团唯一缺的就是骑兵。但是，英格兰也没有很多骑兵。不管英格兰的士兵受过多好的训练，如果他们的士兵无法以一当十，28000人的兵团肯定会击垮7000人的兵团。英格兰军团没有野战炮兵，在泰晤士河南边也没有碉堡。甚至伦敦的围墙都非常落后。

在开战前30年，有一位名叫托马斯·怀亚特（Thomas Wyatt）的人在肯特发动了一场针对腓力二世的叛乱。怀亚特和其军队的行兵路线和帕尔马准备走的路线一模一样。他们在金斯顿穿过了泰晤士河，走到了伦敦围墙。他们停止行军就是因为他们没有炮兵。最终，这场叛乱失败了。但是，帕尔马会有随军的攻城装备，包括大约20杆枪。这样的话，伦敦围墙肯定会倒塌。

腓力二世的理想目标是攻占伊丽莎白及议会所在地威斯敏斯特教堂。这有可能发生吗？

我觉得我们在一座幻想岛上。无敌舰队一登陆，英格兰天主教徒就会揭竿而起，其中的某一个人就会杀了她。我不觉得他们会俘获伊丽莎白，他们应该会杀了她。那样的话，都铎王朝就会像无头苍蝇一样失去方向。

如果腓力二世的军团登陆了英格兰，他可以从英格兰本地召集到更多的支持者吗？

他们（西班牙人）会假设自己得不到任何支持。他们会假设天主教起义没有发生。或者，就算天主教起义发生了，他们会假设起义发生在西北部，而不是在他们需要支持的南部和东部。新教仍然是一个新的宗教。就连伊丽莎白女王在1559年的时候仍然会去做弥撒，假装自己是天主教徒。她只有完全确定她的姐姐彻底结束与法国的战争，并且与法国达成和平之后，才敢宣称自己是新教徒。

帕尔马公爵曾贿赂指挥官，让他们放弃要塞。英格兰会有很多城镇这么做吗？

我们的确知道有一些在荷兰的英国爱尔兰指挥官受到了贿赂。在英格兰也可能会发生吗？为什么不可能呢？这些在荷兰的英国爱尔兰指挥官都是伊丽莎白亲自挑选的。如果她选择的人思想根基并不稳固，不能成为很好的同盟，那么她在英格兰也可能犯下同样的错误。我们的确知道有一名叫罗杰·威廉斯（Roger Williams）的第三统帅曾亲自与西班牙人并肩作战了三年。他是西班牙人的仰慕者。谁知道他在重压之下会不会倒戈呢？尤其是如果伊丽莎白去世的话。我想说，你会为谁而战呢？她没有子嗣——她的继承人就是苏格兰女王玛丽，但是她在无敌舰队登陆前一年就把她处死了。因此，很难说到时候谁更有号召力。你真的会想为了苏格兰的詹姆士六世而战吗？我不这么认为。但是话说回来，腓力和帕尔马也不能指望这些人——他们认为势不可当的军力足以完成任务。

伊丽莎白在西班牙人进攻时发表了著名的"蒂尔伯里（Tilbury）演说"。英国防守成功从何种程度上激励了她的统治呢？

这场演说的第一次书面记载是在1623年。在此之前，没有人听说过这场演说。然后，突然有人说"我记得，当我是个孩子的时候……"，我们怎么知道她是否真的做了那次演说呢？我们又怎么知道她说了什么呢？演员凯特·布兰切特（Cate Blanchett）演绎的版本与莱昂内尔·夏普（Lionel Sharp）在1623年记录的版本已经非常相似了！

我们是在用20世纪的想法在思考。一个类似丘吉尔（Churchill）在20世纪40年代发表的演说："我们会与他们在海滩上作战……我们永远不会投降。"这场演说是通过广播播放的，但是伊丽莎白那个时代并没有广播的存在。那时，你只有神职人员。神职人员坚持说，当这些天主教徒来的时候，你会非常后悔：他们非常邪恶，带来了耶稣会会士（Jesuits），还带着鞭子。他们会伤害你们的女人，鞭打你们，然后逼迫你们回去做弥撒。所以我觉得，如果想研究是什么激励了反抗，你会发现他们打的是宗教牌，而不是政治牌。

这件事会对接下来一个世纪的英国历史有什么连锁反应呢？

我觉得火药阴谋将不会发生，因为如果伊丽莎白对天主教教义做出了些许让步，天主教徒就没有理由憎恨詹姆斯六世。

但是，我们只是集中考虑了一个方面。我们也必须想一想，腓力二世仍然会是腓力二世。他的儿子腓力三世是腓力与他侄女所生的。（在这个家族中）已经有很多我们可以称为乱伦的婚姻关系了。因此，腓力二世去世后，剩下的腓力三世会是一个脆弱的领袖。他的祖孙们最终会失去西班牙，这个王朝也会在17世纪消失殆尽。就算西班牙获胜，他们也不过会在未来失去更多而已，他们没有办法防守他们拥有的土地。从短期来看，拥有英格兰作为卫星国，并且重新获得对荷兰的统治，确实是巨大的成功。但是，哈布斯堡家族（Hapsburgs）还会是哈布斯堡家族，他们会继续繁衍后代、近亲结婚。你不能改变这件事。我觉得，从长远来看，如果英格兰可以继续保持独立，如果都铎王朝存活了下来，你还是会看到詹姆斯六世，所以英格兰还是会和西班牙和解。腓力二世仍然是哈布斯堡人，而他的儿子不会有能力来维护这个帝国。不论西班牙无敌舰队有多成功，你还是会见到腓力三世，只是他会失去他父亲获得的一切。

如果英国成功镇压了美国的独立战争，会怎么样？

北美，1775—1783 年

史蒂芬·康韦教授（PROF STEPHEN CONWAY）

史蒂芬·康韦是伦敦大学学院（University College London）历史系教授，主要教授十八世纪英国及英领殖民地时期的美国历史。他的著作包括《大不列颠群岛及美国独立战争》（The British Isles And The War Of American Independence, 2000），以及《美国革命战争简史》（Short History Of The American Revolutionary War, 2013）。

约翰·费林名誉教授（PROF EMERITUS JOHN FERLING）

约翰·费林是美国早期历史的专家，他曾出版多部关于这个主题的作品，例如《一个大洲的奋斗：早期美国战争》（Struggle For A Continent: The Wars Of Early America, 1993），以及《几近奇迹：独立战争中的美国胜利》（Almost A Miracle: The American Victory In The War Of Independence, 2007）。

如果英国镇压了美国独立战争，会怎么样？

康韦：大不列颠帝国将继续统治美国殖民地，至少在当时来看会是这样的。殖民地也许会自我和解，恢复英国的统治，然后逐渐获得越来越多的地方自治权。最终，他们会像后来的很多英南方邦联家一样获得独立。不过，反叛之火也有可能在几年后重新燃起。或者，英国政府也可能会觉得，在殖民地维持驻军代价实在太高了，然后就批准殖民地独立。

英国的胜利是不是只可能延缓美国独立？还是会让美国像加拿大一样，成为英联邦的一员呢？

艾利森：这两种情况都有可能。本杰明·富兰克林（Benjamin Franklin）认为，独立会自然而然地发生；他所想的是像英南方邦联家这样独立。他觉得，当美国人口比英格兰的人口要多得多的时候，伦敦不可能再继续管理美国政府。

英国必然会给美国越来越多的自治权。

罗伯特·艾利森教授（PROF ROBERT ALLISON）

罗伯特·艾利森1992年获得了哈佛大学的博士学位。自那时起，他就在位于美国波士顿的萨福克大学（Saffolk University）教授美国历史。他是萨福克大学历史系的主任，也在哈佛继续教育学院（Harvard Extension School）教授历史。他的著作包括《美国革命简史》（The American Revolution: A Concise History, 2011）以及《波士顿茶党》（The Boston Tea Party, 2007）。

▲ 白宫在1792年铺下了第一块基石——这是独立战争结束9年以后

费林：富兰克林觉得美国的人口会在 19 世纪中期超越大不列颠，而且他只算上了自然增长的人口。如果将移民纳入计算，美国的人口肯定在 1850 年以前就远超英国了。我觉得在整个 19 世纪期间，伦敦必然会给美国越来越多的自治权。

如果英国获得胜利，那么战后的 13 个殖民地会变成什么样呢？乔治·华盛顿等革命领袖又会如何呢？

康韦：反叛领袖的遭遇应该会和 1745—1746 年的反叛领袖一样，因叛国罪被处死。

费林：如果富兰克林所言属实，在战争爆发之际，英国民众对殖民者是非常愤怒的；多年的战争只会让这种情绪雪上加霜。如果镇压了这场反叛，大家肯定都想要殖民者遭到报应。有些领袖会被处死，而有些会被长期关押起来。殖民者应该也得缴付罚金，或者面临某种经济惩罚。

你觉得除了这 13 个殖民地之外，美国的其余地区会经历些什么呢？

费林：法国革命可能会成为导火索，激发美

▲ 在1766年3月发生的拿骚战役（Battle of Nassau）中，美国海军袭击了当时在巴哈马（Bahamas）由英国统治的岛屿

国再一次尝试获得独立。但是，假设这一切并没有发生的话，我觉得伦敦会继续向西部推进。几乎可以肯定，英国比美利坚合众国要花更多的时间才能抵达太平洋。英国商人一直不看好往阿巴拉契亚（Appalachian）山脉①之外移民，但是英国人最终还是会到达那里的。

---

① 阿巴拉契亚山脉，位于美国东部，北美洲东部巨大山系，是北美州东部众多山脉的统称。

历史将如何被改写？

举行大陆会议（Continental Congress）
第一届大陆议会成立，他们一致反对不可容忍法案。从议会成立之初，大家就知道一场迫在眉睫的冲突不可避免。1774 年

英国拒绝议和
1775 年夏天，乔治三世国王无视第二届大陆会议的橄榄枝请愿书（Olive Branch Petition），战争继续进行。1776 年 5 月，法国国王路易十六为美国提供了大额捐赠，解决了美国的军火问题。不久后，1776 年 7 月 4 日，美国独立宣言投票通过。1775—1776 年

真实的时间线

真实的时间线

1774

改写后的时间线

通过不可容忍法案（Intolerable Acts）
波士顿茶党是殖民地多年来不断发酵的一支起义队伍。为了回应波士顿茶党目无法纪的行为，英国政府在 1774 年年初通过了不可容忍法案（又称强制法案）。1774 年

战争开始
马萨诸塞州本地的民兵（第一届大陆会议在 1774 年建议成立）与英国军队在列克星敦（Lexington）发生冲突，打响了战争的第一枪。1775 年 4 月 19 日

邦克山（Bunker Hill）战役
在这场主要战役中，爱国党军队勇敢地对抗了英国军队持续不断的攻击。最终，英国军队的强劲实力与坚持不懈击垮了缺乏军火的爱国党。英国军队伤亡惨重，但是仍然占得上风，拿下了邦克山。1775 年 6 月 17 日

这种仇恨会在战败的美国中更加根深蒂固。

艾利森：西班牙认领了密西西比河（Mississippi）以北的领土，但是几乎不治理。英国可能会将美国印第安人留在俄亥俄谷（Ohio Valley）以及现在阿拉巴马（Alabama）和密西西比所在的地方，因为他们是贸易伙伴。这可能会阻挠美国殖民者向西开拓。不过，这也可能不会阻挠他们，因为《1763年公告》（Royal Proclamation of 1763）中并没有禁止殖民者在西部定居。

密西西比河和落基山脉（Rocky Mountains）中间的区域就是大平原（the Great Plains），其中的很大一部分是在19世纪中期从墨西哥手里抢来的。美国人在大平原开展殖民的主要动机就是将东海岸和西部连接起来。在19世纪40年代，美国和英国差点因为现在位于加拿大的大不列颠哥伦比亚（British Columbia）开战；在詹姆斯·K.波尔克（James K Polk）成为第十一任美国总统之前，他在1844年的竞选宣言是"以北纬54度40分为界，否则开战"。凭借实力雄厚的海军，英国会控制美国的西海岸。西班牙会被挤出去。如果北美洲没有了独立的美利坚合众国，不知道墨西哥和其他拉丁美洲国家还会不会以同样的方式发展。

英国的胜利会给英国带来哪些好处和坏处呢？

康韦：如果要说好处的话，就是对殖民地有了更强的经济控制。殖民地的海外贸易尤其会受到控制，因为这些贸易要受到17世纪英国航海法案（Navigation Acts）的限制。但是，英国得到的好处不会比他们从战败中获得的好处多多少。在1783年之后的很多年里，独立后的美国仍然与英国保持着一种半殖民的经济关系。美国消费了英国制造的大量商品，并为英国送去了不计其数的原材料。如果英国赢得了战争，他们需要继续治理美洲、防御美洲，这些花费会给英国带来压力。因此，可以说这次战败给英国留下了许多好处，而且没有带来什么损失。

费林：英国面临的一项巨大的挑战就是要以

● **华盛顿获胜**
乔治·华盛顿在新泽西州的特伦顿（Trenton, NJ）领导了一场突袭，让英国军队措手不及。爱国党获得了决定性胜利，鼓舞了士气。1776年

● **英国投降**
英国军队在1781年10月19日于约克敦（Yorktown）投降。1782年2月，英国政府决定放弃战争。1781—1782年

● **另一场战争**
美国向英国宣战，重新拉开了战争的帷幕。之前的那次战争使1812年战争黯然失色，但是《星条旗》国歌始于这个时期。1812—1815年

● **美国加入"一战"**
美国希望采取中立策略，同时又担心与英国的贸易。于是，美国加入"一战"，美国士兵与英国士兵站在同一"一战"线上。1917年4月

● **长岛战役**（Battle of Long Island）
英国军队总司令威廉·豪爵士（Sir William Howe）在长岛获得了胜利。美国人企图逃往曼哈顿，但是被英国阻止了他们。乔治·华盛顿被杀。1776年8月27日

● **英国面对新的敌人**
在欧洲，美国获得了越来越多的支持，尤其是来自法国的支持。1778年7月10日，法国宣布对英国开战。法国海军起到了至关重要的作用。1777—1778年

● **流放地**
13个美洲殖民地与大西洋海岸一起成为了英国流放罪犯的主要目的地。送去澳大利亚的罪犯少了很多。1790年

● **法国入侵西班牙**
由于西班牙卖掉了"法国的"路易斯安纳，背叛了法国，国王路易十六感到非常生气，下令入侵西班牙，但是英国参与了战争，打退了法国。1823年

● **美国人口剧增**
在1868年，英国停止向美国和澳大利亚运输罪犯，移民至英国北美的人数在政府控制下逐渐增加。1868年

● **英美协议**
这个协议正式结束了这场战争。没能逃跑的爱国党支持者都被关入狱，或者被处以绞刑，包括其主要领袖约翰·亚当斯（John Adams）与本杰明·富兰克林。英国继续巩固对殖民地的统治。1776年

● **购买路易斯安纳州**
法国由于支持美国革命战争而破产。于是，英国政府不断劝说西班牙放弃路易斯安纳。英国以折扣价购买了这块领地。1803年

● **统一之举**
下加拿大、上加拿大及美国殖民地统一成了英国北美（British North America）。英国政府批准法国与割让的地区进行贸易，安抚了法国。1840—1867年

某种手段，重新赢得殖民者的心。这件事不会那么容易。虽然美国在革命中获得了胜利，但是大部分美国人在之后的一个世纪还是非常憎恨英国人。如果美国失败的话，这种仇恨会在美国流连更久，并且更加根深蒂固。

如果战争的局面反转，除了英国和美国的其他国家会受到什么影响呢？

艾利森：法国、西班牙和美国印第安人受到的影响会最显著，但是他们主要是会削弱英国，来保护法国在美国西部的印第安殖民地。如果没有了美国革命这个成功的案例，法国革命还会发生吗？由于参与美国革命，法国还欠下了一屁股债务。如果没有这些债，法国革命还会发生吗？肯定还是会的。法国的贵族和低效的政治局面压垮了政府，法国当时正在经受一个无能政府的管理和七年战争的战失败。西班牙在18世纪70年代和18世纪80年代正在巩固墨西哥边境；西班牙参与美国独立战争的主要目的是为了夺回直布罗陀（Gibraltar）。

不过，美国印第安人是战争中损失最大的群体。虽然英国是他们的同盟，但却在印第安人最需要他们的时候选择了背叛。我不是想专门针对英国人，因为大多数国家都会去争取他们自己的利益。英国曾提议在俄亥俄谷建立一个印第安缓冲州。当时英国也是易洛魁族、克里克族以及切罗基族部落的贸易伙伴，这也是为什么这些部落支持英国人，而不是美国人。

美国会盘算着与加拿大建立一个统一的国家吗？

康韦：美国人曾经在1775年企图控制加拿大，也在1782—1783年的和平协议中要求英国将加拿大让与美国。但是，英国坚持要留下加拿大。幸亏美国的忠英派离开了美国（移民至加拿大），使得加拿大的新教人口日益剧增，这是英国政府自1763年以来就想要的。如果美国在独立战争中失败了，那么忠英派可能就会留在以前的英国殖民地，加拿大的很大一部分地区就会保留着法语和天主教信仰，也会和其余英国本土的殖民地非常不一样。

费林：我觉得英国会反对统一，至少在英国镇压美国独立之后的很长一段时间里会是这样。在长达7年的战争中，英国曾想要阻止13个殖民地在同一个政府的统治下达成统一，这也是富兰克林在奥尔巴尼联盟计划（Albany Plan of Union）中提议的。如果英国在革命战争中打败了殖民者，他们应该会分裂一些殖民地，削弱他们的力量。另外，英国在1775年颁布了强制法令（Coercive Acts），将一系列变化强加于马萨诸塞州政府。如果英国在革命战争中获胜，应该会马上让每一个殖民地都施行这些新政策。

如果英国仍然统治着13个美国殖民地，你觉得澳大利亚还会发展成一个流放地吗？

康韦：澳大利亚的新南威尔士（New South Wales）曾被建成一个流放地。但是，如果英国仍然统治北美的殖民地，那他们应该不会想将罪犯运去这么远的地方。美国这个选项会便宜得多。顺便提一下，当时许多人反对将囚犯关进监狱进行改造的做法。正是因为英国无法再将囚犯运送到美国殖民地，改革者才获得机会，提出罪犯应该被关进监狱、进行改造，而不是被处死或者被流放。更广义地来看，我们可以说，美国的失败会让英国更加关注东方，尤其是亚洲。所谓的"向东摇摆"可能言过其实，但是毫无疑问的是，大英帝国肯定会重新调整各项事务的优先顺序。即便如此，在印度的扩张已经开始了，可能也会继续下去，尽管英国可能不会以同样的速度

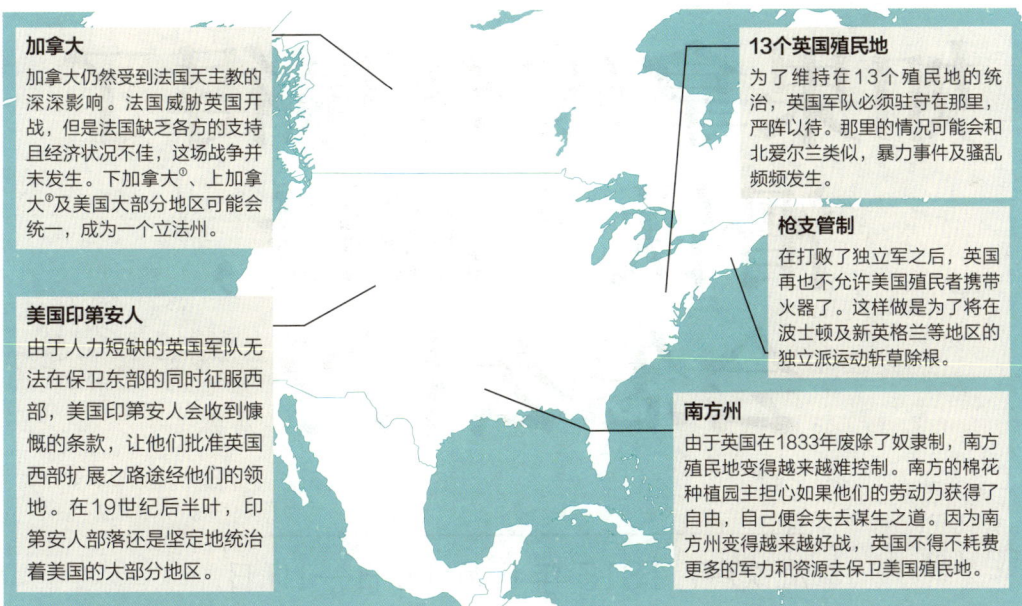

加拿大
加拿大仍然受到法国天主教的深深影响。法国威胁英国开战，但是法国缺乏各方的支持且经济状况不佳，这场战争并未发生。下加拿大①、上加拿大②及美国大部分地区可能会统一，成为一个立法州。

美国印第安人
由于人力短缺的英国军队无法在保卫东部的同时征服西部，美国印第安人会收到慷慨的条款，让他们批准英国西部扩展之路途经他们的领地。在19世纪后半叶，印第安人部落还是坚定地统治着美国的大部分地区。

13个英国殖民地
为了维持在13个殖民地的统治，英国军队必须驻守在那里，严阵以待。那里的情况可能会和北爱尔兰类似，暴力事件及骚乱频频发生。

枪支管制
在打败了独立军之后，英国再也不允许美国殖民者携带火器了。这样做是为了将在波士顿及新英格兰等地区的独立派运动斩草除根。

南方州
由于英国在1833年废除了奴隶制，南方殖民地变得越来越难控制。南方的棉花种植园主担心如果他们的劳动力获得了自由，自己便会失去谋生之道。因为南方州变得越来越好战，英国不得不耗费更多的军力和资源去保卫美国殖民地。

进行扩张了。

艾利森：可能会。在18世纪70年代，英国真正的殖民重点并非美国，而是印度、牙买加（Jamaica）和巴巴多斯（Barbados）。因此，英国想要控制通往印度的海路，也想将贸易转向中国。澳大利亚对这两件事都很有用。

如果英国重新获得了美洲的控制权，这件事会如何影响20世纪的历史事件，例如"一战"呢？

康韦：如果我们假设英国赢得了美国独立战争，殖民地还是由英国皇室统治的话，那么这片殖民地肯定会像1914年英国的自治领那样加入第一次世界大战。这样会不会将天平倾向协约国，对抗德国、奥地利和匈牙利呢？我们不得而知。也许，没有获得独立的美国并不会很快实现工业化，人口也可能更少。这样的话，殖民地新增的力量与美国实际在1917—1918年真的加入"一战"时所拥有的力量不可同日而语。

费林：我的理解是，英国大约从1890年开始，就在与美国不断协调，希望缓解与美国之间的关系。这件事对第一次世界大战来说很有帮助。如果美洲当时还是英国的殖民地，或者是英联邦的一员，我们很难知道这场战争会变成什么样。在1914年，加拿大无须提醒就为伦敦撑腰了。然而，在1776年，美洲有一股深深的怨气[从托马斯·佩恩（Thomas Paine）和本杰明·富兰克林那里就可以看到]，因为殖民地不断被卷入一场又一场"腐朽的老牌帝国主义国家之间发起的掠夺之战"（富兰克林）。这种情绪只可能随着时间的推移愈演愈烈。就像很多爱尔兰人的反应一样，欧洲战争可能成为一根导火线，让很多美国人发动起义，脱离英国的统治。

---
① 下加拿大，指在1791年至1841年间以圣劳伦斯河与圣劳伦斯湾两岸为管辖区域的英国殖民地。它管辖的范围包含加拿大的魁北克省南部和纽芬兰与拉布拉多的拉布拉多地区。
② 上加拿大，指在1791年至1841年间以五大湖北岸为管辖区域的英国殖民地，是安大略省的前身。与下加拿大相比"上加拿大"地理位置在圣劳伦斯河上游，故以此命名。

如果拿破仑赢得了滑铁卢战役，会怎么样？

滑铁卢，1815年6月18日—19日

艾伦·福里斯特（ALAN FORREST）

艾伦·福里斯特是约克大学的现代史名誉教授。他写了很多关于法国革命和拿破仑时期历史的著作，包括《拿破仑的人：革命中的士兵与帝国》（Napoleon's Men: The Soldiers Of The Revolution And Empire），以及一本叫作《拿破仑》（Napoleon）的传记。他还曾为牛津大学出版社的"伟大战役"系列写过一本关于拿破仑战役的书。

马克·阿德金（MARK ADKIN）

马克·阿德金是一名军事历史学家。他在英国陆军服役了18年，并在太平洋的殖民地公职机构（Colonial Service）工作了十余年，之后开始写作。曾出版《滑铁卢伙伴：全世界最著名陆战战役的全面向导》（The Waterloo Companion: The Complete Guide To World's Most Famous Land Battle）和《西部前线的伙伴》（The Western Front Companion）。

如果拿破仑赢得了滑铁卢战役，会怎么样？

艾伦·福里斯特：他肯定会拿下布鲁塞尔（Brussels），然后他可能会尝试向莱茵（Rhine）和谢尔特（Schelt）的边界进军。但是他不可能取得长远的胜利。他在几周后或者几个月后肯定还是会失败的，因为除了英国、荷兰、比利时和普鲁士的军队加入了滑铁卢战役，奥地利和俄国的军队还没有参战，而他们有15万到20万的陆军在后方守候着。而且，沙皇尤其想要摧毁拿破仑：他觉得如果拿破仑势力继续逍遥法外，欧洲不可能保持和平。

马克·阿德金：我觉得拿破仑只能享受短短几周成功的滋味。如果他赢得了这场战役，威灵顿公爵（Wellington）会让他的军队剩下的士兵撤退，而拿破仑会不得不匆匆回到巴黎。反法同盟会等待奥地利和俄国军队到达，并等待英国与普鲁士军队恢复元气，然后他们可以一起组队。拿破仑根本不会有什么机会。

他们必须确定,法国会是国际社会中一位可靠的成员。他们必须除掉拿破仑。

▲ 就算拿破仑在滑铁卢获胜,巴黎可能还是会被攻占,这位大将军也还是会被流放

滑铁卢战役中的军队

	法国	英国	普鲁士
指挥官	拿破仑·波拿巴	威灵顿公爵	格布哈德·冯·布吕歇尔
军队	55000	56000	49000
枪支	256	156	134
骑兵	14000	11000	19800

历史将如何被改写？

真实的时间线

1813

● 莱比锡战役（Battle of Leipzig） 
由俄国、普鲁士、奥地利和瑞典军队组成的联盟首次在战役中打败拿破仑，获得了决定性胜利。拿破仑被迫返回法国，但是联盟军团对他紧追不舍。1813年10月16日

● 拿破仑退位
在第6次反法同盟打败了拿破仑之后，拿破仑被流放到了埃尔巴岛。法国革命前的波旁王朝复辟，路易十八成为了法国国王。1814年4月11日

● 拿破仑百日王朝的开始
拿破仑逃离了埃尔巴。在登陆法国大陆之后，他说服了派来接他的军团，让他们加入他的队伍，进军巴黎。当他往北走的时候，更多的士兵叛逃了原来的军队来加入。国王路易十八逃去了荷兰。1815年2月26日

● 维也纳议会
来自奥地利、英国、法国、俄国和普鲁士的代表宣称，拿破仑是一名"逃犯"，开启了第七次反法联盟之战。1815年3月13日

● 滑铁卢战役
拿破仑与普鲁士军队在利尼开战。与此同时，元帅米歇尔·奈伊与威灵顿公爵也在卡特勒布拉（Quatre Bras）开战，未分高下。这场战役至关重要，因为如果拿破仑获胜的话，他就可以集中精力，对抗英国。1815年6月16日—18日

真实的时间线

改写后的时间线

● 拿破仑打败威灵顿公爵
在打败了普鲁士军队之后，拿破仑等待战场地面变干。之后，他调遣炮兵和骑兵去打驻扎在滑铁卢的英国军队。英国军队伤亡惨重，威灵顿公爵撤兵，回到了英国在布鲁塞尔的要塞。1815年6月18日—19日

大多数士兵都十分忠于拿破仑……他给了他们很好的报酬。

为什么拿破仑会在滑铁卢失败？

阿德金：拿破仑之所以遇到了大问题，是因为他被好几个国家包围了，而这些国家都急切地想要除掉他。他回到巴黎立足之后，会面临四个主要的威胁：位于比利时由威灵顿公爵率领的英荷联军、位于德国由布吕克（Blucher）率领的普鲁士军队、巴克利·德·托利（Barclay De Tolly）率领的俄国军队以及施瓦岑贝格率领的奥地利军队。那将近是50万全副武装的士兵，他们都打算聚集于巴黎。拿破仑可能取得胜利的唯一办法，就是最大程度上利用俄国和奥地利等军队到达巴黎所需的时间。当他们行军时，他不得不应付其他敌人，尤其是威灵顿公爵和布吕克的军队。他想要在利尼（Ligny）打败普鲁士军队，当时有一支小部队暂时拖住了威灵顿公爵的军队。一旦打败了普鲁士军队，他就可以将两边的军力结合起来，对付威灵顿公爵。他在利尼取得了一部分胜利——他的策略成功了，他将反法同盟的军力分成了两个部分，主要对普鲁士军队发动进攻。他打败了普鲁士军队，但是没有摧毁他们的军力。他让普鲁士军队退兵了，给了他们恢复元气的机会。那是一个错误。拿破仑让他们向北撤军，而不是向东撤军。他们向北撤军时，就可以改变路线，重新加入到威灵顿公爵的军力中去。

福里斯特：拿破仑不可能有办法找到大量的额外士兵，因为他当时只能靠法国的人口了。而当他在埃尔巴（Elba）的时候，法国已经废除征兵了。只要反法同盟可以统一军力对抗他，就可以远远超越他的军力，他是完全没有希望的。在利尼之战后，他没能好好利用自己的优势，这后来成为了他犯下的致命错误。

● **威灵顿公爵打败拿破仑**
拿破仑企图在普鲁士军队到达前，消灭威灵顿公爵的中央部队。然而，他花了很长时间等待地面变干，因此进攻时来太晚了。布吕克率军到达，拿破仑退兵。1815年6月19日

● **巴黎与拿破仑反目**
在滑铁卢战役三天后，拿破仑战败而归，回到首都。他发现人民群众不再支持全国性的反抗。虽然他的弟弟吕西安（Lucien）认为，他在解散议会后仍然可以夺取政权，但是拿破仑感觉到了这种变化，决定退位，支持他的儿子继位。1815年6月22日

● **拿破仑被送至圣海伦娜**
拿破仑被放逐到了遥远的圣海伦娜岛，并失去了所有他在埃尔巴享受的津贴。他在1821年自然死亡。1815年10月23日

● **处死米歇尔·奈伊**
米歇尔·奈伊一直与拿破仑并肩作战，也是滑铁卢战役的元帅。反法联盟将其处死，以此来警告拿破仑的支持者们。1815年12月7日

● **奥俄入侵**
巴克利·德·托利吸取了前一年攻占巴黎的经验教训，率领奥地利和俄国的联军，进攻巴黎，击溃了法国。1815年7月

● **百日王朝终结**
在临时政府的主席暗示拿破仑离开巴黎之后，拿破仑退出了首都。不久后，冯·齐滕伯爵（Graf von Zieten）率领的普鲁士一级军团（Prussian I Corp）进入巴黎，打败了法国。路易十八复辟。1815年7月8日

● **拿破仑投降**
拿破仑企图搭船去美国，但是英国海军挡住了他的去路。在这之后，拿破仑向柏勒洛丰号战列舰（HMS Bellerophon）的弗雷德里克·马伦船长（Captain Frederick Maitland）投降，并被送往英格兰。1815年7月15日

● **重新称王**
拿破仑带着胜利回到巴黎。他解散了议会，认为独裁能更好地保护巴黎免受各国的攻击。没有人敢反对拿破仑。1815年6月21日

● **拿破仑被处死**
在拿破仑投降后，反法联盟认为拿破仑对欧洲的和平产生了巨大的威胁，便允许路易十八处死拿破仑。然而，这个举动分裂了法国，让拿破仑成为了一名烈士。1815年7月

● **波拿巴之春**
百日王朝时期，拿破仑承诺要改革宪法，鼓舞了波拿巴主义者。他们对处死拿破仑的决定感到愤慨，开始在巴黎抗议波旁王朝的统治。1815年7月15日

● **内战爆发**
追随拿破仑的将领和官员感到大失所望，他们抓住了群众中支持波拿巴的情绪，企图夺取政权。事件升级，法国各地爆发内战。1815年9月

● **大英帝国崛起**
英国夺取了被忽视的法国殖民地。法国正在自我毁灭的进程中，无法平衡欧洲势力，这可能会加速英国与俄国之间的克里米亚战争。19世纪中期

这么说，如果拿破仑在利尼阻止了普鲁士军队，他还是有可能在滑铁卢击败英国军队的？

阿德金：威灵顿公爵知道普鲁士军队要来了；有人向他承诺他们会来，这也是为什么他守在滑铁卢，保卫着那座桥。如果他知道普鲁士军队不会来，他可能会撤退，直到他有办法加入普鲁士军队。这样的话，这场战役就不会发生，至少不会在那里发生。因此，最关键的是普鲁士军团和他们的到来促成了这场战役。

法国人民支持拿破仑从埃尔巴回归吗？

福里斯特：最重要的是要记住1815年的法国人民已经厌倦了战争；他们最想要的就是和平，而几乎没有人相信拿破仑可以带来和平。另一方面，没有人热爱波旁王朝，所以当然也没有人想回到旧制度。大家害怕波旁王朝会企图重建之前存在的那种由贵族及教权主义掌权的状态。在帝国的鼎盛时期，拿破仑将自己包围在奢侈与富贵之中。但是，当他在1815年从埃尔巴回归时，他将自己的形象打造成军队中的一名小下士，说自己凭借才能，平步青云，成为了军队指挥官。这个形象从本质上来说还是属于人民的，是忠于1789年的革命理想的。这是一个聪明的策略。

阿德金：大多数老兵都十分忠于拿破仑。拿破仑在一场又一场的征战中，抬高了普通法国士兵的身份。他非常慷慨，给士兵很好的报酬。成千上万的老兵在波旁王朝复辟时被驱逐出了军队。我觉得当拿破仑从埃尔巴回来时，这些老兵身无分文，不再像以前一样是优秀公民了，因此数以千计的人重新加入了拿破仑的军队。

如果拿破仑抛弃了他的帝国野心，他有没有可能通过协商，继续统治法国，而不是让反法同盟复辟波旁王朝呢？

阿德金：在一开始，他从埃尔巴回来之后，就试过这样做了。他想要让欧洲势力相信，他并不想要开战，而且他会完全放弃向比利时、荷兰、德国及波兰索赔。当然了，他并没有成功。

福里斯特：这从来都不现实。俄国不会允许这件事发生，我觉得英国应该也不会。不过，英国确实想要法国继续成为欧洲势力中有效的一部分。因为，如果想要欧洲和平，就得用法国来平衡欧洲的势力结构。英国很清楚民族主义的普鲁士可能会继续猖獗，也很清楚俄国带来的威胁，尤其是在巴尔干（Balkans）以及地中海东部带来的威胁。英国特别需要维持与印度的沟通渠道。要记住，英国在1815年时是一股新兴的全球势力，而俄国人很清楚这一点。因此，英国需要保护法国的地位，但是那也意味着他们必须确定，法国会是国际社会中一位可靠的成员。因为这个理由，他们不得不除掉拿破仑。换成谁在那个位置并不重要，波旁王朝也可以，但是他们很确定他们不想要拿破仑在那个位置。

如果他们不会让拿破仑统治法国，那反法联盟还会冒着他再一次逃跑的风险，将他流放到圣海伦娜（St Helena）吗？

福里斯特：在滑铁卢战役后，拿破仑自己很害怕落入波旁王朝的手中。他之所以选择向英国投降，是因为他抱着一线希望，希望他们会让他以囚犯的身份留在英格兰，被软禁起来；换句话说，英国人还是会对他保持一点点尊重，体面地对待他。正如我们知道的那样，英国人拒绝了这个选项，将他流放到了圣海伦娜。那是南大西洋上的一个遥远的岛屿，与欧洲距离很远，他不太可能从那里逃跑。在法国，他应该会面临叛国罪的审判，很可能被处死，就像米歇尔·奈伊（Michel Ney）和其他忠于拿破仑的副官遭遇的一样。但是，那样行动是有风险的。波旁政权有

▲ 拿破仑被流放到了意大利的埃尔巴岛，但是他逃回了巴黎，宣称自己是皇帝

可能冒着风险，将拿破仑变成了一个为政治献身的烈士。拿破仑的追随者都对他那么忠诚，肯定会视他为烈士。我觉得，反法联盟在 1815 年不得不小心翼翼地处理拿破仑，因为如果他们真的将他打造成了烈士，会非常危险。这会让法国人民的意见产生分裂，让国家长期处于不稳定的状态。

如果法国确实变得动荡不安，无法在欧洲大陆起到平衡势力的作用，会如何改变历史呢？

福里斯特：英国一定会在 19 世纪变成主导世界的势力——这件事后来还是发生了。除了在中国等地开战的殖民战争，英国面临的下一个挑战会是克里米亚战争（Crimean War），也就是说，由 1815 年的历史事件建立的势力平衡多多少少还是会保持下去。

如果南方邦联赢得了内战，会怎么样？

北美，1865年

阿龙·希恩－迪安教授（PROFESSOR AARON SHEEHAN-DEAN）

阿龙·希恩－迪安是路易斯安纳州立大学南方研究系的弗雷德·C. 弗雷教授（Fred C. Frey Professor）。他的著作包括《南方邦联为何而战：内战时期弗吉尼亚州的家族与国家》（Why Confederates Fought: Family and Nation in Civil War Virginia）以及《美国内战的简要历史地图集》（Concise Historical Atlas of the U.S. Civil War），他也是一系列书籍的编辑。他教授了很多关于19世纪美国历史的课程，包括内战、重建以及南方历史。

如果南方邦联赢得了内战，会怎么样？

美国内战有两个主要成就，一个是保护了北方联邦，另一个是解放了奴隶。如果美利坚合众国分裂成了两个部分——那么美国的其他地区很有可能会利用南方邦联退出联邦（国家）的机会（加入不同的邦联）。这样的话，你就会看到一个独立的中西部，而加利福尼亚州（California）到华盛顿州（Washington）之间的区域可能会自成一派。南部那些大力支持联邦主义的地区也肯定会分裂出来，例如东田纳西（East Tennessee），这些地区可能会与其他部分日渐疏远。这也是最初关于退出联邦的主要争论之一——到哪里为止？因此，我估计这件事会继续下去；就是在今天的美国大陆境内，逐渐创造出一些较小的自治共和国。

这么说来，美国会变成一系列小国家，而不是一整个大国？

是的，美国比整个欧洲大陆还要大，因此完全有可能变成45个独立的共和国。我们常常看着美国的版图，觉得不管怎么样，美国大陆肯定会从大西洋延伸至太平洋，但是这件事其实没有理由必然发生。

奴隶制还是会被废除吗？

美国是否解放奴隶对全球来说有更深远的影

林肯的命运与内战的命运紧密相连。军队的命运决定了他是否会成为一名伟大的总统。

▼ 林肯领导的战争如果遭到惨败,他就不再是历史上最优秀的总统之一,而是最糟糕的总统之一

▲ 在北方联邦与南方邦联边界的巡逻兵可能与现在美国与墨西哥边境的巡逻兵差不多

响，其中一个影响就是奴隶制不会在 1863 年终止。如果南方邦联赢得了战争——并不一定要征服北方，但是至少与北方打成了平手的话——我们没有理由认为他们会自愿放弃奴隶制。他们肯定不会在 19 世纪剩下的几十年里废除奴隶制。在 20 世纪，世界上的观点可能会发生转变，他们可能也会自愿放弃奴隶制，不过就算是那样，很难想象这件事具体如何发生。然后，这件事还会对巴西和其他在西半球掌握权力的国家产生影响。这些国家中有一部分在美国内战后解放了他们的奴隶，因为他们看到了美国发生的一切，想要避免类似的血腥对抗。所以如果内战失败，你会看到一个非常不一样的未来，因为奴隶劳动力又会重获新生。这样的话，在 20 世纪，奴隶会是劳工计划中至关重要的一环，也会是西半球大国的社会及政治结构中的重要组成部分。

如果美国永远分裂成了北方和南方，会有哪一部分兴盛起来吗？

在全球范围内，至少从英国和法国的视角来看，将美国分裂成两个部分会是非常好的一件事。这两个帝国都会因此而松一口气，因为到 1860 年时美国已经成为了世界最大经济体，但是如果把北方和南方分开来看，并不会是这样。南方会需要从北方购买大量的工业品，因此双方应该会达成某种协议。不过，那场令人不愉快的内战会让南方转向欧洲制造商，首先考虑与欧洲国家达成贸易协议，而不是投靠北方。在 1860 年，虽然南方既富有又多产，但是北方朝着高度

历史将如何被改写？

● 轰炸萨姆特要塞（Fort Sumter）
南方邦联向联邦州位于南卡罗来纳（South Carolina）州查尔斯顿（Charleston）的萨姆特要塞开火，这次轰炸常常被称为"传遍世界的炮击"。1861 年 4 月 12 日

● 葛底斯堡战役
戈登·米德（Gordon Meade）将军阻挡了南方邦联罗伯特·E. 李将军进攻北方，在宾夕法尼亚州的葛底斯堡取得胜利。1863 年 7 月 1 日

● 维克斯堡战役
维克斯堡是南方邦联在密西西比河上的最后一个要塞，他们也向北方投降了。南方邦联分裂成了两个部分，面临着战争的失败。1863 年 7 月 4 日

真实的时间线

真实的时间线

改写后的时间线

1861

● 南方退出联邦
包括佛罗里达、阿拉巴马、佐治亚（Georgia）在内的很多南方州都退出了联邦，让一系列事件接二连三地展开，最终在美国内战时达到巅峰。1861 年 1 月

● 内战
战役在北美各地爆发，包括美国军事历史上最血腥的日子——1862 年 9 月的安提塔姆之战。这场战役中有超过 22000 人失踪、受伤或死亡。1861 年 6 月—1862 年 12 月

● 解放奴隶
林肯总统发表了解放黑奴宣言，在南方废除奴隶制成为了内战的最终目标。1863 年 1 月 1 日

北方的胜利与19世纪60年代在英国通过的各项改革法案，以及逐渐放宽的投票规则有关。

工业化和城市化的发展之路才会明显走向未来的成功。到了 1890 年或是 1900 年，再像南方那样依赖棉花、水稻、蔗糖和烟草等主要农作物来发展经济，显然不能成为一个长远的策略了，因此北方会处于绝对优势。

美国还是会加入第一次世界大战吗？

如果南方开始与英国制定贸易协议，那么北方与英国的关系肯定会变差，那就可能降低他们加入第一次世界大战的可能性。南方与欧洲的关系也不是那么紧密，所以很难说他们会不会觉得有必要加入"一战"。除非他们想要加速扩张他们的工业基地，否则他们对"一战"也不会有多大的兴趣。整个美国组合起来的经济力量以及工业生产力也正是美国参与"一战"的重要价值所在。如果美国分裂，他们在 20 世纪早期世界舞台上的角色会变得非常不一样。

如果北方失败，会如何影响英国呢？

很明显，英国政府想要调解南北双方，达成议和，虽然我不认为他们这么做是绝无私心的。我的意思是，要不是因为安提塔姆之战（Battle of Antietam），他们差点就要在 1862 年 9 月认可南方当时的状态了。英国想要同南方重新建立贸易协议，想要棉花重新进入英国市场，因为南方对棉花的禁运限制开始让英国陷入困境了。我觉得英国政府也认为，从长远来看，削弱北方的力量会对他们更有利。其实北方的胜利与 19 世纪 60 年代在英国通过的各种改革法案，以及逐渐放宽的投票规则有关。如果民主没有像人们看

进攻
所有的北方军队协调了一场巨大的战役，准备开战，一举击溃南方邦联。他们首先攻击的是李率领的北弗吉尼亚军队。1864 年 5 月 4 日

林肯遇刺
约翰·威尔克斯·布斯向林肯总统开枪，林肯在后一天早晨去世。多亏了林肯的决心，奴隶制在 1865 年 12 月被废除。1865 年 4 月 14 日

林肯重新当选
亚伯拉罕·林肯打败了民主党候选人乔治·麦克莱伦，重新当选为总统。这让林肯得以继续为胜利而战，而不是追求和平。1864 年 11 月 8 日

李将军投降
罗伯特·E.李将军率领的南方邦联军队向弗吉尼亚的尤利塞斯·S.格兰特将军投降。在之后的一个月，剩余的南方邦联军队也纷纷投降，战争终于结束。1865 年 4 月 9 日

第一次世界大战
强大的美国加入了第一次世界大战，为迅速终结这场战争提供了很大的帮助，也让协约国得以在 1918 年 11 月 11 日获得胜利。1917 年 4 月

麦克莱伦当选
南方邦联在葛底斯堡和维克斯堡获胜之后，民主党候选人乔治·麦克莱伦打败了前总统林肯，当选为南方邦联的总统。1864 年 11 月 8 日

和平
北方与南方议和，最终结束了战斗。北方联邦和南方邦联继续维持为两个分离的国家，而奴隶制在南方仍然盛行。1865 年

关系
到 1900 年时，南方邦联与欧洲建立了强有力的贸易关系，而繁荣的北方还是对英国等欧洲国家怀着怨恨之情。但是，北方与东方的俄国成为盟友。1900 年

第一次世界大战
没有了一个统一的美国，北方和南方都不太可能加入这场大战。这样的话，协约国就失去了在 1918 年赢得胜利所需要的重要协助。1917 年 4 月

到的那样获得全球性的胜利，这些事情可能永远不会发生，或者会发生得晚得多。

这场战争中的转折点有哪些？

北方和平运动在 1863 年早期越发兴盛，而南方邦联若能在葛底斯堡（Gettysburg）和维克斯堡（Vicksburg）战役中获胜，便能成为阻止北方和平运动的重要一环。民主党在 1862 年秋季重新获得了在议会的席位，林肯在 1863 年面对着一群非常不高兴的选民，因此那两次获胜非常重要。另一个转折点是 1864 年的秋天。当时，乔治·布林顿·麦克莱伦将军（General George Brinton McClellan）以民主党总统候选人的身份回归。林肯以为自己不会被重新选为总统，而麦克莱伦会当选。麦克莱伦的竞选纲领是通过商议终结这场战争，甚至为了平息战争，他可以放弃解放奴隶。直到 1864 年 8 月末，林肯都一直以为他会输了这场战争。1864 年 7 月舍曼将军（General Sherman）在亚特兰大战役（Battle of Atlanta）中获胜。后来，在 1864 年 8 月，法拉格特司令（Admiral Farragut）又在莫比尔湾战役（Battle of Mobile Bay）中获胜。正是这两次胜利拯救了北方，也拯救了共和党的选票。最后，林肯在选举中大获全胜，重新当选。在他的领导下，战争结束。如果他没有重新当选，结果一定会完全不同。

如果不是林肯领导美国，历史会变成什么样呢？

在众多内战将军中，麦克莱伦不是一个富有同情心的人物。不过，林肯当时别无选择，因为民主党中的极端分子提名他为总统的竞选纲领就是要求开始议和。就算他坚持不承认竞选纲领中的这一点，在他在 1865 年 3 月就职时，也会面临党内的众多压力，要求议和。没有林肯的军事胜利，战争不会结束：尤利塞斯·S.格兰特将军（General Ulysses S. Grant）还是会在彼得斯堡外与罗伯特·E.李将军对战。当麦克莱伦进入办公室的时候，他可能会立刻宣布停止对战，开始议和。但是，这对他来说是很难的一个决定，因为他牺牲了这么多士兵。正是那些视他为真正的指挥官的士兵，给他提供了一点点支持。如果他同意议和，那就相当于告诉那些士兵，他们的牺牲都付诸东流了。他也很有可能停止解放奴隶。就算奴隶制结束了，他也有可能指挥加速重建，很有可能让黑人无法得到解放。

世界将发生哪些变化

北方美利坚合众国
北方成为了名义上的美国势力。但是由于南方与欧洲的贸易，导致北方与欧洲的关系恶化，意味着北方不太会加入"一战"。

南方美利坚邦联州
南方州的奴隶制度仍然猖獗，南方无法与工业化的北方竞争，只有依赖与欧洲进行贸易才得以繁荣。

巴西
没有了解放黑奴宣言，巴西和南美洲的其他国家继续保持着奴隶制，起码持续到20世纪。

英国
像巴西一样，南方邦联的胜利让英国等国家有了一个借口，在世界其他地区继续使用奴隶，诸如非洲和印度。

俄国
俄国会与美利坚合众国保持着紧密的联系。但是，没有了一个统一的美国来制衡，俄国发展成了一个更强大的国家。

欧洲
在北方没有获胜的情况下，英国和法国等国家得以大力扩张并统治他们的帝国。

这会不会意味着落选的林肯不会遭遇刺杀呢？

基于约翰·威尔克斯·布斯对林肯的恶意如此之深，看到林肯丢脸、被北方选民抛弃应该会让他觉得非常痛快——那他就不再有理由杀林肯了。那样的话，林肯也就不会成为最优秀的总统之一，而会是最糟糕的总统之一，他领导的内战有一个悲惨的结局，甚至根本不会终结。林肯的命运与内战的命运紧密相连。军队的命运才真正决定了他是否会成为一名伟大的总统。

如果没有一个统一的美国，俄国等其他国家会不会在 20 世纪变得更强？

俄国是一个很有趣的例子，因为他们在 1861 年解放了农奴，所以俄国和北方之间某种程度上存在着友谊。当然，俄国是北方的有力支持者；他们根本没有想过要在这场战争中支持南方邦联。林肯将俄国与美国之间的竞争视为一场友谊赛。众所周知，他说过东方的俄国和西方的美国会永远成为全球势力，其权力遍布整个世界。但是，美国分裂会大大地削弱北美洲的势力。在没有美国的势力参与制衡的情况下，你很有可能会看到其他帝国变得更强，例如英国、法国和俄国。

未能统一的美国，到了今天又会变成什么样呢？

这要看南方奴隶制的未来如何发展。在一开始西班牙帝国还在控制北美洲的时候，奴隶们就开始对抗奴隶制系统了，但这要看他们获得了多大的成功。发展顺利的南方邦联一定会加强监视奴隶的巡逻以及对奴隶制的保护。问题是，这会不会鼓励大英帝国在印度或其他地区加大力度追寻奴隶劳动力，毕竟奴隶制已经在南方获得成功了。这预示着一个非常不同的世界，与现在的世界完全相反。西方在 19 世纪后半叶逐渐让劳工获得自由，也改善了工作环境，随后世界其他地区也开始解放劳工。在假想的情况下，我觉得整个进程会往反方向移动。如果南方邦联获得成功，他们会在之后的几十年甚至不知道多少年里继续支持奴隶制，将它作为一种可行的策略，我怀疑整个世界的情况会糟糕得多。

如果德国在第一次世界大战中获胜，会怎么样？

第一次世界大战，1914—1918 年

史蒂芬·拜德塞（STEPHEN BADSEY）

史蒂芬·拜德塞是伍尔弗汉普顿大学（University of Wolverhampton）冲突研究中心的教授。他是国际上公认的军事历史学家，撰写并编撰了超过90本书及论文。他的作品被译成5种语言，他也经常在电视或其他媒体中出现。

如果德国赢得了"一战"胜利，会怎么样？

这要看他们是在什么时候胜利的。一种可能是他们在1914年成功使用施里芬计划（Schlieffen Plan），该计划先迅速击败法国，避免同时在两个前线作战，让战争变得很短；另一种可能是在打了一场又漫长又艰难的战争之后，在1916年年末或1917年年初通过协商取得胜利。这两种可能性导致的结果会非常不同。不管怎么样，你会看到一个巨大的德意志帝国，主导着欧洲的中部与西部。这个强盛的德国很有可能在世界上占有统治地位，但是这个德国从两个方面来说不会像希特勒统治的德国那么糟糕。第一，这个德国不会计划将欧洲的犹太人斩尽杀绝——至少我们觉得不会。其次，这个德国也不会想要统治全球。有了这两个例外，德国会是一个非常恶劣的种族主义国家，坚持着扩张主义，有足够的经济及政治力量来主导欧洲。这意味着德国可以利用其势力做一些其他国家以前没有能力做到的事：德国可以支持一支庞大而优异的军队，足以打败英国皇家海军。尽管他们应该会入侵英国，但是他们并不一定要这么做。他们只需要让英国皇家海军持续消耗兵力，直到他们投降。

这会导致另一场战争吗？

如果德国赢得了第一次世界大战，（相比欧洲其他国家来说）他们会变成强势的一方。

▼ 如果德国在"一战"中打败了英国，赢得"一战"胜利，那么阿道夫·希特勒应该不会成为德国领袖。

这个强盛的德国很有可能在欧洲占有统治地位，但不会像希特勒统治的德国那么糟糕。

▲ "一战"是历史上首次工业化战争

那样的话，大约10年后肯定会有另一场战争，将英国打败。因此，英国绝对不想让这场战争发生。在1914年，英国有3样东西是地球上任何国家都没有的：一个富有庞大资源的全球帝国；世界金融系统的主导权；世界上最强大的海军。如果一个国家在10年后的下一场战争中几乎肯定可以打败英国，那英国为什么要坐以待毙，让那个国家到达那个超越他们的位置呢？

如果德国没有战败，还有可能出现另一个像希特勒这样的人掌权吗？

简短来说，会的。墨索里尼（Mussolini）

历史将如何被改写？

● 施里芬计划
德国必须决定，是要使用施里芬计划，在欧洲西部争取一场快速的完胜，还是要与协约国进行一场更持久的战争。1914年9月

● 宣战

在奥匈帝国向塞尔维亚宣战后，德国转而向俄国宣战，两天后又向法国宣战。在德国入侵比利时之后，英国也被迫加入了战争。1914年8月1日

● 蒙斯战役（The Battle of Mons）
面对德国第一集团军的逐步进军，英国远征军（British Expeditionary Force，简称BEF）在蒙斯战役后撤军。1914年8月23日

真实的时间线

改写后的时间线

真实的时间线

1914

● 弗朗茨·费迪南德（Franz Ferdinand）遇刺
继承奥匈帝国皇位的弗朗茨·费迪南德与妻子苏菲（Sophie）在拜访波斯尼亚萨拉热窝（Srajevo, Bosnia）时遇刺。1914年6月29日

● 德国提供支援
威廉二世（Kaiswer Wilhelm II）向奥匈帝国提供支援，对抗塞尔维亚（Serbia），导致奥匈帝国在1914年7月28日最终向塞尔维亚宣战。1914年7月5日

在意大利得势,而意大利也是第一次世界大战得胜的那一方。凡尔赛条约是(希特勒的)借口,没有任何一位有名望的历史学家会认为"二战"是"一战"后不可避免的产物。有人认为是1919年的和平条约搞砸了,才导致了"二战"的必然发生,这个想法从历史角度看是不准确的。

胜利的德意志帝国实际上看上去会是什么样呢?

这还是要看到底发生了什么。在1914年战争开始之际,德国人对战争的目标没有任何真正的概念,他们只是想到达敌方的首都,就像他们从1870年至1871年的普法战争中获得的经验一样。1914年9月,他们打算占领(法国)首都的计划失败了,然后他们才意识到他们需要某种战争目标,所以他们想出来"九月计划"。在这个计划中,德国想要控制比利时,将比利时作为一个附庸国,然后控制中立的荷兰。德国还计划吞并法国北部的大部分地区以及那里的工业,

再吸收奥匈帝国的部分地区,将德国边境向东推移。这些措施会使德国变成一个在欧洲起主导作用的超级大国,德国的势力大约将从法国加来向东横跨至俄国基辅(Kiev)。

如果美国提早加入了"一战",德国还有可能获胜吗?

就像现实中发生的那样,德国转而做了一个冒险的决定,在1917年1月至2月开启无限制的潜艇战,试图将英国军队拖垮,以此想要取得另一场全面胜利。也正是这个重要的决定,让美国决定加入"一战"。一旦美国也加入了战争,德国人就很难取得任何胜利了;他们在1918年春季通过春季攻势准备尝试最后一搏,但是这场攻势并没有成功。

如果德国在第一次世界大战中获胜,对美国意味着什么?

如果欧洲由德国主导,对美国并不会产生什么直接威胁。由于大西洋将两个国家远隔,美

● **封锁英军**
德国企图拖垮英国军队,开始了无限制潜艇战,击沉了所有开往英国的船支。1915年2月

● **美国加入战争**
在英国船只不断被击沉后,美国立即调动军队,加入了战争。德国开始大规模撤兵。1917年4月6日

● **布列斯特-立陶夫斯克和约**
通过《布列斯特-立托夫斯克和约》,俄国同意与德国议和。1918年3月3日

● **停战日**
被击垮的德国与协约国签署停战协定,宣告战争结束。1918年11月11日

● **堑壕战**
德国将施里芬计划抛诸脑后,沿着西部前线挖下战壕,预示着一场漫长的僵局。1914年11月

● **封锁英军**
德国企图通过U型潜艇的大面积攻击,封锁英国。1915年2月

● **入侵**
在吞并了西欧大部分地区之后,德国企图入侵英国。1915年9月

● **索姆河战役**
这是英国军事史上最血腥的一场战役。在灾难性的对战之后,有60000名协约国士兵死亡、受伤或失踪。1916年7月1日

● **美国军队到达**
第一支美国军队到达法国,协约国开始向德国大举进军。1917年6月25日

● **春季攻势**
德国春季攻势失败,没有击垮协约国的前线。1918年4月

● **凡尔赛条约**
德国签署《凡尔赛条约》。在德国战败后,《凡尔赛条约》对德国施加了严格的限制。1919年6月28日

● **德国进攻**
德国决定实施施里芬计划,打算横扫西欧。1914年11月

● **法国投降**
法国向德国投降,英以外的其他西欧国家也纷纷跟随脚步。1914年12月

● **俄国议和**
在英德对战升级之前,俄国与德国议和。1915年6月

● **诺曼底登陆**

在抵挡了德国入侵后,英国决定在西欧发起陆战。1916年3月

● **没有美国的协助**
资源不足的英国企图再一次让美国加入战争,支持英国,不过又失败了。1917年

● **英国战败**
最后,英国调用了整个帝国的资源,还是输掉了这场战争,导致德国成为欧洲的主导力量。1924年

▲ 据称图中的连队是1916年索姆河战役爆发前的公立学校军营（Publisc Schools Battalion）第十六营中的一连

国可能会接受德国的地位。伍德罗·威尔逊总统（President Woodrow Wilson）在1916年重新当选，当选的原因是他没有让美国参与第一次世界大战。但是，当德国潜艇在1917年年初开始击沉公海里的美国运输船时，他们被迫加入了战争。因此，从短期来看，美国可能觉得德国的胜利对他们不会产生什么威胁。但是半个世纪之后会发生什么就值得推敲了。如果像很多历史学家所想的那样，德国发展成了一个强大而具有侵略性的国家，那它就非常有可能在南美洲和中美洲发动攻势，同样也可能在大西洋或者太平洋上发起攻击。我们有可能看到一场为了对抗德意志帝国而产生的战争，而美国会参与其中，就和第二次世界大战中发生的事情差不多。

英国会如何回应德国的获胜呢？

虽然不太可能发生，不过假设从实际开战以来，施里芬计划的实施几近完美，让德国人民尝试速战速决，并在1914年赢得了一场壮观的全面胜利。就算真的是这样，就算法国在1914年像现实中一样投降了，英国还是会尽力阻止欧洲任何一方成为欧洲的主导，而这个想法会让英国像一个世纪以前，面对拿破仑统治下的法国一样，通过不断建立同盟来对抗好战的德国。你可以想象，英国可能会采取一场与诺曼底登陆差不多的军事行动，在1916年的某个阶段，于法国、比利时甚至德国海岸线开展反击式入侵。在这种假设下，诺曼底登陆可能会提前几十年发生。

我们有可能看到一场为了对抗那种德意志帝国而产生的战争……就和第二次世界大战中发生的事情差不多

如果美国没有加入战争，他们还会成为如今一样的全球超级大国吗？或者他们会变得更加与世隔绝？

美国加入"一战"后，成为了一股重要的全球势力。"一战"的影响之一的确是让美国首次作为非欧洲势力，在国际体系中起到关键作用。而"二战"的影响是让欧洲势力不再扮演原先的角色，让美国和苏联这两个非欧洲势力建立起全球主导性作用。这个局面持续到1990年至1991年"冷战"末期。如果美国没有参与"一战"，在1945年后还会成为全球利益的焦点吗？我觉得不太会。如果德国没有威胁美国或者美国的利益，你将看到一个更加孤立主义的美国。如果一个既自信又好战、支持扩张主义和军国主义的德国开始对美国产生威胁，美国几乎肯定会回应。

如果德国获胜，国际联盟以及后来的联合国还会出现吗？

不会。国际联盟其实是伍德罗·威尔逊总统的一个理想。当然，美国自己并没有加入国际联盟，但是这是包括1919年《凡尔赛和约》在内的《巴黎和约》产生的结果。你会在欧洲看到类似国际联盟的某种形式，它会是19世纪德意志关税同盟的衍生品。这个同盟会变得与现代的欧盟有些类似，但是这种相似仅停留在贸易方面。欧洲会成为一个非常大的贸易体，但是各个国家的法律、传统以及关于人权的态度会大相径庭。不过，我觉得如果德国在"一战"中获胜，在"二战"后成为联合国的国际联盟并不会出现。

你觉得"二战"还是会发生吗？

如果后来的德国演变成了我说的那样，在"一战"中获胜，获得了那样的主导权，谁还会有理由与德国开战？唯一的可能是参照英国之前的策略，就像对抗拿破仑统治下经历革命的法国那样，不断建立同盟，一次又一次失败，在打败拿破仑之前永不放弃，让战争持续四分之一个世纪。因此，很容易想象英国会利用帝国的资源，坚决不愿意承认德国的胜利，继续在欧洲边缘及世界各地开展一场漫长的战争，阻止德国主导世界。这场战争可能会延续几十年。很难说英国会不会将美国拉入他们那一方，因为这完全要看德国会不会阻断英国军队的供应线，直至他们投降。

如果奥斯曼帝国在第一次世界大战期间加入了协约国，会怎么样？

奥斯曼帝国，1914—1918 年

历史将如何被改写？

真实的时间线

1861

- **奥斯曼军事改革**
  奥斯曼帝国开始了一系列长期的军事改革，让军队为 1914 年的战争做好准备。1861—1922 年

- **巴格达铁路**（Berlin-Baghdad Railway）
  一条巨大的铁路开始兴建，这条铁路会把德国的柏林城与奥斯曼控制的巴格达连接起来。1903 年

真实的时间线

- **秘密交易**
  奥斯曼帝国表面上声称中立，实则与同盟国在 1914 年夏天秘密签署了盟约。1914 年 8 月

- **攻击俄国**
  奥斯曼帝国对俄国港口开展了黑海突击（Black Sea Raid）。协约国在十一月向奥斯曼帝国宣战。1914 年 10 月 29 日

- **高加索战役**（Caucasus Campaign）
  奥斯曼帝国与俄国在高加索南部发生冲突。这场战役的大部分时间里，俄国都独自在前线作战。1914—1918 年 10 月

改写后的时间线

- **奥斯曼加入协约国**
  尽管奥斯曼帝国更偏向与德国及其他同盟国并肩作战，但是最后还是和协约国结成了盟友。1914 年 7 月 31 日

- **冯·桑德斯**（Von Sanders）**离开**
  在压力之下，奥斯曼帝国要求利曼·冯·桑德斯带领德国军团撤离伊斯坦布尔。1914 年 8 月 9 日

掌权的青年土耳其党（Young Turks）在巴尔干战争中独自面对了多方敌人，在1914年发誓要积极寻找盟友。奥斯曼的战争部部长恩维尔·帕夏（Enver Pasha）精心策划了与德国的结盟。然而，如果柏林拒绝了他所要求的的条约，俄国会立即重新考虑与奥斯曼结盟。

俄国外交部部长谢尔盖·萨扎诺夫（Sergei Sazanov）担心威廉二世会想要接受奥斯曼的联盟请求，说服伊斯坦布尔加入协约国。因此，他会说服伦敦和巴黎签署盟约，恰好在战争爆发之际达成协议。虽然俄国的盟友可能会觉得土耳其是一个累赘，但是萨扎诺夫认为，宁愿让土耳其站在他们这一边，也不要土耳其站在德国那一边。

确保了盟友之后，奥斯曼开始调动军队。但是，由于工业化及交通发展的不足，这件事花了三个月。协约国没有想到会花这么久，而且他们真正的目的是让奥斯曼军队远离德国军队。奥斯曼帝国与德国或匈牙利都没有共享的国界。最终，他们向西部前线派出了一支由三个军团组成的象征性远征军。法国与英国会向欧洲的奥斯曼军队（"小穆罕默德"）提供装备。在1915年4月的德国攻势中，俄国发现自己深陷困境，然后会向伊斯坦布尔寻求增援，对抗奥匈帝国。在1915年夏季，俄国军队将面临供给和食物的不足，黑海海峡（Turkish Straits）将成为俄国的生命线。伊斯坦布尔会允许供应船只通过海峡，阻止类似1905年的革命在俄国再一次发生。

当1915年的一场巨大的蝗灾席卷叙利亚、黎巴嫩和巴勒斯坦时，奥斯曼政府在盟友的辅佐下，为那些地区送去了食物，避免了大饥荒。伊斯坦布尔长期资助阿拉伯省区内的人民，肯定会让这些地区的人民对国家越发忠诚。一小群阿拉伯民族主义者原本认为这场战争是发动起义、争取独立的大好时机，但是政府的举措会让他们推迟这项计划。

● **苏伊士运河**（The Suez canal）
一支奥斯曼军队负责将英国军队从埃及赶走。英国军队与之开战，将这支军队拦在了苏伊士运河。1915年2月

● **加里波利（Gallipoli）之殇**
协约国军队试图攻占伊斯坦布尔，经历了一场惨烈的两栖登陆。奥斯曼军队将协约国军队杀得片甲不留。1915年4月25日—1916年1月9日

● **阿拉伯叛乱**
为了从奥斯曼帝国取得独立，很多阿拉伯部落开始叛乱。英国和法国给他们提供了军事援助。1916年6月—1918年10月

● **耶路撒"冷战"役**
英国与英联邦自治领的军队攻占了耶路撒冷城。这场战役是"给英国人民的圣诞礼物"。1917年12月30日

● **穆兹罗斯停战协定**
当战争行动在中东剧院（Middle East Theatre）停止时，奥斯曼帝国被撕成了碎片。英国获得了众多奥斯曼帝国的领土的控制权。1918年10月30日

● **俄国的生命线**
面对德国的攻势，俄国军队的必需品和食物供应不足。土耳其同意让货船行经黑海海峡，救济了他们。1915年夏天

● **保加利亚加入协约国**
奥斯曼帝国曾担心保加利亚有可能攻击通往俄国的货船，很高兴听到保加利亚加入协约国的消息。1915年10月11日

● **向奥匈帝国发起攻击**
三个巴尔干半岛的协约国（奥斯曼帝国、保加利亚和罗马尼亚）通过叙利亚和罗马尼亚向奥斯曼帝国发动攻击。奥斯曼帝国必须对抗俄国以及他们新的敌人，困难重重。1916年6月29日

● **德国投降**
德国无法继续在两个遥远的前线同时作战。战争结束。1917年9月1日

● **西部前线**
奥斯曼军队前往西部前线。法国发现德国已经对奥斯曼士兵进行了培训，效果显著。1914年10月

● **蝗灾**
蝗虫扫除了巴勒斯坦和叙利亚的一切植被，导致遍地饥荒。法国和英国船只加入了奥斯曼船只，帮助运送必需品。1915年3月—8月

● **罗马尼亚加入战争**
在俄国的施压下，罗马尼亚加入战争，希望凭借努力获得奥地利的领土。1916年5月

● **赛克斯·皮克协定**（Sykes-Picot Agreement）
由于站在了获胜方，奥斯曼帝国在"一战"后毫发无损。他们在中东与英国开展合作。1918年

·111·

于赛尔·杨尼达格（YÜCEL YANIKDAĞ）

他是里士满大学历史与国际研究系的副教授，专门研究奥斯曼帝国与早期土耳其共和国。他在 2013 年出版了一本书，名叫《治愈国家：奥斯曼战俘，民族主义及土耳其医药，1914—1939》（Healing The Nation: Ottoman Prisoners Of War, Nationalism And Medicine In Turkey, 1914—1939）。

  青年土耳其党担心协约国会在战后对帝国进行改造，会毫无疑问地努力在战争中起到作用。因此，在 1915 年 10 月说服保加利亚加入协约国后，恩维尔·帕沙会建议穿越已被攻占的塞尔维亚领土，向奥匈帝国发起联合进攻。只有当罗马尼亚也加入协约国后，这项计划才开始实施。奥斯曼帝国的一小支临时军队会与新的盟友一起从南边和东边进攻奥匈帝国。

  因为无须再在埃及驻军，伦敦会将成千上万的澳新军团（Anzac）和印度军团士兵送去西部前线。于是，东部前线的俄国供应充足，军力强劲，而西部前线又有高密度的军队。德国和奥匈帝国会很快意识到继续作战已经毫无意义。就在美国考虑加入战争时，战争在 1917 年结束了。

如果三国盟军在1918年进军柏林，会怎么样？

德国，1918—1919年

在法国贡比涅（Compiegne）1918年11月11日的一辆有轨电车上，德意志帝国的武装力量向协约国投降，正式终结了第一次世界大战。尽管这次停战终结了北部边境上的斗争，但内部的动荡早已遍及德国上下。国内革命正在发酵，"匕首神话"①理论在两次世界大战期间逐渐

---

① 匕首神话，指第一次世界大战后，德国民族主义分子散布的一种论点。这种理论把德国在大战中的失败归因于后方各种激进的、和平主义的和革命的运动采取的"叛逆性欺诈行为"，认为是这些运动从背后刺了德国军队一刀。

历史将如何被改写？

真实的时间线

1918

● **百日攻势**
这是协约国在大战期间开展的最后一轮主要攻势。德国高级指挥官意识到，战争将面临失败。
1918年8月8日

● **求和**
兴登堡（Hindenburg）规劝奥匈帝国末代皇帝卡尔一世求和，但是协约国拒绝了他们的提议。
1918年9月10日

● **鲁登道夫崩溃**
保加利亚与协约国签署了一份独立的停战条约。鲁登道夫精神崩溃，德国无法成功进行防御。9月29日

● **海军兵变**
很多水手拒绝自杀命令后被捕。鲁登道夫备受责备，被撤去了指挥官的职务。
1918年10月26日

● **国王逃跑**
德国宣布成为共和国，放弃一切抵抗。国王威廉二世逃跑，流亡到荷兰，再也没有回到德国。1918年11月9日

真实的时间线

改写后的时间线

● **拒绝停战**
协约国直截了当地拒绝了德国提出的停战请求，要求德国无条件投降，遭到德国的拒绝。1918年10月4日

● **协约国进军**
协约国士兵迫使德国军队后退，离开法德边境的防守，进入了德国的领地。
1918年12月10日

蔓延，最后促成了纳粹党的产生以及第二次世界大战的来临。如果"一战"在1918年秋季之后仍在继续，如果协约国军队决定更进一步攻占柏林的话，会怎么样呢？

在德国拒绝了投降的最后通牒后，战场上德国军队的指挥官埃里克·鲁登道夫将军（General Erich Ludendorff）正尽力备战，准备面对协约国必然会发起的猛攻。德国在1918年的攻势中失败了，那场攻势耗费了他们的战斗力。他们缺乏人力和物资，军队只能苟延残喘。士兵叛逃成为了一个严重的问题。鲁登道夫担心在面临新一轮的军事行动时，军队纪律会瓦解。

11月15日，协约国沿着整条西部边境开展了一次庞大的攻势。英国军队穿越了佛兰德的整片旧战场，从比属瓦伦尼亚（Belgian Wallonia）行军至列日（Liege），只是在补充供给时做了短暂停留。他们穿过了德国的边境，与日渐失去抵抗力的敌人对抗，在法国北部与比利时彻底将德国军队驱逐了出去。

在英国进军的南面，法国军队移动到了阿尔萨斯（Alsace），在鲁登道夫从莱茵河上撤退时，威胁德国离开侧翼。与此同时，约翰·潘兴将军（General John Persing）率领的美军冲向色当（Sedan）附近的默兹河（River Meuse）渡口。这场战役很艰难，不过天气阻碍了协约国的攻势。12月末，英国、法国和美国军队在前线合并，沿着莱茵河西岸列队，为下一年春天的攻势做列队演习。

1919年3月12日，协约国在法国元帅费迪南·福煦（Ferdinand Foch）的统一指挥下，开展了最后一轮攻势，企图攻占柏林。英国军队迅速穿过莱茵河，占领了德国的工业中心鲁尔河（Ruhr），继续向科洛涅（Cologne）进军。美军在德国的科布伦茨城（Koblenz）附近发起进攻，该城也是莱茵河与其支流摩泽尔河（Moselle）的交汇处。美军进军至法兰克福时，只遇到了些许反抗。法兰克福在几天之后就沦陷了。协约国在12天的战役中胜利击溃了德国的防线。

英国军队横扫了北德平原，直捣柏林的大门。

● **宣布停战**
在1918年第11个月第11天的第11个小时，协约国与德国签署停战条约，大战结束。1918年11月11日

● **占领莱茵兰**
四个协约国国家派遣了军队，占领了莱茵兰。在1930年之前，法国军队一直占领着这片区域。1918年11月11日

● **斯巴达克斯党起义**
右翼集团与左翼集团的意识形态斗争爆发，共产党与右翼准军事集团发生暴力冲突。1919年1月4日—15日

● **《凡尔赛条约》**
在签署停战协议7个月后，《凡尔赛条约》正式终结了所有军事行动。1919年6月28日

● **十四点和平原则**
威尔逊总统在1918年1月的演讲中提到的十四点和平原则成为巴黎和会的基础。1919年6月28日

● **赶走威廉**
柏林建立了临时政府，国王威廉二世在战争中不会再起到什么实际作用。1918年12月31日

● **德国军队瓦解**
在12天战役中，协约国军队摧毁了3支德国军队的余党，有组织的敌军反抗日渐衰落。1919年3月12日—24日

● **攻占柏林**
多国同盟组成的临时部队与临时政府官员代表一起进入柏林。战争由德国投降告终。1919年4月21日

● **颁布军事法**
攻占柏林的过程几乎没有流血。协约国颁布了军事法，逮捕了共产党及右翼派系著名的领袖。1919年4月30日

● **继续交战**
德军开始分崩离析，交战双方都遭受了严重的伤亡。德国内部动荡开始蔓延全国各地。1918年12月16日

● **柏林政变**
经过精心策划，共产党试图通过革命推翻德国的临时政府。右翼德国自由军团（Freikorp）武力镇压了这次起义。1919年1月6日

● **协约国面临胜利**
协约国军队纷纷接近柏林。指挥官们召开会议，争论哪一只军队率先入侵首都。1919年4月9日

● **开始占领**
德国被划分为英国、法国及美国占领区。德国临时政府获得了有限的自治权。1919年5月21日

迈克尔·哈斯丘（MICHAEL HASKEW）

迈克尔·哈斯丘研究军事历史逾30年，出版了超过20本书，比如《西点1915：艾森豪威尔，布拉德利及群星闪耀的一届》（West Point 1915:Eisenhower, Bradley, And The Class The Stars Fell On）和《戴高乐：从这位傲慢将军那里学到的领袖课》（De Gaulle: Lessons In Leadership From The Defiant General）。

协约国的指挥官们开始争论，攻占德国首都这个光荣的任务要由谁来负责。然而，当威廉二世在4月20日退位时，宣布柏林为不设防城市①。

第二天，协约国正式占领柏林，颁布军事法，镇压了共产党与右翼准军事集团之间产生的动乱。协约国建立了占领区，并给予临时德国政府有限的自治权。之后，德国将面临着10年的军事占领。只有当德国的民主政府稳定时，协约国的军队才会撤兵。

---

① 不设防城市，指战时没有军队防御和军事设施的城市。

如果美国入侵了加拿大，会怎么样？

北美，1904—1916 年

美国于 1904—1905 年间制订的战争计划的原名为"假设与大不列颠爆发战争"。在这项计划中，美国准备入侵加拿大。这是美国起草的第一份战争计划。虽然放在现代战争策划的情境中看，这项计划非常粗糙，但是计划中的战略思想却十分大胆创新。该计划中，美国不准备攻击英国，而是要打击英国最脆弱的部分——加拿大。这份计划很有可能是在 1902—1903 年的委内瑞拉危机造成的紧张关系之后策划出来的。

这份计划的目的是打击英国的经济。如果英国失去了加拿大，这个岛国就会减少将近三分之一的小麦以及超过 75% 的镍。更棒的是，加拿大的边境几乎没有任何防守，简直唾手可得。攻

历史将如何被改写？

真实的时间线

1902
- **委内瑞拉债务危机**
德、英、意三国的海军在委内瑞拉进行的打击加剧了美国、英国及德国等其他主要欧洲势力之间的紧张关系。1902—1903 年

- **新加拿大军队**
加拿大军队进行了改革，指派了新的军团，并在 1911 年开始建立一支全新的海军队伍。1904 年

真实的时间线

- **"一战"开始**
斐迪南大公（Archduke Ferdinand）被刺杀（萨拉热窝事件）之后，欧洲主要势力宣布开战。英国远征军被派去了法国。1914 年 7 月 28 日

- **供应武器**
工业大国美国会向欧洲提供超过 22 亿美金的武器与军火。1914 年 8 月—1917 年 3 月

- **蒙斯战役**
在这场战役中，德国军队在数量上占上风。尽管英国远征军让德国军队遭受了数不胜数的伤亡，远征军还是被迫让步。不过，英国得以安然撤兵。1914 年 8 月 23 日

改写后的时间线

- **保卫前线**
英国驻军巩固加拿大魁北克（Quebec）的防守，阻止了美国冒险主义的前进。英国与美国各自建筑堡垒，两国关系仍然紧张。1905—1914 年

- **建立英国远征军**
"一战"爆发后，由于部分军力受困于加拿大，英国远征军团会比原来要小得多。1914 年夏天

击这位美国北方邻居的唯一弊端就是加拿大巨大的国土面积——这就类似于派兵去俄国。

因此，美国进攻加拿大的计划并不是一次全面入侵，而是先穿过圣劳伦斯航道（Saint Lawrence Seaway）直接袭击，夺取伊利堡（Fort Erie）、尼亚加拉瀑布（Niagara Falls）以及韦兰运河（Welland Canal）。一旦这些地区得到保障，美国骑兵会向北打击多伦多，切断所有的铁路服务，然后再任意开展游击战。

美国夺取了横跨圣劳伦斯河的大桥后，加拿大将无力阻止这场入侵。这片广袤的领土上只有大约12000名散落各地的民兵与官员。加拿大只能以有限的军火作战。而战争最激烈的尼亚加拉地区也只有两门大炮。加拿大的整个防御力量只有12支机关枪。因此，加拿大只能让私人的公民枪支俱乐部操起李-恩菲尔德步枪，在没有经过任何正式训练的情况下保卫国家。在美国的迅速攻击下，加拿大能够获得的专业军事援助最少也要坐5个小时的火车才能到达（加拿大皇家重骑兵团，Royal Canadian Dragoons）。在他们到达之前，入侵军队已经实现了目标——切断圣劳伦斯航道及伊利堡，并在尼亚加拉周围形成一道紧凑的防线。

美国会派遣大量的军队——一整个师的军队加上另外一整个师的炮兵及骑兵备用。美国机关枪的炮火将集中用来夺取运河并守住多伦多。美国会轻而易举地攻占整个渥太华，从而将加拿大分成两半。

英国会做出回应，美国也知道这一点。但是，在英国增援部队到达之前，美国肯定已经在周围挖好战壕、巩固军力了。英国军队企图夺回多伦多的行动会重现"一战"时期的战况，英国军队会用大量的炮弹和机关枪进行狂轰滥炸。然而，美国在缅因州（Maine）聚集了部队，切断加拿大的哈利法克斯（Halifax）市为英国军队提供补给。英国不得不面对这场巨大的损失，失去加拿大富有战略意义的一大部分。

渥太华会成为美国的第46个州，而当加拿大逐渐重获和平时，英国将被迫在剩下的加拿大地区驻军。

● **卢西塔尼亚号（Lusitania）沉没**
卢西塔尼亚号的沉没是一起巨大的外交事件，这件事让美国大众的意见开始转变，想要让美国加入"一战"。1915年5月7日

● **美国宣战**
在齐默尔曼电报（Zimmermann Telegram）公布之后，威尔逊总统请求国会，以"让世界足够安全，让民主得以发生"为由，将美国带入"一战"。1917年4月2日

● **步兵到达**
到了1918年，大量的美国军队涌入欧洲，让受到围攻的德国感到非常懊恼。1918年

● **战争结束**
11月11日上午11时，协约国与德国在贡比涅森林的一辆有轨电车上签署了停战协议。1918年11月11日

● **《凡尔赛条约》**
协约国与德国签署了和平条约，将战争的责任全部归咎于德国。1919年6月28日

● **蒙斯溃败**
英国远征军被击退，导致法国前线崩溃。协约国退兵，德国收获了大面积领地。1914年8月23日

● **巴黎战役**
巴黎周围建立了一道防御弧。英国和法国死守阵线，但是战役迅速演变为一场血腥的僵局。1914年11月24日

● **无限制海军战**
美国向德国销售军火，并且帮助德国运送军火。这让英国不得不开展无限制海军战。1915年2月4日

● **魁北克独立运动**
作为报复，美国为魁北克的民族主义者提供了武器。起义频频发生，英国要塞很快被包围。1915—1916年3月

● **美国拒绝保持中立**
英国军队驻扎在了美国北方，美国拒绝向英国销售军火，但是同意将军火提供给法国和德国。1914年8月4日

● **海岸线战役**
德国军队移往北部，起到战略性作用的港口敦刻尔克（Dunkirk）和加来沦陷，英吉利海峡成为争夺之地。1914年9月10日

● **美国夺取卢西塔尼亚号**
卢西塔尼亚号上装满了非法的军火，美国在纽约港口夺取了这艘战舰。英国与美国之间的紧张关系升级。1914年12月10日

● **"一战"结束**
英国将远征军送去大洋彼岸，镇压起义。法国求和。英国和法国承担了"一战"的责任。1916年3月10日

布莱恩·L. 帕多（BLAINE L PARDOE）

布莱恩·L. 帕多曾被《纽约时报》评为军事史书籍的畅销作者。他有两本架空历史的书，一本是讨论古巴导弹危机的《十月之火》（The Fires Of October），另一本叫《永不作战 —— 美国计划入侵世界》（Never Wars– The US Plans To Invade The World）。在《永不作战》一书中，他描写了一份美国入侵加拿大的计划。

如果德国赢得了大不列颠战役，会怎么样？

英国大不列颠战役，1940年

如果德国赢得了大不列颠战役，会怎么样？

大多数人会将赢得大不列颠战役定义为德国打败英国皇家空军战斗机司令部（RAF Fighter Command），获得英格兰东南部的制空权。这也是德国策划的海狮入侵行动中关键的第一步。然而，他们不仅需要打败空军战斗机司令部，还必须打败皇家海军，因为皇家海军会航至英吉利海峡，阻拦德国的入侵。这是德国无法获胜的一场战争。他们的海军与英国皇家海军相差甚远。纳粹德国空军（Luftwaffe）可以攻击英国皇家海军，但是没办法同时在好几个地方开战。因此，如果他们打击海军，就没办法支援入侵部队。在3—4天后，一部分德国军队肯定可以穿过海峡，登陆英格兰。但是他们与海峡对岸的通信就会被切断，同时也会耗尽燃料和军火。如果真的想要德国成功入侵并打败英国的话，那肯定不能单从军事方面完成这项任务，而是要找到一些可能让英国投降的理由。

德国在大不列颠战役中的目标是什么？

德国企图在这场空军战役中同时完成两件事。第一，在英格兰东南部获得制空权。这一点，他们在战役过程中渐渐做到了。他们逼迫英国皇家空军放弃了英格兰东南部一些至关重要的机场。这件事听上去不足为奇，但是却非常重要，因为这些机场都是战前建立的。但是，德国人也在实行一套在"二战"前就十分流行的理论。他们认为，轰炸这件事本身可以威吓敌国的平民百姓，让他们发起叛乱，要求政府议和。如今，现实证明了这套理论是错误的，尽管在这场斗争中德国实施了狂轰滥炸。但是，当时没有人知道这个理论是对是错。

这场战役的转折点是什么？

在这场战役中期，德国做了一个重要的决定，不再攻击战斗机机场，转而轰炸伦敦。尽管无法证明，但是一直有一套很流行的理论，强烈怀疑这是这场战役中的根本性错误。德国的这个

▼ 如果德国在大不列颠战役中获胜,希特勒会打算入侵英国,纳粹士兵会出现在伦敦的街道上

德国有可能会开启一场战役，以夺取包括美国在内的整个美洲。

▲ 诺曼底登陆前的英国军队。如果德国赢得了大不列颠战役，诺曼底的一系列登陆行动将不会发生

解英国到底拥有多少架战斗机，也不知道英国经历的战争损失到底到了什么程度。他们无法了解的原因之一就是战斗机司令部一直藏着备用军，并且是持续一小批一小批地将它们送入战场。因此，德国以为英国皇家空军的损失比实际上要高得多。在战役的尾声，一名坚强的德国战斗机飞行员望着又一批英国皇家空军编队前来迎接他们，曾在广播中疲惫地作出这样一则精妙的报道："他们来了，最后50架喷火战斗机。"差不多就是那种感觉。

决定基本上是基于一个错误的想法，那就是英国战斗机司令部已经疲乏，轰炸平民的时候已到，威吓战术应该开始了。他们忽视的一个问题是军事情报，这也是他们不太擅长的一个方面。军事情报就是要理解对方在做什么，但是德国从未了

怎么做才能让英国战败？

首先在战前，德国有机会发展出真正的两栖兵力，这是他们当时没有准备的。如果德国开发出了合适的登陆舰，也制订出了配合这些登陆舰的训练方案和作战计划，那么他们就拥有训练有

历史将如何被改写？

● **德国扩张**
希特勒继续进军，入侵了丹麦和挪威。1940年4月

● **大不列颠战役**
在1940年夏天，空战的第一场主要战役开始。纳粹德国空军和英国皇家空军的战斗机在空中会面，德国空军向英国雷达站和机场投掷炸弹。1940年7月

● **改变目标**
德国以为他们快要将英国皇家空军打败了，于是不再攻击战斗机机场，转而攻击英国的主要城市。1940年9月7日

真实的时间线

1939

真实的时间线

改写后的时间线

● **宣布开战**
德国的信心与日俱增，并且变得越来越富有攻击性。德国多次无视他国的警告，在9月1日入侵波兰。两天后，英国和法国同时向德国宣战。1939年9月1日

● **新任英国首相**
坚信绥靖主义的英国首相阿瑟·尼维尔·张伯伦辞职。前任第一海军大臣温斯顿·丘吉尔（Winston Churchill）被选为继任首相。1940年5月10日

● **法国投降**
法国与德国签署停战协议。不久后，丘吉尔发表著名讲话，说道："……法国战役结束了。我认为大不列颠战役即将开始。"1940年6月22日

● **进攻继续**
德国决定继续攻击英国的战斗机机场，继续削弱英国皇家空军。两天后，他们制订了入侵英国大陆的计划。1940年9月7日

素的军队,可以迅速、有效地开展一次大型的两栖进攻。这会让结果变得非常不同。像我之前说的那样,当时德国海军的规模比英国皇家海军要小得多,但是在想象的情景中,德国可以建设一支更强大的海军队伍。他们在入侵挪威时失去了一些船队,而当法国在法属北非投降的时候,英国击沉了法国在地中海的舰队。即使这些都没有发生,德国也能够控制住法国作战舰队,他们的力量还是不足以打败皇家海军,但是可以增加德国获胜的概率。那样的话,如果德国真的入侵英国,也能有几天的时间控制战局,并策划某种政治冲击,迫使英国政府投降。

英国会投降吗?

在丘吉尔当首相的情况下,这不太可能发生。但是话说回来,他差点就没能成为首相。1940年5月10日,德国开始进攻法国,法国沦陷。当时,张伯伦辞职,丘吉尔成为首相。但是,哈利法克斯勋爵(Lord Halifax)差一点就成为了首相。丘吉尔要比哈利法克斯好战得多。如果哈利法克斯执政的话,英国会不会仅仅因为德国的进攻威胁而投降呢?我们不得而知。这是一种可能性,但是要让英国真的投降,需要另外一个条件;英国需要像法国在1940年5月和6月那样沦陷,那会是一种政治上的沦陷,而非军事上的。

假设入侵真的发生了,希特勒的下一步会是什么呢?

英国参谋长曾经告诫丘吉尔,如果德国军队真的大批登陆英国,英国军队没有足够的力量击退德军。英国的第一条防守线大约会在多佛尔(Dover)和伦敦中间,这条线叫作总部总线(General Headquarters Line,简称GHQ Line)。至于伦敦本身,丘吉尔认为如果德军入侵的话,他会让他们挨家挨户地打过来。由此,这场伦敦战役会吞噬德国的一大部分军队,这也正是英国想要的。

大不列颠战役之日
这是纳粹德国空军自8月中旬以来损失最惨重的一天。他们需要重新考虑作战计划。两天以后,他们取消了入侵英格兰的计划(海狮行动)。1940年9月15日

巴巴罗萨行动(Operation Barbarossa)

尽管德国在西方仍然与英国为敌,但是希特勒决定攻击苏联。这个决定最终成为了一个灾难。1941年6月22日

打退德国
美国加入了战争,而英国与德国仍然处于交战之中,苏联也在顽强抵抗,德国获胜的希望渺茫。1943年12月

诺曼底登陆

同盟国精心策划了诺曼底登陆,最终从德国那里重新夺回了对西欧的控制权。1944年6月6日

海狮行动
英国皇家空军遭到挫败,皇家海军受到牵制,德国开始实施入侵英国的海狮行动。1940年10月1日

入侵苏联
希特勒执行了巴巴罗萨行动。由于在西欧已经征服了英国这个敌人,希特勒得以将主要军事力量集中在苏联,因此成功入侵。1941年6月22日

攻陷美国
德国用洲际导弹向美国发射原子弹,摧毁大量美国城市。1994年

纳粹胜利
剩余的同盟国军力受了失败,纷纷投降,纳粹帝国得以在欧洲宣称胜利。希特勒企图控制全球,德国与美国之间的战火越发猛烈。1945年

欧洲胜利之日
希特勒自杀。在此之后,同盟国军队接受了纳粹德国的无条件投降,终结了这场战争。1945年5月8日

制服皇家海军
法国地中海舰队没有被击沉,德国海军占了上风。1940年9月

英国投降
伦敦还在继续作战,但德国已经控制了英国的大部分地区,包括中部地区的工业中心。英国别无选择,只能投降。1940年10月31日

德意志帝国
在吞并了英法两大帝国的基础上,纳粹德国几乎控制了整个欧洲。于是,德国接着开始造一个坚不可摧的、全新的全球帝国。1943年12月

帝国瓦解
纳粹帝国既要喂饱大量的本国人民,又要治理这么多的战败国家。因此,尽管获得了战争胜利,帝国却在沉重的压力之下开始逐渐瓦解。1950年

英国会抵抗成功吗?

假设英国不投降,德国会尝试避开伦敦。在这之后的下一道主要防线会是英格兰中部地区的工业中心——埃文河畔斯特拉特福(Stratford-upon-Avon)运河。这条运河差不多从英国西南流到东北,终点在伯明翰地区南边不远处。如果德国通过了这条防线,最后一条防线就是会在西北方向的伍尔弗汉普顿与特尔福德(Telford)之间。如果失守,英国基本上就战败了。

英国军队的余党还会像法国的自由法国军队(Free French Forces)那样反抗下去吗?

我们不知道"自由英国"会是什么样,但是英国皇家海军基本上还是完好无损的。在想象的情境中,英国海军会护送载着军队和一些平民的船只。这些船只其实会向西航行,希望能将大英帝国的战争继续下去。英国本身除了著名的地方军以外,还有一些小分队,实际上就是一些暗杀小组。这些人非常积极,其中的一些成员也让人十分震惊;乔治·奥威尔①(George Orwell)和迈克尔·富特②(Michael Foot)就是自愿加入这些小组的两个名人。他们的工作其实就是自杀式任务,试图找到最高级别的德国领袖,然后杀死他们。这很有可能会发生。这样的话,英国反抗德国的方法就和法国的反抗差不多了。

---

① 乔治·奥威尔,英国著名小说家、记者和社会评论家。
② 迈克尔·富特,英国前工党领袖。

▲ 在伦敦一座建筑楼顶上的飞机观测员。背景中的建筑是圣保罗大教堂

大多数历史学家认为，阿道夫·希特勒的最终目标是称霸全球。

如果英国战败，接下来会发生什么？

虽然我们永远无法肯定，不过这可能意味着德国在欧洲赢得了这场战争的胜利。由于远在大西洋另一边的美国参与了对抗德国的战争，我们很难想象出一个简单的发展进程。从地图上看，很难预测美国会如何开展军事行动，解放德国占领的欧洲，几乎可以肯定的是，真实历史中发生的事还是会重演。英国战败后的第2年（1941年），希特勒统治的德国和轴心国还是会进攻苏联。这件事一直是纳粹党的雄心壮志。这么想的话，西方的战争并不是一个错误，只是偏离了他们的目标。如果德国在西方失去了英国这个敌人，那么德国对苏联的进攻更有可能会成功。

日本和美国还是会开战吗？

真的很难说日本还会不会袭击珍珠港，但是现在的假设情境应该不会减小这件事发生的可能性。很可能还是会有某种日美之间的太平洋战争，整个过程也应该会和现实中发生的相差无几；日本是没有机会赢得那场战争的。但是，这会是独立的另一场战场。就欧洲战争而言，如果德国赢了大不列颠战役，成功入侵了英国，那么德国在东方对苏联的下一场袭击将会把德意志帝国扩张至整个欧洲。

德国与美国会大打出手吗？

很多历史学家认为，希特勒的最终目标是称霸全球。因此，如果德国既吞并了法兰西殖民帝国，又吞并了大英殖民帝国，那么德国就会变成一个庞大的欧洲势力，也会成为历史上最大的帝国。在未来的某个时间，希特勒领导的德国有可能会开启一场征战，企图夺取包括美国在内的整个美洲。

你为什么认为会有这个可能呢？

这关乎全球运输。在我们的猜想中，要让德国建立起这样一个全球运输系统似乎有点不现实。但是德国倒是有可能制造洲际导弹（Icontinental Ballistic Missile，简称ICBM），这种导弹能从一个大洲到达另一个大洲。这个可能性也引起了人们的恐慌。德国完全有可能制造出可以使用的原子弹。如果他们真的制造出了原子弹，然后制造了一个洲际导弹来发射原子弹，他们就有可能向美国发射原子弹，而这些炸弹的威力将等同于摧毁广岛和长崎的原子弹。这个说法是很合理的。

现代社会的一切会变成什么样呢？

在我个人看来，纳粹国在经济上维持不了几年。为了养活德国人民，他们需要从入侵过的所有国家那里盗取粮食，我觉得这样肯定无法维持多久。德国会给世界造成巨大的损失，然后会在几年后的革命中瓦解。

如果日本没有袭击珍珠港,会怎么样?

亚洲,1941 年

▼ 如果日本没有袭击珍珠港，美国可能会转而向莫斯科投放原子弹

罗伯特·克里布教授（PROFESSOR ROBERT CRIBB）

克里布教授在堪培拉的澳大利亚国立大学亚洲及太平洋学院（ANU College of Asia and the Pacific）担任讲师。他的研究方向主要是探讨"二战"之后亚洲发生的变化，尤其是印度尼西亚对抗荷兰的独立战争，以及摆脱日本统治后独立的印度尼西亚。他曾出版《重访傀儡国：现代亚洲的帝国与独立国属国》（[*Puppet States Revisited: Empire and Sovereign Subordination in Modern Asia*，与李·那让郭阿（Li Narangoa）合著]，以及"日本战犯的审判与释放：1945—1958"[（*The Trial and Release of Japanese War Criminals, 1945—1958*，与桑德拉·威尔逊（Sandra Wilson），比阿特丽斯·特雷法尔特（Beatrice Trefalt）和迪安·奥斯奇洛维茨（Dean Aszkielowicz）合著]。

如果日本没有袭击珍珠港，历史会如何发展？

历史会变得非常不同。首先，日本不会将帝国扩张至东南亚——因为这正是激起珍珠港袭击的起因。他们会转而将力量全部集中于中国，因为他们侵略中国的战争在1931年就开始了。当时，日本从外交或军事上都无法对付中国。而且，美国在中国也有自己的利益，这也是最终让他们向日本开战的诱因。美国对日本施加了经贸禁令。因此，日本在美国的金融资产受到冻结，他们无法从海外购买任何东西。如果想要避免珍珠港事件，日本必须做一些可以符合美国需求的事——包括从中国撤退。根据我的猜测，蒋介

◀ 中国军队第179旅在1937年离开中国山西省太原市，向前线出发

◀ 日本士兵在1941年进入香港

历史将如何被改写？

真实的时间线

● **日本入侵中国台湾**
无论你相信与否，珍珠港事件的起点是就这件事。日本入侵了这个东亚岛屿，开启了日本帝国。1895年5月29日—10月21日

● **日本在中国建立傀儡政权**
在1931年入侵中国之后，日本认为应该统一整个亚洲，由裕仁天皇全权统治。于是，日本建立了伪满洲国。1932年9月15日

● **七七事变**
卢沟桥的日本驻军在未通知中国地方当局的情况下，径自在中国驻军阵地附近举行所谓军事演习，并诡称有一名日军士兵失踪，要求进入北平西南的宛平县城搜查，被中国驻军严词拒绝，日军随即向宛平城和卢沟桥发动进攻。1937年7月7日

真实的时间线

● **袭击珍珠港**
日本出其不意，攻打了美国在夏威夷的海军基地。这么做是为了击垮美国海军，这场袭击让白宫获得了全国人民的支持，美国加入了第二次世界大战，同时参与在亚洲及欧洲的战争。1941年12月7日

改写后的时间线

● **抗日战争爆发**
中国是日本在"二战"期间遇到的最艰难的战场。日军一向以残暴著称。1937年7月7日

对于日本来说，珍珠港本身不是重点，他们只是想要除掉美国舰队。

石领导的中国国民党政府会与东京的东条英机（Hideki Tojo）政府达成协议，打败共产党。历史还是得变得非常不同——例如，日本必须对在南京的军队保持更大的控制权，不能让他们屠杀了整个城市的人民。不过，如果事情没有演变得那么残忍，我们也可以想象两国之间有可能签署和平条约。日本政府非常害怕中国共产党，这也是为什么，最后是中国共产党让中国有了天翻地覆的变化。我认为，日本也会要求进入中国市场。在战争结束之后，中国会变得更加强大，也会更有影响力。当然，你也不会看到广岛的原子弹爆炸了。

你觉得美国最后会在别的地方投下原子弹吗？当时，艾森豪威尔非常想测试原子弹的威力。别忘了丘吉尔在纳粹投降后，也在考虑马上向斯大林发起进攻。在柏林沦陷之后，苏联兴起。也许，艾森豪威尔可以用原子弹对抗斯大林呢？

我不知道自己能不能针对这件事做出一个可靠的判断，不过你说得没错——美国非常想在真实情况下测试一下原子弹，他们也确实很有可能先发制人，轰炸苏联。日本将不会是唯一一个原子弹战争的受害者，也就不会像现在的日本那样怀着这么多的怨恨，但是我觉得日本也会意识

● **入侵菲律宾**
日本的眼光投向了富含石油的荷属东印度群岛（现在的印度尼西亚），进攻并征服了菲律宾受美国保护的领地。马尼拉成为整场"二战"最大的受害者之一。1941年

● **香港沦陷**
中国香港向日本投降。缅甸、英属婆罗洲（British Borneo）、马来西亚与新加坡也紧随其后。1941年12月25日

● **在广岛和长崎投放原子弹**
艾森豪威尔总统很想测试核战的威力，于是做了一个备受争议的决定。代表死亡与辐射的蘑菇云吞没了日本的两座主要城市。由于很多平民因此丧命，这个决定至今备受争议。1945年8月6日和8月9日

● **日本投降后从殖民地撤兵**
亚洲战争告终。日本从所有领土撤兵，但是日本与被他们"解放"的人民以及西方势力的斗争继续持续了好几年，甚至好几十年。1945年9月2日

● **艾森豪威尔向莫斯科投放原子弹**
斯大林的军队占领了韩国，总统与核武器的暧昧化了为现实。1945年8月6日

● **美国威胁冻结日本资产**
美国要求日本从中国撤军。否则的话，他们会冻结日本的所有资产。日本开始与白宫谈判，讨论中国问题的解决方式。1941年7月26日

● **日本退出希特勒的影响范围**
有传言说斯大林准备违反与东京的互不侵犯条约，日本宣告他们不再与法西斯主义为伍。1941年8月20日

● **斯大林参与亚洲战争**
斯大林命令苏联红军打击日本，希望巩固在亚洲的地位。1945年5月31日

到他们可以利用经济来赢得和平与影响力，而不是一味地利用军国主义。

假设日本没有袭击珍珠港，还会有办法将帝国扩张至东南亚吗？

如果没有征服菲律宾，日本在东南亚其他地区会非常容易受到打击。但是，菲律宾当时是受美国保护的领地，所以日本必须袭击美国。缅甸也对日本诱惑很大，因为缅甸能让日本阻断英国对中国的供应。但是，如果日本与缅甸开战，就相当于在向英国开战。这就意味着你也要与马来西亚和新加坡开战。日本必须孤注一掷——他们必须攻占整个东南亚，除了泰国。泰国当时是日本的紧密合作伙伴，因为从战略上来说泰国毫无用处。但是，他们肯定会入侵法属印度尼西亚和荷属印度尼西亚。对于日本来说，珍珠港不是重点——他们只是想要除掉美国舰队，并试图阻止美国给英国的供应。他们并不想要攻占夏威夷。他们的兴趣是将帝国扩张至东南亚，除掉西方势力。

让我们再做一个假设，如果日本决定不攻击夏威夷，并从中国撤兵，美国有可能与日本达成协议，放宽贸易禁令吗？日本还有可能维护在东南亚的帝国吗？

我觉得不太可能。菲律宾在中国南海中间，有能力拦截日本的供应路线，因此不太可能沦陷。但是，让我们设想日本只是要与欧洲殖民势

▲ 在日本袭击珍珠港后，亚利桑那号战列舰（USS Arizona）起火

力对抗，想要让他们离开东南亚，交给东京来治理。英国当时并不强大，也不想在缅甸开始一场大战。他们只是由于得到了美国的支持，最终才能与日本开战。法国当然在1945年以前也是没有力量对抗日本的，因此越南、柬埔寨和老挝都会属于日本。日本入侵印度尼西亚，导致当地发生变革，因为日本打退了荷兰势力。这件事也增加了印度尼西亚的信心，让独立运动得以开展。独立运动还是会发生，但是他们将与日本人开战。如果这一切都发生了，而且我们不考虑菲律宾及珍珠港的话，你会看到一个非常不同的历史。比方说，越南战争就不会发生。越南独立同盟会（Viet Minh）会与日本人开战，而且我觉得他们会赢得战争。日本人不太会处理叛乱。他们经常以暴行反击叛乱，导致他们与要治理的地区的人民关系越发疏远。因此，我觉得日本会让这些地区获得独立，但是他们会将权力移交到他们认为安全的人手中。另一方面，当地的革命运动本来就有可能推倒日本政府。西方殖民势力也不会回归。

没有珍珠港事件的话，美国还会参加"二战"吗？

我觉得他们会。罗斯福觉得纳粹是很邪恶的，他确实很想参与战争——他的问题是如何赢得美国大众的民意。我觉得他最后还是会找到一种方法，让参与欧洲战争变得合理化。我觉得美国有可能不会参与亚洲部分的战争。就像我们刚才提到的那样，这就意味着不会有如今一样的20世纪，柬埔寨也不会出现波尔布特（Pol Pot）这样的领袖了。

斯大林与日本签署了互不侵犯条约，但是在1945年8月9日，他还是对日本宣战了。这次宣战是太早了还是太晚了？苏联将如何影响这件事的结果呢？

这件事说来很有趣，因为直到珍珠港事件发生以前，日军都以为他们的下一场战争会和苏联开战。他们曾在中国边境与苏联对战，那次经验让他们懊悔不已。我觉得他们预料到了斯大林会在某个时间打破那个互不侵犯条约。

最后一个问题，你觉得有没有某种可能，让美国与日本不会互相开战呢？

我觉得我们可以设想一种可能的情况，那就是日本将军力集中在中国，并建立了一个可以操作的傀儡执政系统。当时的美国想与亚洲展开自由贸易，日本也在寻找机会，开辟一些对金融有利的封闭地区。因此，如果我们设想日本在中国真的这么做了，并且做到了一个合适的度，帮助到了美国，让白宫放宽了贸易禁令。理论上说，这就能阻止珍珠港事件的发生。但是，能阻止珍珠港袭击的主要因素是德国。在袭击发生时，德国似乎就要在欧洲取得胜利了。日本感觉自己会是胜利的那一方，毕竟它也是想要征服世界的法西斯主义轴心国成员之一。但是，6个月后，德国撤退了。如果这件事提早发生了，我觉得日本就不会对珍珠港发动攻击了。

如果同盟国在大西洋战役中失败了，会怎么样？

大西洋战役，1939—1945 年

马克·米尔纳（MARC MILNER）

马克·米尔纳是加拿大新不伦瑞克大学（University of New Brunswick）历史系教授，也是格雷格战争与社会研究中心的主任。他有许多有关大西洋战役以及加拿大皇家海军历史的著作，他还帮助撰写了加拿大皇家海军及皇家空军"二战"期间的官方历史。米尔纳写了一本叫作《大西洋战役》的书，该书荣获了 2004 年度的查尔斯·佩里·斯泰西奖（CP Stacey Prize），被评为了最优秀的军事历史书籍。他最近写了很多有关诺曼底战役的书，例如《阻止坦克：诺曼底登陆中不为人知的故事》，这本书荣获了由美国军事历史委员会在 2014—2015 年度颁发的"詹姆斯·科林斯图书奖"（James Collins Book Prize）。

如果协约国在大西洋战役中失败了，会怎么样？

英国在这场战争中坚持不了多久。在 1939 年，英国至少有一半的食物都依赖于国外进口，因此战役失败将在这方面产生严重的后果。而且，英国在 1939-1940 年的经济发展基本上是靠出口。如果英国的经济想要发展下去，就必须进口原材料，出口制成品。如果英国不能使用这片海域，基本上就不可能存活下去。德国在那一年夏天已经到达了法国海岸，而英国会得到那一年的收成。

德国曾尝试在 1940—1941 年冬天向英国施加压力，如果他们真的做到了，我觉得可能用不了几个月，甚至几周，英国就得做出决定，配合德国的要求。我觉得不会有很多德国人涌入英吉利海峡，至少一开始不会，因为德国人不想在有效封锁英国的同时发动入侵。除了要满足希特勒的心愿，向压力屈服，英国面临的最大问题是他们愿意被德国占领到什么程度。那肯定会是一个很有趣的场面。

德国要怎么做才有可能赢得大西洋战争呢？

很多人和我说，如果德国在 1939 年有 300

▲ 如果纳粹德国赢得了大西洋战役,入侵了英国,会发生什么呢?

▲ U-71潜艇在1942年用鱼雷轰炸了同盟国的"南方之箭号"油轮（Dixie Arrow）

历史将如何被改写？

真实的时间线

1939

● **战争爆发**
德国的57艘U型潜艇之中，只有27艘能够在大西洋开展远距离的军事行动。德国Z计划的目标是建造300艘U型潜艇，这个数目将有能力压制英国。但德国还需要20个月才能建造出这么多艘船。1939年9月

● **占领法国大西洋港口**
U型潜艇现在可以轻松进入大西洋东部。尽管在划出的中立地带中，美国战舰会击沉四处掠夺的德国潜艇，但是德国还是很快将军事行动延伸到了大西洋中部及西部。1940年6月

● **极地行动开始**
通过租借法案，英国开始将原材料及军备送到俄国港口。与此同时，U型潜艇、岸基机和水面舰艇开始了在极地范围内的军事行动。1941年6月

● **欢乐时光开始**
U型舰艇将战争带到了美国的东海岸，美国海军组织的护航行动失败，损失了成千上万吨至关重要的货物，德国享受着胜利的喜悦。1941年12月

● **袭击珍珠港**
日本的航载飞机对美国太平洋舰队发动了一场突袭。一天后，美国向日本宣战。三天后，美国向德国宣战。1941年12月

真实的时间线

改写后的时间线

● **Z计划击中目标**
纳粹德国海军加强了生产力，成功达成制造300艘U型潜艇的目标，其中的大多数潜艇都可以用于远距离大西洋航行。德国封锁了英国港口，让丘吉尔承受了巨大的压力。1941年6月

问题是英国会不会屈服，还是英国政府会开始流亡，在英联邦地区继续作战？

艘 U 型潜艇，就能赢得大西洋战役。我的回答一直是这样的：如果德国有 300 艘 U 型潜艇，英国就会有 250 艘驱逐舰、单轨纵帆船及快速军舰。你不能只改变一个变量，然后期待其他变量都维持不变。英国人是为了解除威胁而建造舰队的，而那个威胁就是德国的水面舰队。其他的一切都是应对危机的临时对策，就像历史中发生的那样。简单来说：德国永远不可能赢得大西洋战役，但是英国有可能输掉这场战役。

在 1940—1941 年，英国关键的几个港口遭到轰炸，被迫关闭，对英国的进口贸易产生了巨大的威胁。而这一切都是纳粹德国空军的责任，和纳粹德国海军（Kriegsmarine）没什么关系。很多历史学家将进口量的降低与当时海军击沉的沉船数量联系在一起，这是一种草率的错误想法，事实没有那么简单。德国在 1940—1941 年没有力量在海战中给英国致命一击。更有可能发生的一幕是德国通过持久战，慢慢将英国打败。但就算在这种情况下，德国都不一定能确保在短时间内将英国消灭。德国才是真正拉动大西洋战争的那一方。如果德国什么都不做，那同盟国就会获胜。就是这么简单。

如果德国在大西洋赢得了战争，英国在 1941 年冬天就会是欧洲唯一一个还在挣扎的国家了吗？

是的。有人说，英国在世界范围内有 5 亿人的支持。但是，在 1941 年冬天，英国真的只是在孤军奋战。也就是在那个时刻，德国开始对大西洋战役有了一个清晰可行而又可以测量的目

斯大林格勒战役告终
可以说，这是欧洲战争中最重要的一场战役。这场战役以德国战败告终，斯大林格勒也化为灰烬。成千上万的德国士兵沦为战犯。1943 年 2 月

最漫长的一天
同盟国连同一支庞大的美国军队开展了诺曼底登陆军事行动，入侵诺曼底，德国军队面临崩溃。1944 年 6 月 6 日

希特勒自杀
在苏联红军到达前不久，希特勒在柏林地堡内自杀，欧洲战争即将结束。一周后的 5 月 7 日，德国无条件投降。1945 年 4 月

美国投放原子弹
一架 B—29 轰炸机在广岛投下了世界上第一枚用于战争的原子弹，摧毁了这座城市 90% 的土地，8 万人当场丧生。由此开始，"二战"进入尾声。1945 年 8 月

皇家海军迁移至加拿大／锡兰（Ceylon）
丘吉尔将英国皇家海军迁移到了加拿大的哈利法克斯及斯里兰卡的亭可马里（Trincomalee）。这两个港口是英联邦中仅有的两个能够容纳这些战舰的港口。1941 年 8 月

同盟国占领北非
大英帝国通过苏伊士运河得到供应，强行进入非洲，控制了非洲大陆。他们打算由此入侵意大利。1942 年 11 月

莫斯科第二次战役
德国第六军团攻占了斯大林格勒，希特勒对莫斯科发动第二次攻击。然而，俄国仍然屹立不倒。1943 年 3 月

诺曼底登陆通过伊比利亚半岛展开
伊比利亚半岛成为了同盟国的预备站，也是同盟国进入西欧的切入口。1944 年 6 月

英国落入德国手中
由于食物供应不足，U 型舰艇狼群战术又在大西洋中效果显著，英国政府开始流亡，在帝国的其他地区继续作战。1941 年 11 月

美国拒绝德国的交易
罗斯福强烈想要与纳粹德国达成协议，但是来自英国和加拿大的压力，以及希特勒在俄国取得的早期胜利，让罗斯福率领美国加入了欧洲战争。1941 年 12 月

认真筹备诺曼底登陆
由于同盟国在非洲取得了成功，火炬行动变得可有可无。美国陆军陆续到达摩洛哥和阿尔及利亚（Algeria），准备在欧洲大陆展开攻击。1943 年 1 月

1944 解放英国
希特勒在俄国的库尔斯克（Kursk）州战败后，军力变得薄弱。于是，希特勒从英国大陆撤兵，想要支撑在法国的防御力量。丘吉尔回到了伦敦的白厅（Whitehall）。

标——那就是封锁英国，逼迫英国投降。但是德国的问题是，他们没有足够的资源来实现这个目标。在1940—1941年冬天，对英国进口贸易影响最大的一件事就是伦敦轰炸。大多数人不会将这件事与大西洋战役联系在一起。然而，英格兰南海岸及东海岸的港口在遭到轰炸后关闭，立即削减了英国的进口，比海面战争对进口的影响要大得多。所有的主要进口港都突然关闭，他们必须重新安排码头工人的工作，将库存、铁路及搬运装置都转移到西部港口，英国用了将近一年才完成这些事。这让英国的进口量直线下降，因为单靠西部港口完全没办法处理这样的港口吞吐量。但是德国的潜艇不够多。在1941年1月，海上只有八艘可以使用的德国潜艇。你没办法用八艘潜艇赢得大西洋战役。德国已经派出尽可能多的水面舰艇了。

1941年冬天对英国来说是一段非常危险的时期，因为德军的巡洋舰"沙恩霍斯特号"（Scharnhorst）和"格奈森瑙号"（Gneisenau）都在北大西洋上晃悠。海军司令希佩尔（Hipper）及海军司令舍尔（Sheer）也都在北大西洋上。远距离秃鹰轰炸机（Condor）和布洛姆－福斯（Blohm & Voss）水上飞机也一直在巡逻。有一些秃鹰轰炸机攻击海面上的船只，尤其针对大西洋东部。德国开始使用U型舰艇狼群战术，获得了戏剧性的成功。但是这还是远远不够。整个1941年冬天，他们都在不断挑衅英国。他们在同年4、5月时派出了"俾斯麦号"战列舰（Bismarck），春季的好天气已经完全改变了开展军事行动的环境。

如果英国屈服，美国会找到另一个预备站，作为加入欧洲战争的切入口吗？

会的。1942年，同盟国入侵法属北非，美国东部沿海地区直接部署了摩洛哥海岸沿线的登陆行动，作为火炬行动（Operation Torch）的一部分。之后，如果位于西欧的英国落入了苏联手中，北大西洋公约组织（North Atlantic Treaty Organization，简称NATO）打算重新加入欧洲战争。因此，从某种意义上来说，美

▲ 德国U型潜艇在法国的基地距离大西洋要比它在北海的基地要近很多

国加入欧洲战争的方式会和 NATO 差不多。他们会打通北非这条路，最终穿过伊比利亚半岛（Iberian Peninsula）。

但是，假设英国没有与美国结盟，美国是不是就不会在 1941 年 12 月向德国宣战了呢？

据我们对 1939—1941 年美国民众的了解，我们也不确定他们是不是会适应欧洲的这种新政权，与之共存。在 1941 年夏天之前，美国其实还没有开始调动军队。那时的美国还在建造舰队和基础设施，最终化为了 1944 年出现在欧洲的那支庞大军队。在 1941 年，这支军队还没有就位，所以我觉得美国不得不做出一个严肃的决定。我们最多只能猜一猜美国会怎么做。据我猜测，最有可能的情况是美国与纳粹德国达成协议，尽全力确保英国是德国人向西扩张的终点。

如果英国沦陷，你觉得丘吉尔会不会在加拿大或其他大英帝国及英联邦地区继续作战？

加拿大确实对纳粹德国宣战了，而且不是作为大英帝国的一部分，而是作为一个独立自主的国家向德国宣战的。因此，很有可能战争还会继续。当时英国也有计划准备将舰队移至加拿大。他们还调查了加拿大东海岸的港口，看看皇家海军可以在哪里避难。那么问题就是英国会不会像法国那样屈服，与德国达成协议？还是英国政府会开始流亡，到英联邦地区继续作战？那样也会改变美国的形势。

如果英国在 1941 年沦陷，会如何影响苏联对抗纳粹德国呢？

很多人假设，英国会在 1941 年的春天沦陷，因为在那之前或之后都很难有一个情境能让英国失守。那时，英国已经签署了租借法案（Land-Lease deal），大量的商品已经转运到了苏联，最终会运往英国，例如 P40 战鹰（P49-Warhawks）和战斧（Tomahawks）战斗机。1941 年秋天，英国也将大量的坦克运送到了苏联。我最近读到，在 1941 年 12 月的第一周参与德国与苏联两军之间的坦克中，可能有高达 40% 的坦克都是英国工厂制造的玛蒂尔达（Matilda）和瓦伦丁（Valentine）。如果那样的话，会有一段非常短暂的时期，能让英国生产的军备和租借法案送来的军备在关键时刻与德军同时抵达莫斯科，其中包括飓风战斗机。很多历史学家认为，如果莫斯科沦陷，苏联也会屈服，但是我不知道这是不是一个合理的假设。这个说法不能完全把我说服。但是，如果真的是那样，那么英国在 1941 年秋季对苏联的协助，可能是英国在确保同盟国获得"二战"胜利过程中做的最突出、最有决定性的一件事。

如果古巴导弹危机升级了，会怎么样？

古巴导弹危机，1962 年

如果古巴导弹危机升级成了核战，会发生些什么呢？

我觉得如果美国选择轰炸古巴，开展入侵行动，得到的结果肯定会与他们想象的不同，因为当时古巴有一些他们并不知道的战术性核武器。从历史上看，在古巴的苏联指挥官有发射权。他可能会使用那些导弹，震慑美国。这件事很容易就会升级为双方的武器交战。

唯一能够阻止这件事发生的情况就是苏联意识到，就他们可以用来攻击美国的武器而言，他们的战略部队有多么薄弱。相比之下，美国有一个庞大的军火库，可以使用数不尽的军火。

希望苏联能够保持头脑清醒，但是，常常发生当局者迷的情况。我认为，苏联当时很有可能开始一场全面战争。如果全面战争爆发，苏联肯定会被消灭，毕竟美国的战略部队太强大了。当

苏联核弹几乎肯定会轰炸一座美国城市，害死上万的美国人。

▲ 如果危机没有解除，美国的几个主要城市很有可能沦为核武器攻击的目标

埃里克·斯韦丁博士（DR ERIC SWEDIN）

埃里克·斯韦丁博士是美国犹他州（Utah）韦伯州立大学（Weber State University）历史系的一名副教授。他著有很多书，包括《当天使哭泣时：古巴导弹危机历史的另一种可能》（When Angels Wept: A What-If History Of The Cuban Missile Crisis），这本书荣获了2010年的假想历史（Alternative History）领域的"侧面奖"（Sidewise Award）。他还出版过《在轰炸中生存：放射性公民的核战生存指南》（Survive The Bomb: The Radioactive Citizen's Guide）。他也教授有关现代和历史文明的课程。

然，我只是在讨论1962年的情况；如果这场战争在几年后发生，那么美国就没办法活着走出来了，因为古巴导弹危机的主要连锁反应之一就是让苏联开始迅速扩张他们的战略部队。在短短10年之内，苏联的战略部队就和美国不分上下了。

这场危机的主要转折点是什么？

在苏联解体之后，历史学家得以查看苏联的军事记录。从那些记录中可以明显看出，其实肯尼迪宣布对古巴实施全面禁运政策后，尼基塔·赫鲁晓夫立刻就开始进行撤退了。

他阻止了那些把导弹运往古巴的军舰，所以苏联并不会继续行动，与美国怒目相向。然而，美国在当时没有意识到这一点，因为他们没有得到完善的情报，无法了解军舰具体到了哪里。赫鲁晓夫真的开始撤退了，但是整件事还是很有可能不小心发展成一场战争，因为双方没有一个良好的沟通机制；危机之后安装于两国领袖办公室内的热线在当时还不存在。

如果危机升级成了全面战争，你觉得首先会发生什么呢？

我觉得危机会渐渐升级，他们会借机互相开

核战将会如何发展？

北美	苏联
根据斯韦丁博士的推测，美国与苏联的核战全面爆发之后，美国可能会损失10%左右的人口。但是，美国会存活下来，而古巴将被摧毁。	在这场核战中，美国的强大炮火几乎彻底将苏联夷为平地。人们基本上无法继续在这块土地上居住，战后的苏联将成为一片荒芜之地。

英国	中国
美国也会将导弹放在英国。因此，苏联会将大不列颠岛视作使用短程导弹攻击的可行目标，有可能会摧毁英国。	斯韦丁博士认为，中国和其他支持共产主义的国家会成为美国的攻击对象，以此阻止共产主义国家统"一战"线形成之后可能对美国造成的威胁。

土耳其	澳大利亚
同英国一样，美国会把很多战略性武器放在土耳其，苏联就会将土耳其视为目标。因此，土耳其会遭到重创。	澳大利亚等深藏在南半球的国家可能会在第三次世界大战后存活下来。不过，核弹的沉降物可能会增加患癌率。

战。这样的话，美国不只会轰炸古巴，还会入侵古巴。这正是美国军事领导层想要做的事。如果他们入侵了，那么苏联核弹几乎肯定会轰炸一座美国城市，害死上万的美国人。

到那个时候，入侵古巴的行动遭到挫败，美国人会被吓得目瞪口呆，美国也必须做出回应。大家都无法确定古巴已经有多少苏联的核武器，这让美国感到十分恐慌。我认为，美国会觉得自己有正当理由同时使用战术核武器①和战略核武器②。不幸的是，我们基本可以肯定，他们会将古巴夷为平地。

---

① 战术核武器，指将核武器根据用途分为战术级和战略级，战术级主要用于直接支援陆、海、空战场作战，打击敌方战役战术纵深内重要目标的核武器。

② 战略核武器，指用于执行战略任务，打击敌方战略目标或保卫己方战略要地的核武器。分战略进攻性核武器和战略防御性核武器两类。

历史将如何被改写？

● 核武器武装古巴
苏联开始在古巴建造导弹设施，这些设施能向美国发射核武器。这么做有一部分原因是美国先在土耳其放置了导弹。1962 年 8 月

● 美国在古巴发现核武器
一架 U-2 侦察机在飞越古巴西部时发现了导弹发射场。美国开始同时考虑外交和军事行动。1962 年 10 月 14 日

● 对古巴进行海上封锁
肯尼迪总统在考虑了进攻的可能性后，选择对古巴实行海上封锁，将古巴"隔离"，阻止其他苏联船只抵达古巴。1962 年 10 月 21 日

真实的时间线

真实的时间线

改写后的时间线

1959

● 卡斯特罗（Castro）在古巴掌权
在古巴革命后，菲德尔·卡斯特罗（Fidel Castro）宣誓成为古巴总理。古巴与美国决裂，转而支持苏联。1959 年 2 月 16 日

● 猪湾入侵
美国中央情报局训练的一支反革命部队想要推翻卡斯特罗的政权，但是在 3 天内就遭到了挫败。1962 年 2 月，美国宣布了针对古巴的禁运令。这让这个共产主义国家与苏联的关系变得更为紧密。1961 年 4 月 17 日

战争会演变成什么样呢？

苏联军队有大约 100 个战术核武器，我觉得一旦美国炸毁了古巴，苏联为了维持国际上的声望，一定会选择报复。他们可能会用传统军力攻占柏林，也有可能准备袭击欧洲或者其他关系紧张的地方。苏联会以牙还牙，不会表现出想要妥协或者撤退的样子，还想要逼迫敌人投降。这种心态会让苏联变得更加胆大妄为。

这种事情上，人们常常会意气用事，不再做理性的决定。就算是为了他们自己的利益，他们也不一定会撤退。有一种情况是，苏联的一架轻型轰炸机在路易斯安那的新奥尔良投下了一枚炸弹，那里有一个准备入侵古巴的陆军师。那时，苏联已经摧毁了一座美国城市，整个世界都会对即将来临的战争有点犹豫不决。苏联很清楚他们的武器远远不及美国。他们的战略型武器比美国要少得多，他们不得不拼命大干一场。因为，如果他们不能先发制人，他们就没有机会了。

美国当时有多大的优势？

苏联有 26 枚洲际弹道导弹，这些导弹可以从苏联发射，直击美国。由于苏联所有的潜艇都停泊在港内，他们在海上没有潜射弹道导弹。苏联仍然在检修这些导弹，因为他们的核反应堆出了问题。他们还有将近 100 架可以到达美国的轰炸机。美国的洲际弹道导弹及在海上的潜射弹道导弹一共有 204 枚，有将近 1500 架战略轰炸机，还有庞大的其他军力。双方完全不是一个数量级的，美国在当时有压倒性的优势。美国自 20 世纪 50 年代起就一直在储备军力，因为他们收到了不准确的情报，以为苏联也在储备军力。在古巴导弹危机以前，赫鲁晓夫想要将钱花在民用经济上，因此一直在缩减军事开销。不过，苏联在古巴导弹危机之后调转了方向，将大量的钱财都投入到了战略部队上。

● **美国进入二级戒备状态**
所有前往古巴的苏联船只要么减慢了速度，要么调转了航向。第二天，美国将军事戒备升高到了二级戒备状态。这是美国历史上最高的一次戒备状态。1962 年 10 月 24 日

● **赫鲁晓夫的提议**
苏联领导人赫鲁晓夫向肯尼迪总统提议：只要美国同意永不入侵古巴，苏联就会移除在古巴的苏联导弹。1962 年 10 月 26 日

● **危机解除**
赫鲁晓夫说服肯尼迪，击毁那架 U-2 侦察机并不是他下达的指示。肯尼迪接受了这个说法，与赫鲁晓夫达成了协议。美国同意不会入侵古巴，撤回了土耳其的导弹，而苏联也从古巴撤回了核武器。1962 年 10 月 28 日

● **入侵古巴**
美国决定采取军国主义手段。在这天，他们再一次企图入侵古巴，目的是为了夺取岛上的武器。美国军事戒备升高到了一级戒备状态。1962 年 10 月 25 日

● **击落 U-2**
在古巴的一名苏联司令的全权指挥下，一架美国 U-2 侦察机在古巴上空被击毁，飞行员鲁道夫·安德森（Rudolf Anderson）丧生。美国与苏联的关系越发紧张，一场核战似乎就要会发生。1962 年 10 月 27 日

● **战后余波**
90% 的美国人在核战后存活了下来，但是北半球其余的大部分地区都化为灰烬。深藏在南半球地区的人得以生存。最后，世界的大部分地区都进入了核冬天，那些地区荒无人烟，其中部分地区甚至都不再适合人类居住。1963 年

● **外交商谈中止**
第三次世界大战即将爆发，整个世界开始摇摇欲坠。美国与苏联通过外交手段解决危机的希望越发渺茫。1962 年 10 月 24 日

● **发射第一枚核弹**
在古巴的苏联司令的全权指挥下，向美国发射了第一枚战术性核弹。美国上下目瞪口呆，立即开始为核战作准备。1962 年 10 月 26 日

● **第三次世界大战开始**
苏联入侵柏林，在美国和欧洲同时向目标开火。但是，美国压倒性的火力已经预示了这场战争的结局。1962 年 11 月

● **夷为平地**
美国用尽全力打击了古巴、苏联和其他共产主义国家。最终，美国将古巴和苏联夷为平地。苏联为了报复，同样也摧毁了欧洲的大部分地区。1962 年 12 月

▲ 当时，苏联没有很多可以打击美国的武器，但是苏联肯定会遭到美国的毁灭

你觉得会发生相互保证毁灭①（mutually assured destruction，简称MAD）的情况吗？

这听上去太恐怖了，但是苏联肯定是会被毁灭的。欧洲也会遭到严重的破坏，因为苏联有很多尖端的短程突袭武器，可以用来对付欧洲；他们只是缺少能够打到美国的武器。

我觉得袭击美国的武器应该可以杀死大约10%的美国人口，但是我觉得美国还是能存活下来的。在那个时候，人们还没有开始将洲际弹道导弹放进很深的发射井里去，因此大部分的爆炸会是在空中爆炸，而不是在陆地上。这会显著减少核爆炸后的沉降物。

除了所有当下的破坏之外，我认为核战对生态环境的影响也非常大，但是我不觉得会导致核冬天②。如果核战在5年后爆发，那确实会引起核冬天。因为到那时，核武器能够达到很深的发射井中，如果你想要摧毁另一方的地下导弹，就得让导弹在陆地上，而非空中发生爆炸。

很多人没有意识到，在目标上空引爆核武器和让核武器击中地面的区别是很大的。如果像在"二战"时袭击广岛和长崎一样，在空中引爆核武器，那么即时的爆炸威力升至最高，也会将沉降物降至最少。反过来，如果瞄准那片陆地，就不会在当下看到这么强的爆炸力，沉降物就会升

---

① 相互保证毁灭，指一种"俱皆毁灭"性质的军事战略思想。对立的两方中如果有一方全面使用核武器则两方都会被毁灭，被称为"恐怖平衡"。

② 核冬天，是一个关于全球气候变化的假说，预测了一场大规模核战争可能产生的气候灾难。

> **我们基本上肯定不会这么早看到有人类在月球漫步了，因为这件事很大程度上是由"冷战"竞争导致的。**

至最多。这里所说的最多和最少，在这两种爆炸当中是相差几十倍的数量级。

欧洲会参与这场战争吗？这场战争会演变成第三次世界大战吗？

我觉得这会成为第三次世界大战。我们不知道苏联军事行动的确切计划，但是我们知道美国的计划，因为现在部分计划已经解密了。其中，统一作战行动计划（Single Integrated Operational Plan，简称SIOP）就概述了在全面核战中会打击哪些目标。

美国会攻击中国，因为在当时，他们觉得共产主义就是一整块巨石。基于同样的原因，美国也会打击东欧和其他共产主义国家。

这项计划没有太多可以修改的空间，制订这项计划是为了能在最大程度上有效地运用这些武器。假设苏联也有一个类似的计划，他们也会想要摧毁美国军事力量以及美国的同盟。而导致危机的起因之一就是在土耳其和英国发现了短距离的美国丘比特（Jupitor）导弹和索尔（Thor）导弹。因此，起码这两个地方肯定会被当作完全合理的目标。在全面核战中，欧洲必然会卷入纠纷。这些国家会成为被正式打击的目标，而不是主动进行回击的参战国。这在那个时期就是理所当然的。

那么战后的世界会是什么样的状态？

我觉得地球的臭氧层和北半球都会因此遭到严重的破坏。整个欧洲和苏联的社会和经济都会彻底崩溃。我认为美国会存活下来，但是他们应该也会更加安分守己，因为他们的敌人都被消灭了。你可能还会看到南半球的兴起，因为那里的沉降物会少很多，受战争影响也没有那么严重。

我们基本上肯定不会这么早看到人类在月球漫步了，因为这件事很大程度上是由"冷战"竞争导致的。如果没有这样的"冷战"，美国就不会将钱花在阿波罗（Apollo）项目上——美国会将钱用来重建国家。人口的巨大损失也会带来严重的影响。辐射带来的持续性影响会让北半球的患癌率升高，也很有可能升高南半球的患癌率。

这种情况会重演吗？

我们总是希望这样的事情不会发生。自从"冷战"结束以来，苏联，以及后来的俄国和美国都大大削减了战略性武器。他们不再像"冷战"时期那样，随时准备向对方开战。

我觉得到了现在，最有可能看到的情况就是有国家使用脏弹，或者更小型的核弹。这个情况可能类似于9·11事件，不过整个规模要大得多。话虽如此，我也能想象印度陷入战争，也很容易想象巴基斯坦丢失了一些武器，那些武器落入了非国家行为体①手里，并为他们所用。我个人认为，在我有生之年会看到恐怖分子或者非国家行为体发射另一个核武器。

---

① 非国家行为体，是与国家行为体相对的概念。指国家以外能够独立地参与国际事务的实体，这些实体是在以民族国家为中心的国际关系基础上产生的，是国际关系发展到一定历史阶段的产物。

命运与境遇

一次重要的决定和行动将会如何改变世界?

148　如果罗马帝国没有灭亡,会怎么样?
154　如果维京人在北美洲殖民,会怎么样?
160　如果火药阴谋成功了,会怎么样?
166　如果伦敦大火没有发生,会怎么样?
170　如果禁酒令仍在施行,会怎么样?
176　如果纳粹从未掌权,会怎么样?
182　如果披头士乐队从未成立,会怎么样?
186　如果苏联打赢了太空战,会怎么样?
192　如果约翰·韦恩与乔治·华莱士联手,会怎么样?
196　十大杰出架空历史小说

如果罗马帝国没有灭亡，会怎么样？

欧洲，117年至今

杰里·格洛弗（JERRY GLOVER）

从曼彻斯特大学获得学位后，杰里·格洛弗成为了一名剧作家和电视制作人，之后又投身于独立历史研究，专门研究欧洲、近东和印度的古代社会。他为诸多刊物写过几十篇文章。在2013年6月至8月，他在圣奥尔本斯（St Albans）策划了一场展览，专门展示中世纪的墙壁涂鸦。这是世界上相关题材的首次展览，展览的内容都是基于格洛弗的照片及调研。他现在正在写一本书，追踪数千年来世界艺术、手工艺及文化之间的交集。

我们可以准确指出罗马灭亡的时间点吗？

我们讨论的是西罗马帝国。在很长一段时间的衰落后，西罗马帝国在476年象征性地在拉韦纳（Ravenna）灭亡了。但是，在此之后，一个增强版的议会仍然持续存在了超过一个世纪。罗马帝国的概念持续了将近一千年，因为许多历史记载上还是有神圣罗马帝国和西罗马帝国，但是这只是一种名义上的存在。我们也不要忘了，东罗马帝国持续到了15世纪。综上所述，如果罗马帝国从未灭亡，那会是一种非常惊人的情况。关键是"从未"这个词。如果想要西罗马帝国继续存在，当今的情况会和造就罗马帝国的真实情况差别很大。这样的话，我们几乎根本不能继续称之为罗马帝国了！存活下来的西罗马帝国可能会对世界各地造成各种影响。这个罗马帝国会包含大部分欧洲，甚至整个欧洲，以及世界上的其他一些地区。因此，这些地方也会被重新定义。

罗马不灭亡的可能性有多大？哪些事件必须改变？

从2世纪末起，西罗马帝国的贸易与繁荣程度开始衰落，再也没有恢复到早期元首制时的状态。3世纪中期，帝国分裂成了3个部分，互相竞争。国家内部普遍动荡不安，严重地破坏了贸易网络，皇室的财政状况越发恶化。国家也越来越无法支持军队的开销。武器、服装、食物等必需品变成了士兵的薪金，而很多贸易也不再通过货币来实现了。有一种现象就是货币贬值。在3世纪后半叶，安东尼尼努斯（antonianus）硬币银含量暴跌，造成了极度通货膨胀。奥勒利安

▲ 延续下来的罗马帝国可能会加速科技发展

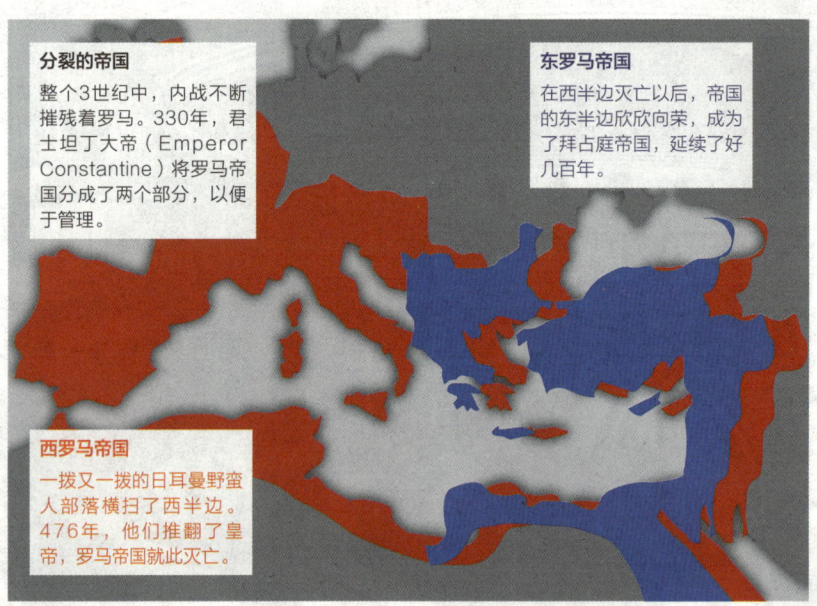

分裂的帝国
整个3世纪中，内战不断摧残着罗马。330年，君士坦丁大帝（Emperor Constantine）将罗马帝国分成了两个部分，以便于管理。

东罗马帝国
在西半边灭亡以后，帝国的东半边欣欣向荣，成为了拜占庭帝国，延续了好几百年。

西罗马帝国
一拨又一拨的日耳曼野蛮人部落横扫了西半边。476年，他们推翻了皇帝，罗马帝国就此灭亡。

（Aurelian）之后不得不处理这个情况，在271年和274年两次提高税收，将罗马和意大利糟糕的硬币斩草除根，但他并没有对其他省这么做。为了避免货币持续贬值，罗马必须扩张自己的金银储备。当时意大利的矿井不够大，也不够可靠。因此，罗马只能控制自己对奢侈的追求，不再把银矿出口到印度来换取香料。太难了！更理想的情况是，他们在欧洲中部或撒哈拉以南的非

历史将如何被改写？

真实的时间线

● **罗马的辉煌时期**
图拉真（Trojan）在美索不达米亚和达契亚的战役中获得了胜利，让罗马帝国的领地扩张到了前所未有的程度。帝国的人口大约在七千万人左右。117年

● **3世纪危机**
在塞维鲁皇帝（Emperor Severus）被自己军队的领袖马克西米安杀死后，发生了一系列短暂的"临时皇帝"斗争。外邦的部落有了可乘之机，常常发动突袭。258年，帝国分裂成了3个国家：罗马、高卢（Gallic）和巴尔米亚（Palmyreme）。235—284年

● **二帝共治和四帝共治**
戴克里先（Diocletian）任命马克西米安（Maximian）为第二位皇帝，与他拥有同样的权力。在283年，他又将两位军队官员任命为拥有最高权力的副帝，开启了四帝共治时期。戴克里先改革了税收及货币制度，但是还是没能抑制通货膨胀。286—313年

● **东罗马帝国的根基**
拜占庭城成为了东罗马帝国的新首都，君士坦丁将其命名君士坦丁堡。帝国继续控制着东部的省区，在6世纪重新掌控了意大利、西西里（Sicily）、西班牙南部和北非的领地。330年

● **一波又一波的入侵**
在匈奴人部落的压力之下，名为特尔文尼（Tervingi）的一支哥特人部落得以进入罗马领地。在领袖遭到杀害之后，他们发起了反抗，入侵了意大利，洗劫了罗马城。之后，他们占领了阿基坦（Aquitaine）和高卢（Gaul）。他们在罗马帝国的伊比利亚（现为葡萄牙和西班牙）行省建立了一个王国。376年

● **亚德里亚堡战役**
小心谨慎的西部将领理卓默（Richomer）建议瓦伦斯皇帝不要发动袭击，而强硬派东部将领塞巴斯蒂安（Sebastian）敦促皇帝下令开战。最后，瓦伦斯皇帝听从了理卓默的建议，一边用和议和拖延时间，一边等待援军的到来，最后赢得了这场战役。378年8月9日

● **不列颠失守**
在罗马撤退了不列颠北部及西部的军队之后，叛乱的不列颠族长最终将君士坦丁的官员驱逐了出去，结束了罗马帝国的直接统治。在410年，他们向霍诺留皇帝（Emperor Honorius）诉诸武力，霍诺留强烈要求不列颠部落"自力更生"。407—408年

真实的时间线

改写后的时间线

洲地区发现新的矿产资源。或者，他们可以航行到富含金银的中美地区，那里还不算太远。

罗马必须从波斯那里学习高级的制图学和天文学，才能实现这些目标。如果去中美，罗马人可能会与玛雅人为敌，引发战争。在那些条件艰苦的丛林中，罗马人会陷入困境，而且他们也寡不敌众。不过，他们也有另一种选择，就是利用他们在技术及国际关系上的优势，将玛雅人骗上贼船，建立贸易合作，发展罗马文明。他们会用钢铁、机器和城市规划来换取玛雅的黄金和硬木材。如果罗马人在玛雅各个城市建立了外交基地，古罗马军队就会吸收玛雅战士，然后一起向富含金矿的秘鲁和美国的加利福尼亚州进军。他们会披金戴银地回到罗马，让耶路撒冷圣殿的宝藏都显得一文不值。

罗马的政府会有何不同？

罗马政府的一边是由精英寡头政治领导的严格独裁统治，另一边是八面玲珑的名门望族策划的阴谋诡计。想要保持帝国稳定，罗马就要找到这两者之间的平衡，还要作出智慧的决策。在3世纪后，罗马的元老院遭到了排挤。只要能与皇室扯上一丁点关系，人们都会控诉元老院成员。如果那个时候，罗马进行了系统改革，重新挑选皇帝，那么就可以避免那些代价高昂的内战，以及内战导致的衰落。在那个时期之后，几乎所有的皇帝都是军官或者皇室官员。这种军阀政治激起了人民的反抗以及流血斗争。从3世纪中期开始，皇帝也浪费了不必要的时间，去对付那些之前由皇室使节处理的事务。如果皇帝不愿意信任任何人来处理远方的问题，那最终就会忽视那些问题。后来，皇帝连很多小省份的问题都不愿意

● **加速衰落**
四位强大的军事领袖纷纷离世：狄奥多西（Theodosius）在395年去世，斯提里科（Stilicho）在408年去世，君士坦提乌斯三世（Constantius III）在421年去世，埃提乌斯（Aetius）在451年去世。这些领袖的离世对罗马历史至关重要，大大加速了西罗马帝国的瓦解。395—451年

● **第一次洗劫罗马**
在第3次尝试中，亚拉里克（Alaric）领导的西哥特人洗劫了罗马城。他们杀害了很多市民，并折磨他们，逼他们说出贵重物品的藏匿之处。哥特人继续劫掠了南意大利。罗马难民逃到了北非。410年8月

● **致命一击**
汪达尔人从西班牙迁入北非，占领了迦太基（Carthage），又占领了西西里。这再一次削减了国家的收入，让国家无力支援军队。哥特人越发猖獗，不断对罗马帝国发动攻击，重新夺回了西罗马帝国的大部分地区。439—441年

● **西罗马帝国灭亡**
奥多亚克国王（King Odoacer）废黜了罗慕路斯·奥古斯都皇帝（Emperor Romulus Augustus），将帝国王权送给了君士坦丁堡的东罗马帝国皇帝。476年9月4日

● **击退汪达尔人**
在卡塔赫纳战役（Battle of Cartagena）中，墨角兰（Majoran）使用了一支由65艘战舰组成的加强版舰队打败了汪达尔人。他重新占领了西西里，逐渐将企图篡夺王位的汪达尔人击退至北非。罗马扩展到了撒哈拉以南非洲。461—475年

● **防止黑死病**
携带鼠疫的粮谷船从埃及出发，在一场暴风雨中沉没了，并没有到达君士坦丁堡。查士丁尼大瘟疫（Plague of Justinian）并未发生，这让东罗马帝国人口增长的速度快了一倍。541—542年

● **发明与扩张**
罗马举办了一场全年的艺术与科技盛典，其中最引人注目的就是名叫密涅瓦之箭（Minerva's Arrow）的蒸汽发动机。在这场盛典中，这台在铁轨上运行的蒸汽发动机将首次开启旅程。铁路网络会逐渐扩张至所有的边境。681—962年

● **黑死病回归**
瘟疫由丝绸之路的一支商队带到了欧洲，又由一艘船带到了中美。帝国及邻国人口的一半，也就是将近2.9亿人，因此丧生。1346—1373年

● **不再开战？**
哥特人被同化，不再会在色雷斯大肆掠夺。随着不列颠领地的稳固，罗马继续完善了对斯堪的纳维亚（Scandinavia）和乌克兰的统治，建立了横跨波罗的诸国（Baltic states）的边境。巨大的开销接踵而至，严苛的征税随之而来，激起了帝国各处的暴动。378—415年

● **第二次罗马治世**
新成立的高级审议理事会（Supreme Consilium）经过3年的深思熟虑，宣布了一系列改革，决定将彻底根除腐败。国家财政重新获得平衡，皇室的财富开始增加。475—635年

● **圣地之争**
罗马与阿克苏姆（Axum）结为联盟，阻止了伊斯兰向北非扩张。但是，哈里发势力还是赢得了美索不达米亚。罗马失去了对耶路撒冷的控制。635—700年左右

● **新世界的盟友**
罗马开始探索中美，在那里发生了一系列冲突。之后，罗马与玛雅人建立了关系，帮助玛雅人维持他们的文明。在秘鲁，他们从查文文明（Chavin culture）地区征收贡品。在美国的加利福尼亚州，他们领导了印第安人，将他们收为奴隶。650—1251年

● **超级文艺复兴**
佛罗伦萨-罗马成为了地球上最庞大的城市，列奥纳多·达·芬奇（Leonardo da Vinci）在那里的一个郊区出生。一千年来，人类知识的所有领域都在以超快的速度发展，这些知识对达·芬奇来说都唾手可得。1452年4月15日

交给别人处理，这使他们的办事效率越来越低。

从293年起，戴克里先的四帝共治系统将帝国分成了四个部分，每个部分由一位君主统治。然而，每个部分都自私地将自己的目标凌驾于帝国之上。因此，内战几乎持续不断，逐渐瓦解了这个系统。如果戴克里先的改革能更加彻底，有可能会获得成功。例如，他们可以让四帝共治转型为高级皇家官员，这个群体由更多的地区君主组成，而这些君主都得从议会中挑选而来。除此以外，改革后，人民应该能够凭借自己的本领，有机会争取成为议员或者任何官员，而不是只有地主阶级才有这样的机会。

聪明才智还必须与实际政治影响挂钩，这就要求有一个技术官僚组成的寡头政治系统。小型的封闭式选举可以决定每一个官员的仕途，有点像一群红衣主教选教皇。但是任期是固定的，就像美国总统一样，这样就不会有某个官员的影响力大大超过其他人。只有士兵们可以长期保持职位，但是条件是他们表现要好，而且将军是不可以成为皇帝的。这很重要，因为这样才能保证军队的报酬合理。在这个系统里，任何人都可以成为官员。但是，这个系统仍然还是寡头政治，保持着罗马的风格，这样就能保护那些非常适用于罗马帝国的理念——先征服、后同化、再扩张。简而言之就是这样。

在5世纪之后，罗马会如何发展？

在7世纪，伊斯兰这个新宗教跃出了阿拉伯边界。伊斯兰军队同时向罗马人和萨桑尼亚人开战，这场战争已经从3世纪持续到7世纪了。罗马要想遏止伊斯兰的最新扩张，赢得这场战争，需要考虑很多因素。首先，罗马需要保卫中东的资源。就算他们仍然掌控着西欧和北非，同时像我设想的那样尽力在中美立足，还是未必能拥有足够的资源，除非他们可以与萨桑尼亚人和解。对他们来说，最合理的办法就是与其他帝国建立稳固的外交关系，包括匈奴人、萨桑尼亚人、拉什达人、倭马亚人、蒙古人和之后的各个帝国。

▲ 汪达尔人（Vandals）洗劫了罗马城

在早期历史中，罗马帝国常年受战争和经济问题所困扰，这些问题加速了它的灭亡。存活下来的西罗马帝国已经从这些问题中解脱了，总的来说不会那么好战。尽管帝国这个词听上去很负面，但是后来的西罗马帝国是一个管理完善的社会，可能从某种意义上会成为一个繁荣的全球帝国典范。而另一方面，这样的帝国可能成为一个等级制度更加分明的社会，也会变得更加残忍无情。奴隶制度仍然根深蒂固，而法律法规也会非常严酷。

▲ 这幅图画描绘了彼拉多广场（Pilate's Forum）

世界的科技发展会不会多少有所进步呢？

在古罗马晚期，整个欧洲的科研进程曾经停滞不前。如果罗马帝国没有灭亡，我认为某些领域的技术会比现在要先进得多。知识分子不再需要将精力全部花在研究基督教教义上，也不需要在封闭的修道院里囤积过时的知识。这样的话，信息的流通就会更加自由，工程技术的创新也会发展得更快。罗马人已经知道了钢铁的存在，他们早晚会意识到，除了用钢铁制造武器，他们还能用钢铁制造工具。这些工具可以提高农业生产力。在工具、吊车和大梁中使用钢铁还能加速建筑业的发展。古希腊人也已经知道了蒸汽动力的基本原则。

如果罗马人进一步研究了蒸汽动力，再与钢铁技术相结合，他们很可能会发明蒸汽机。之后，他们就能发明出火车头，改革远程交通，建立一个遍布整个帝国的铁路网络。工业革命可能会提前一千年发生，标志着废除奴隶制进程的开端。

这并不一定会给所有人带来好处。这些技术会带来更强大的战斗装备，例如枪支，而这些武器可能让皇帝们更想去扩张帝国的边界。这样的话，战争的规模就会更大，也会给国家财政带来额外的压力，总体的生活水平可能会因此下降。但是，如果帝国没有灭亡，征战的野心肯定会受到约束，巧妙地维持着国际关系的平衡。

哪些关键事件的改变可以遏止罗马的灭亡呢？

在378年的亚德里安堡战役中，菲列德根（Fritigern）率领的东罗马帝国的军队输给了西哥特人，将近10000人因此丧生。自那以后，哥特人可以自由统治色雷斯（Thrace）及达契亚（Darcia），这也是让西罗马帝国走向灭亡的主要导火索。这场灾难的罪魁祸首就是瓦伦斯皇帝（364—378年）。在议和的过程中，西罗马提前发动攻击，而瓦伦斯将计就计，下令出击。这场战役最终演变成了一场灾难，瓦伦斯自己也因此丧命。如果瓦伦斯可以临危不乱，谁知道会怎么样呢？也许，人们不会再称他为"最后一个真正的罗马人"，而会将他视作最伟大的罗马人。

如果维京人在北美洲殖民，会怎么样？

纽芬兰，公元 1000 年

菲利普·帕克（DHILIP PARKER）

菲利普·帕克是一名作家，也是一名历史学家。他在英国剑桥大学研究历史，为很多出版社提供历史咨询及编辑顾问的服务。他有许多著作，主要讨论中世纪及古代世界史。他曾出版《北方人的怒火：维京世界的历史》（The Northmen's Fury: A History Of The Viking World），被《星期日泰晤士报》评为畅销书，受到了评论界的一致好评。这本书追踪了具有传奇色彩的挪威部落，描绘了他们在过去 500 年中的探险历程和文化变迁。

如果维京人在北美洲殖民，会怎么样？

如果维京人在北美洲的殖民地得以存活，并且日益繁荣，那应该不会几个世纪都没有走漏一点风声。虽然哥伦布 1492 年远征的登陆点在南部加勒比海那里，但是英格兰人和法国人在 15 世纪末期及 16 世纪初期派出的远征队登陆点都更靠近北方，例如 1497 年约翰·卡伯特（John Cabot）率领的探险航行。在欧洲殖民早期，法国和英格兰在很多地区大面积殖民，但是他们后来在北美发生了矛盾，让两国越发势不两立。如果斯堪的纳维亚的殖民地渐渐兴盛，那里也很有可能发生类似的情况。最后，他们与其他欧洲殖民者的竞争会非常激烈，有可能会走向战争。

有没有理由认为维京人无法成功在新世界安营扎寨呢？

维京人的萨迦（Sagas）告诉我们，挪威人曾在北美印第安人（他们称之为"斯克拉埃林人"，skraelings）聚集的地区登陆。当时，印第安人人数众多，而维京人相对而言人数较少。因此，他们选择了撤退。然而，据我们所知，维京人肯定还开展了一次殖民，就是在纽芬兰的兰斯草地（L'Anse aux Meadows）。根据考古学家的追踪，当他们占领兰斯草地时，附近并没有印第安人殖民。因此，大量的维京人有可能可以在那里安营扎寨、建设农场。这样的话，他们就有可能在印第安人人口稀少的地区兴旺起来。

如果维京人留在了美国,他们最后可能会与印第安人合为一体。

▲ 可能还是会有一个类似的"美国",但是美国人可能会说挪威语或者瑞典语

早期维京航线
红胡子埃里克（Eirikua the Red）航线，985年
比亚尔尼·赫里约尔松（Bjarni Herjolfsson）航线，985—986年
莱夫·埃里克松航线，1000年
"真汉子"索尔菲德恩尔（Thorfinnur Karlsefni）航线，1005年

格陵兰海　挪威海　挪威
格陵兰岛　冰岛　北海
北美　大西洋

维京探险家

维京人因探险闻名于世，他们成功地在北欧大部分地区定居。如果来自冰岛和格陵兰岛的挪威探险家坚持下去，文兰殖民地很有可能繁荣昌盛。

如果这个消息能够传回冰岛和斯堪的纳维亚，那么他们可能就可以吸引到足够多的人移民。

历史将如何被改写？

真实的时间线

800

● **离开斯堪的纳维亚**
在大约8世纪末或9世纪初的某个时间，维京人开始探索斯堪的纳维亚以外的地区。大不列颠就是他们最早发现的地区之一。800年

● **冰之大陆**
维京人先后发现了设得兰群岛（Shetland Islands）和法罗群岛（Faroe Islands），这两次发现激励了他们向西北方向继续航行。之后，他们发现了冰岛。斯堪的纳维亚的文化在那里发扬光大，留存至今。870年

● **莱夫·埃里克松出生**
挪威探险家莱夫·埃里克松在冰岛出生。当时，维京人已经在格陵兰岛建立了殖民地。格陵兰岛的意思是"绿色的土地"。这个名字取得并不恰当，因为冰岛比格陵兰岛要暖和，而且也拥有更多的资源。之所以叫格陵兰岛，是为了迫使准备在斯堪的纳维亚定居的人离开那里，去探索更远的地方。970年

● **莱夫出发**
莱夫的父亲曾因过失杀人从挪威被驱逐了出去，他的家人也遭到了流放。莱夫在17岁时也像他的父亲一样从冰岛被驱逐了出去。莱夫向西出发，在格陵兰岛建立了第一个永久殖民地。986年

● **回归故土**
莱夫的船回到了挪威，他在那里皈依了基督教。有的人认为，他在那里听到了商人比亚尔尼·赫尔约尔松的故事。这个商人曾看到格陵兰岛西面的大陆。999年

真实的时间线

改写后的时间线

▲ 这幅图画呈现了维京人发现美洲的场景

有一些证据指出，维京人曾经与当地印第安人接触，有过一些和平的交流，也发生过一些冲突。如果莱夫·埃里克松①（Leifur Eiriksson）留了下来，文兰②定居点得以发展，你觉得他们与印第安人的关系会有什么变化？

在很多维京人劫掠或定居的地区，他们都多多少少面对的是有组织的国家，例如苏格兰及诺桑比亚（Northumbria）的阿尔巴（Alba），英格兰的麦西亚（Mercia）及威塞克斯（Wessex）。这些国家已经有城市化的社区了，类似于王室官员的领导也已经就位。维京人可以直接接手当时现存的行政结构，从而统治广袤的地区。在北美，情况非常不同。但是，俄国和乌克兰也有过类似的情况。维京人在那里建立了城市贸易定居点，以此来收集周围斯拉夫部落的贡品。他们可以在北美也发展这样的定居点。

想要殖民成功，只靠格陵兰岛上那么点维京人（不超过4000—5000人）是不够的，他们需要更大量的人口流入。如果这个消息能够传到更东边的地区，让冰岛和斯堪的纳维亚人知道这片殖民地可以给他们带来全新的机会，充满了丰富的可能性，那么他们可能就可以吸引到足够多的人移民，来此定居并使该地得以繁荣。

---

① 莱夫·埃里克松，著名的北欧维京人，可能是在1000年时，第一个发现北美洲的探险家。
② 文兰，指1000年左右由莱弗·埃克里松在北美发现的一片森林地区。

命运之手
在返回格陵兰岛的路上，莱夫和他的船员遇上了大风。大风将他们的船吹离航道，让他们发现了西面的新大陆。他回到了格陵兰岛，准备开展一次远征。999年

哥伦布的航行

将近500年之后，克里斯托弗·哥伦布才开展了那次著名的航行，发现了新大陆。他在文兰以南很远处的巴哈马登陆。1492

美国革命

1776年7月，第二次大陆会议签署了独立宣言，并在同年迫使英国开了波士顿。到1783年，美国已经彻底从大不列颠的统治中脱离了出来。1776年

探索新世界
莱夫准备了充足的物资，召集了35名船员，回到了纽芬兰。在那里，他发现了好几个新地点，并给那些地方取了名字。他们发现了适合种植小麦及葡萄藤的肥沃土地，莱夫将那片土地称为文兰。这支队伍最终回到了故乡格陵兰岛。1001年

英国统治

在18世纪中期，英国占领了加拿大大部分地区以及当今美国的东部地区。但是，一次重大历史事件即将改变这一切。1750年

加拿大独立
比起美国的独立，加拿大的独立之路更为漫长，也使用了更多的外交手段，并在1867年获得了自治权。在一个世纪不到的时间里，英国批准这些殖民地完全独立。1931年

定居文兰
莱夫·埃里克松发现了一片肥沃而又富饶的崭新土地，感到非常满意。因此，他和自己的探险队留下过冬，并最终建立了一个永久居住地。1001年

维京传教士
纽芬兰的殖民地日益扩大，愈发兴旺。但是，印第安人和维京人始终保持着安全距离。后来，基督教传教士走进了各个部落，向他们宣扬这个新的信仰。1200年

部落暴动
挪威定居者开始明显对印第安人的当地文化产生威胁。因此，一些斯克拉埃林人聚集到一起，力图保卫他们的家园和他们的生活方式。1400年

复杂的国家
当英国人在新世界安营扎寨时，挪威定居者已经占领了这片大陆的绝大部分地区。美洲正在酝酿一场战争。1750年

殖民战争
挪威殖民者拒绝放弃他们长期占领的领地。英国既傲慢又强大，不愿意承认挪威人的独立。一场残酷的领地之争继而爆发。1800年

挪威人对印第安人的文化会有什么影响？

在俄国，斯堪的纳维亚与斯拉夫文化最终结合在了一起，创造出了中世纪俄国公国。在北美，印第安人与维京人的文化鸿沟可能太深了，文化融合并不会轻易发生。维京人一直和非挪威人保持距离，例如格陵兰岛的因纽特人（Inuit）和北斯堪的纳维亚的萨米欧拉普斯人（Saamior Lapps）。因此，他们可能在北美也会和印第安人保持距离。一旦维京人成为了基督教徒，他们就可能会影响印第安人文化，因为有一些群落会接受这个新宗教。当这些群落面对外来侵入者的威胁时，他们常常会将不同的部落联合起来，组成一个更大的联盟，就像17世纪及18世纪欧洲人在东部沿海地区殖民后发生的那样。

如果在新世界另外有一个殖民地，会对旧世界的挪威人有什么影响呢？

从文化上来说，维京人还挺保守的。在格陵兰岛，他们使用的耕种方式还是和在斯堪的纳维亚使用的差不多，尽管那里的气候和土地都并没有那么合适。在北美，他们会从印第安人那里学习到一些新的农业技术，例如种植玉米。如果殖民地日益繁荣，并且数量不断增长，就会改变殖民地与斯堪的纳维亚之间的政治平衡，使冰岛及格陵兰岛等其他北大西洋殖民地扩张得更远，变得越发独立。这两个殖民地都缺少建造房屋及船只的木材，北美就可以为他们提供大量的木材。

▲ 大风将莱夫·埃里克松的船吹离航道，让他意外地发现了美洲

如果旧世界引进了粮食、木材、动物皮草等商品，并且定期与新世界进行贸易，你觉得旧世界的经济会发生什么变化？

对于横跨大西洋的贸易来说，任何贸易商品的数量都不会太大，也就不足以对旧世界经济造成巨大的改变。一些皮草可能会升级为"稀有"等级，成为极其珍贵的商品，在富人之间流通。如果维京人有办法不断扩张殖民地，最后接触到了中美文明，那么局面可能会发生变化，因为有些商品最终会对欧洲穷人的营养摄入产生巨大影响，尤其是土豆。

挪威人一定会发现新世界吗？如果没有莱夫，其他挪威人还会到达新世界吗？

莱夫·埃里克松的发现似乎是一个意外，也有一些资料认为是比亚尔尼·赫尔约尔松（Bjarni Herjolfsson）意外发现了新世界。其实，大风很有可能将他们的船吹离驶往格陵兰岛的航线，到达纽芬兰或者拉布拉多（Labrador）附近的北美海岸线。而且，格陵兰岛当时已经建立了维京殖民地，那里的殖民地持续了450年。在这期间，早晚都会有船只到达北美。

莱夫的旅途以及文兰的殖民地留下了哪些历史遗产？如果挪威人留了下来，你觉得会对之后美国独立时期的文化有何影响？美国是不是可能都不会存在？

美国之所以会成立，是因为殖民地人口日益庞大，殖民地也逐渐走向繁荣。殖民地人民不再满足于当时的管理方式，希望获得更多的发言权。他们与欧洲母国之间的物理距离也增加了他们获得独立的可能性。冰岛与挪威之间的距离让那里的维京殖民地可以在超过两个世纪中保持独立，摆脱斯堪的纳维亚的统治。而航行至北美会需要更长的时间，这就可能促成另一个类似的独立殖民地。

冰岛的维京人有强烈的个性，他们摒弃了国王的统治，建立了世界上第一个议会。北美也可能仿效他们，殖民者可能会像18世纪70年代的美国革命者那样厌恶皇室统治。谁知道呢？可能还是会有一个类似的"美国"，但是美国人可能会说挪威语或者瑞典语。

如果（维京人）提前500年在美国展开殖民，你觉得当今美国的人口会更为庞大吗？

在工业革命之前，中世纪欧洲的人口增长相对来说较为缓慢。14世纪的黑死病让欧洲大陆损失了将近三分之一的人口。类似的事件时不时发生，大幅度削减了欧洲的人口。当15世纪至16世纪欧洲在美国殖民时，很大一部分的印第安人都是因感染疾病（例如流感）而死，因为他们对这些疾病没有天生的免疫力。结合这两个因素，就算美国的维京殖民地得以存活，北美的人口和现在应该也不会差异太大。

如果火药阴谋成功了，会怎么样？

英国国会大厦，英格兰，1605年

塞尼德·菲茨吉本
（SINEAD FITZGIBBON）

塞尼德·菲茨吉本是爱尔兰作家。她出版了很多历史书，包括《伦敦简史》（*A Short History Of London*）、《女王和火药阴谋：一小时的历史》（*The Queen and The Gunpowder Plot: History In An Hour*）。她的大学专业是经济学，之后又在澳大利亚悉尼的投资银行工作了6年。后来，她回到了英国，在2007年转行成为作家。她对艺术和文学有着浓厚的兴趣。当然，她还深爱历史。

如果火药阴谋①成功了，会怎么样？

1607年，英国在弗吉尼亚州建立了詹姆斯敦（Jamestown），这是他们在新世界的第一个主要殖民地。如果阴谋成功了的话，他们就不可能继续在那里殖民。也许，法国人或西班牙人会先到达那里。如果英格兰没有在美洲殖民，那会不会在西印度群岛殖民呢？如果英国不能从这个殖民地获得利益，那么英国可能就没有在19世纪扩张领土的经济能力。如果17世纪，英国没有在美洲殖民，那英语还会是当今的全球通用语言吗？可能不会。也许，法语会成为好莱坞使用的语言，而我们英国人需要费劲地在大银幕上看字幕。

当时，火药阴谋的主谋凯茨比（Catesby）和他的同伙离胜利还有多远？

盖伊·福克斯（Guy Fawkes）当时囤了很多火药。就在他们要点燃导火索的几个小时之前，国王的手下发现了盖伊和他的火药。基于这一点，有些人可能会觉得这场阴谋几乎就要成功了。但是，如果我们深入调查，就会发现事实并不是这样。1605年11月5日凌晨，火药阴谋突然泡汤。在此之前，这场阴谋经历了超过18个月的筹备阶段。这件事的孕育过程出奇的长。其间，最初的5名同伙发现想要摆脱嫌疑越来越难，也很难将这件事保密。随着时间的推移，他

---

① 火药阴谋，发生于1605年，是一群亡命的英格兰天主教人士试图炸毁英国国会大厦，并杀害正在其中进行国会开幕典礼的英国国王詹姆士一世和他的家人及大部分新教贵族的一次并未成功的计划。

英语还会是当今的全球通用语言吗？可能不会。也许，法语会成为好莱坞使用的语言。

▲ 如果火药阴谋成功，现代社会可能发生权力变迁，法国或西班牙等国家会成为受益者

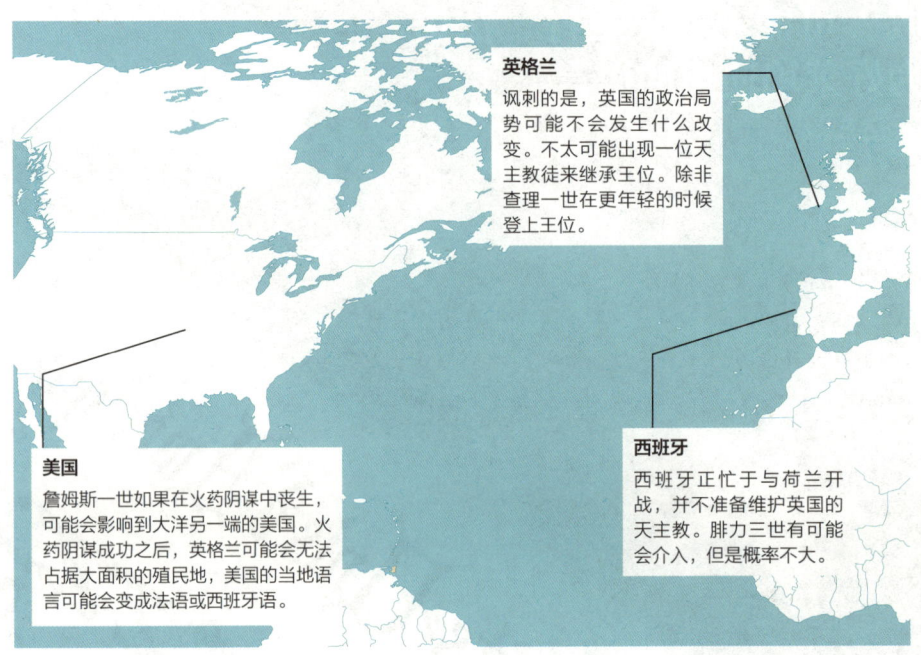

英格兰

讽刺的是，英国的政治局势可能不会发生什么改变。不太可能出现一位天主教徒来继承王位。除非查理一世在更年轻的时候登上王位。

美国

詹姆斯一世如果在火药阴谋中丧生，可能会影响到大洋另一端的美国。火药阴谋成功之后，英格兰可能会无法占据大面积的殖民地，美国的当地语言可能会变成法语或西班牙语。

西班牙

西班牙正忙于与荷兰开战，并不准备维护英国的天主教。腓力三世有可能会介入，但是概率不大。

很有可能整个国家会爆发天主教徒的暴动。

历史将如何被改写？

真实的时间线

1533

● **英格兰宗教改革**
亨利八世控制了英格兰教会。作为英格兰教会的首领，他监管了针对不愿皈依新教的天主教徒的迫害行动。
1533—1540 年

● **伊丽莎白一世成为女王**
亨利八世死后，天主教徒仍然未能松一口气：他的女儿伊丽莎白一世成为女王。女王下令，如果信仰天主教，就会遭到严重的处罚。1558 年

● **新任国王**
女王掌管的英格兰经历了多年的宗教分裂。在她死后，并没有留下合法的继承人。新教徒苏格兰的詹姆斯六世成为英格兰国王。1603 年

● **温和的国王**
新任国王被称为英格兰的詹姆斯一世。他倾向于将破坏宗教法律的人流放，而不是折磨或者处死他们。但是，有些英格兰天主教徒并没有轻易服软。1603—1605 年

● **密谋策划者聚头**
罗伯特·凯茨比和其他 4 个同党：托马斯·温特（Thomas Wintour），约翰·赖特（John Wright），盖伊·福克斯及托马斯·珀西（Thomas Percy）开始密谋，并在伦敦的鸭子旅馆（Duck and Dr.ake Inn）宣誓保守秘密。1604 年 5 月 20 日

● **到达圆顶地下室**
碰巧的是，英国国会大厦西面的圆顶地下室正在出租。这些密谋者租下了地下室，在后来几个月中将 36 桶火药搬去了那里。1605 年

真实的时间线

改写后的时间线

们不得不将他们的计划告诉不同的朋友及家庭成员。1605年10月26日，蒙蒂格尔爵士（Lord Monteagle）收到了一封匿名信，警告他不要去参加即将举行的国会大厦开幕式，因为"国会大厦会经历一场可怕的爆炸，但是他们不会知道谁发起了这场袭击"。蒙蒂格尔提高了警惕，并告诉了国王。幸亏那封信，火药阴谋在国会大厦开幕式9天前暴露了。

如果国会大厦发生爆炸，对当时的政治局势会有什么影响？

就算如计划中一样，燃烧的火药恰如其分地消灭了皇室中几位杰出的成员和英国的政治精英，我觉得英国长远的政治局势也不会有很大改变。凯茨比的想法确实非常幼稚，也非常极端。根据常识，有权有势的新教统治家族肯定会追杀凶手。另一方面，这场由天主教徒组织的爆炸案会让威斯敏斯特新教护卫队对普通的天主教平民展开报复。如果火药阴谋成功，那英国的天主教徒肯定会过得更惨，而不会更好。

如果新教徒詹姆斯一世因为火药阴谋而丧生，你觉得英国天主教徒会有什么反应？

17世纪大部分天主教徒对于凯茨比行动的看法，应该和爱尔兰天主教徒在面对北爱尔兰问题时对爱尔兰共和军谋杀式袭击的看法一样——他们十分反感这些行动。而且，值得一提的是，并不是整个天主教群体都一致鄙视詹姆斯；很多人仍然对他抱有希望，他们觉得能够说服他减少前任君主施加在罗马宗教上的限制。毕竟，他的母亲是天主教的殉道者，苏格兰的玛丽王后。这场弑君会大大激怒新教徒。而且，我觉得很多人会想替天行道，跳过法律手段，私自展开报复行动。很有可能整个国家都会发生天主教徒的暴动。

- **匿名警告**
蒙蒂格尔爵士收到了一封匿名信，请求他不要在决定命运的那一天去国会大厦的开幕式。这封信成为了向国王揭发这场密谋的关键性证据。1605年10月26日

- **发现**
密谋暴露，国王派人在国会大厦开幕式前一晚搜查了圆顶地下室。盖伊·福克斯躲在那里，准备点燃导火线。地下室里还藏着36桶火药。1605年11月4日

- **逮捕行动**
在后来的几天中，这些密谋者遭到了围捕，接受了审问。在审判后，他们被处绞刑，车裂分尸。这种针对叛国者的刑罚手段极其残忍。1605年11月8日

- **独立宣言**
英美双方签署了协议，提议美利坚合众国成为一个统一的合众国。至此，英国控制的美国殖民地走向了转折点。1776年

- **在詹姆斯敦定居**
伦敦的弗吉尼亚公司到达了美洲的东海岸，在那里建立了一个名叫詹姆斯敦的永久定居地。那个地方在之后的将近一个世纪中都是殖民地的首都。1607年5月14日

- **美国**
经历了一个世纪的战争之后，这个年轻的国家慢慢扩张，获得了巨大的成功，成为了当今世界的举足轻重的势力。英国的财富随着帝国的衰落而走向下坡，但是英语仍然是国际通用语言。1776年至现在

- **匿名警告**
蒙蒂格尔爵士收到了一封匿名信，但是决定保守秘密。他编了一个理由，没有在决定命运的那一天参加国会大厦的开幕式。1605年10月26日

- **摧毁国会大厦**
国会大厦开幕式举行到一半时，大厦下面的圆顶地下室发生了巨大的爆炸。国王詹姆斯一世和很多达官显贵因此丧命。1605年11月5日

- **英格兰起义**
火药阴谋的密谋者激励了举国上下的天主教徒发起反叛，对抗新教徒。查理一世成功继位，宗教冲突笼罩着英格兰。1605—1606年

- **殖民美洲**
法国和西班牙在美洲首先建立了主要殖民地。殖民者与旧世界国家发动了独立战争。1607—1766年

- **世界舞台**
由于英国未能在17、18及19世纪掠夺土地、开展殖民，最后未能成为一个超级大国。现代美国的主要语言变成了法语与西班牙语。1766年至今

▲ 有人认为，《麦克白》的灵感就是来自于火药阴谋。因此，如果火药阴谋得逞，《麦克白》可能不会问世

你觉得刺杀詹姆斯一世的行动会如何影响英国与其他国家的关系？

到了 17 世纪，新教英国和天主教西班牙之间的关系已经紧绷了几十年了。在宗教改革初期，亨利八世与阿拉贡的凯瑟琳（西班牙费迪南德与伊莎贝拉的女儿）离婚，两国之间的紧张关系就开始升级，之后又在 1588 年西班牙无敌舰队入侵失败后到达巅峰。1588 年后，有一些英国天主教徒甚至还继续抱有幻想，希望有一天西班牙能成功推倒英国的新教统治者。由于荷兰战争给西班牙军事资源带来了压力，这件事终究没有发生。

如果凯茨比的秘密行动成功，很难说西班牙会作何反应。也许，天主教徒的期望会变成现实，西班牙会趁此机会介入英国。也许，腓力三世会利用这次成功的谋反行动，亲自登上英国王位，或让他的家庭成员成为英国国王。毕竟，一些有名望的英国天主教徒曾经想要让他的姐姐伊莎贝拉成为伊丽莎白一世的继承者。虽然这个情况有可能发生，但是我觉得发生的概率不大。从当时的历史进程来看，西班牙已经差不多放弃英格兰天主教徒了，准备让他们听天由命。在凯茨比计划谋反时，腓力三世的宫廷曾经拒绝向他提供帮助。

综观全球，我认为火药阴谋会对英国与世界其他地区的关系产生深远的影响。凯茨比的阴谋可能会让英国早期的殖民野心化为泡影。

詹姆斯一世是一位苏格兰国王 —— 如果刺杀成功，苏格兰会作何反应？

这是一个有趣的思考角度。詹姆斯做了 35 年的苏格兰君主，然后伊丽莎白一世在 1603 年才继位。苏格兰的加尔文教徒曾不遗余力，将詹姆斯推上王座。所以，我觉得刺杀詹姆斯对他们来说是件很严重的事，有可能会导致苏格兰入侵英格兰。

如果让一个天主教徒登上王座，谁最有可能成为詹姆斯一世的王位继承者？

我想，凯茨比为了让他发动的政变具备合法性，准备让詹姆斯与安妮的九岁女儿伊丽莎白公主继位，成为一名傀儡君主。这样的话，他们需要任命一位天主教监护人，监督她重新接受罗马信仰的教育。另外，还会有一个人摄政，在她成年之前处理国家事务。在她成年以后，她会嫁给一个欧洲皇朝的一位天主教王子，重新建立起天主教徒的继位顺序。再重申一遍，这项计划非常失败，因为伊丽莎白不太可能会像凯茨比预期的那么听话。

如果詹姆斯一世死了，但是新教重新获得了控制权，谁会继承王位呢？

在决定命运的那一天，詹姆斯的大儿子亨利本来准备和父母一起参加国会大厦的开幕式。假设他也遇害，下一位继承人就是他们的小儿子查理（根据男性长子继承权的法律，伊丽莎白不会获得继承权）。就像凯茨比对伊丽莎白的安排那样，新教当权派会在他成年前保障他的权益，直到他有能力亲自统治全国，其实这么做保障了整个国家的利益。

这两种结果会对英国王室的继承有何影响呢？

如果查理继位，对未来的王室继承就不会有任何影响，因为他本来就要继承王位。1612年，他的哥哥亨利王子疑似因伤寒症而去世，查理就成为了有确定继承权的人（现实中，查理最终在1625年父亲去世后登上王位）。

如果凯茨比的计划成功，将伊丽莎白公主推上王位，对王室继承产生的影响就不太清楚了。查理会在成年后企图罢黜他的姐姐吗？有可能。也许伊丽莎白会愿意退位，支持她的弟弟继位，因为他才是合法继承人。我们将不得而知。然而，伊丽莎白一定会在英格兰皇家血统中占有一席之地。斯图尔特王朝最终屈服于汉诺威王朝。之前的革命、砍头、退位，都未能成全汉诺威王朝，但是由于斯图尔特家族无子，汉诺威王朝终于掌权。安妮的孙子乔治一世成为了第一任汉诺威国王。这些事还是万变不离其宗，你说是不是？

除了詹姆斯一世，那天议会大厅里还有一些著名的历史人物在场。如果这些人也受到牵连而死，会产生什么样的连锁反应，改变当今历史呢？

如果火药阴谋的策划者实现了他们的目标，弗朗西斯·培根（Francis Bacon）就会不幸丧命，这会成为后人巨大的损失。他是一位博学多才的人，写了无数著作，对后世的哲学、科学以及法律的发展都产生了深远的影响。然而，这场阴谋造成的最大损失就是英语这门语言。詹姆斯六世及班克罗夫特主教（Bishop Bancroft）都是汇编钦定版圣经（King James Version of the Bible，简称KJV）的主要人物，而这版圣经注定会成为现代英语的基石。尽管他们从1604年就开始了编撰钦定版圣经的工作，但是，直到1611年才全部完成。如果这两个人在1605年11月丧命，编撰工作可能永远无法完成。当然，另一个对英语做出巨大贡献的人物就是威廉·莎士比亚。詹姆斯一世为莎士比亚的国王剧团提供了资金，如果没有詹姆斯一世的资助，莎士比亚就无法写下那些伟大的悲剧，光是想象这一点就让人不寒而栗。很多人认为，莎士比亚于1606年创作的《麦克白》的灵感就来自于火药阴谋。如果阴谋得逞，这部剧作就不会问世。就像现代作家约翰·哈林顿爵士（Sir John Harington）的那句名言所说："叛国永远不会获得成功。理由是什么？为什么呢？如果叛国成功，没有人会称之为叛国。"

英国当今的政治及宗教信仰会变成什么样呢？

说到最后，就算英国国会大厦在1605年11月的那天化为灰烬，我还是觉得新教主义不会被取代。英国的新教徒还是占多数，我觉得他们会打破凯茨比的计划，查理还是会继承他父亲英格兰及苏格兰的王位。如果爆炸成功，可能会激起清教（反抗天主教）的热潮。从全球的角度看，世界格局可能会大相径庭。如果火药阴谋得逞，这场政治突变会让英国人不再将重心放在扩张殖民地上，那大英帝国就不复存在。英国很有可能不再会是世界舞台上的重要角色；相反，法语或西班牙语可能成为世界通用语言，而英国会成为一个次要的角色。简而言之，大不列颠可能不会有资格高高在上。

如果伦敦大火没有发生，会怎么样？

伦敦，英格兰，1666年

1666年9月2日至5日，普丁巷失火的余烬引起了伦敦大火，让这座大都市变成了人间地狱。有的人认为，这场大火结束了瘟疫的蔓延，这种说法有待商榷。但是这场大火永远改变了城市的面貌。如果火势及时得到控制，科学史肯定会变得非常不同，伦敦的风景也将被重塑。

那天，托马斯·法林奈尔（Thomas Farriner）在面包铺工作到很晚。在他烤面包的房间里，他发现已经扑灭的炭火那里还有一点余烬在冒烟。他用脚踩了几下，没有在意这件稀松平常的事，就上床睡觉了。

当然，在1666年，鼠疫已经摧残了伦敦，很多老鼠的身上都爬满了传染瘟疫的跳蚤。如果人们不用火去杀死这些老鼠，这场可怕的疾病可能会吞噬这个人口密集的城市。如果鼠疫蔓延，死亡人数会达到末日那般的规模吗？

历史将如何被改写？

真实的时间线

1666

● **法林奈尔清扫店铺**
在深夜时分，托马斯·法林奈尔清扫了他的面包烘房，在漫长的一天工作后，准备上床休息。
1666年9月2日

● **余烬开始冒烟**
法林奈尔疲惫万分，没有看到面包烘房的一堆煤炭中冒出了一个火星。由于疏忽，这个火星演变成了熊熊大火。
1666年9月2日

● **火灾并未发生**
就在法林奈尔准备上床休息之际，他看到了一个小火星。于是，他在睡觉前把火星踩灭了。
1666年9月2日

真实的时间线

● **地狱之火**
消防员不断竖起防火障，试图消灭这场大火。但是，熊熊大火还是将伦敦古城烧为灰烬。1666年9月3日-5日

● **清算损耗**
在之后的几个月中，英国计算了大火带来的财政损失。在这场大火中丧生的不到10人，简直是一个奇迹。1666年10月

改写后的时间线

● **火势蔓延**
港口旁边的仓库中充满了易燃物品，城市中又有很多干柴，加剧了火势的蔓延。最后，大火控制了整座城市。1666年9月3日

● **雷恩留在剑桥**
尽管雷恩仍旧在建筑领域工作，但是他主要将自己献身于剑桥的科学研究之中。
1666—1675年

● **牛顿的色原说**
牛顿继续在色谱及光学领域开展开创性的研究，发表了关于色彩研究的论文集。1672年

阿德里安·提尼斯伍德（ADr.ian Tinniswood）认为并不会这样。"在古老的故事中，人们总说这场大火终结了这场瘟疫，但是这个说法并不成立。死亡率已经在下降了。没错，当时的瘟疫离结束还早得很。剧院还是没有开放；史密斯菲尔德（Smithfield）的年度巴塞洛缪博览会（Bartholomew Fair）也取消了，"因为担心传染病死灰复燃"。整个8月，传染病的报道从四面八方喷涌而来，彼得伯勒（Peterborough），昂德尔（Oundle）及纽波特帕格内尔（Newport Pagnell）的情况尤其糟糕。纽波特帕格内尔是一个小镇，那里只剩下700或800名幸存者。在剑桥，瘟疫也十分严重，粮食也基本上没什么收成了。"

在肯特海岸，五港同盟（Cinque Ports）的情况也很令人绝望。据报道，有四分之三留在迪尔（Deal）且有感染风险的人在月末都死了。多佛尔（Dover）及桑威奇（Sandwich）也受到了影响。瘟疫继续向内陆蔓延，直至坎特伯雷（Canterbury）及梅德斯通（Maidstone）。

"这场瘟疫并不只是发生在伦敦，这就直接证明了大火本身不可能消灭瘟疫，不是吗？用最简单的话说，首都并不是瘟疫的唯一来源。"

因此，当法林奈尔不假思索地踩灭那些火星时，瘟疫虽然并没有蔓延，但是伦敦的风貌的确发生了永恒的改变。

如果没有发生这场大火，著名建筑师、天文学家克里斯托弗·雷恩（Christopher Wren）将会一直在剑桥钻研他的科学实验，也不会被召来首都，负责重建超过50间教堂，更不会设计出圣保罗大教堂壮观的穹顶。他会继续待在大学里，探索引力的奥秘。在牛顿发现万有引力之前，雷恩就宣布，他找到了解锁地球引力的秘钥。

但伦敦是一个非常拥挤的工业城市，总有一天会发生大火。很多年后，一场地狱之火吞噬了港口的仓库，那里装满了易燃物品。这一次，雷恩没有重建城内的教堂，而这个任务可能会落到时髦的建筑师、剧作家约翰·范布勒（John Vanbrugh）手中。从大火摧残的灰烬之中，他创造出了一座辉煌的城市，在一个戏剧化的巴洛克风景中纪念雷恩这样的人。

而由于雷恩抢先发现了万有引力，牛顿就与他的传说级地位擦肩而过，然而他并不自知。他仍然事业有成，但是他只是科学界的一个标志性人物，可能不会像今天这样流芳百世。

● **重建伦敦**
国王查理二世任命城市行政长官和克里斯托弗·雷恩开展城市重建计划。1666年10月

● **建造圣保罗**
克里斯托弗·雷恩收到设计圣保罗大教堂的任务。教堂的建造过程超过50年。1669年7月30日

● **自然哲学的数学原理**
艾萨克·牛顿著名的《数学原理》一书成为了他事业的巅峰。在他的这本名著中，他宣称自己发现了万有引力定律。1687年

● **标志人物牛顿**
艾萨克·牛顿广受赞誉，成为了科学界的传说，流芳百世。1687年至今

● **雷恩的原理**
雷恩著名的《数学原理》一书成为了他事业的巅峰，其中包括他广受赞誉的引力定律。1675年

● **仓库失火**
在伦敦码头，附近篝火产生的火星落到了一间仓库中。1700年12月

● **地狱之火**
这场大火将人口密集的城市燃烧殆尽，摧毁了大部分城市。伦敦的大部分地区都化为了沙砾。1701年12月

● **范布勒重建伦敦**
国王命约翰·范布勒在尼古拉斯·霍克斯莫尔（Nicholas Hawksmoor）的协助下起草重建伦敦的计划，要将伦敦打造成巴洛克风格的城市。1700年

● **全新的伦敦**
从伦敦的灰烬之中，一座新城诞生了。在这个辉煌的全新大都市中，启蒙时代受到推崇。1700—1750年

● **雷恩广受赞誉**
在刚刚重建的城市中，约翰·迈克尔·利斯布拉克（John Michael Rysbrack）设计了一座雷恩的雕像来纪念他。这座雕像屹立至今。1730年

▼ 如果有人扑灭了引起伦敦大火的丁点儿火星,伦敦就会看上去完全不同

阿德里安·提尼斯伍德

阿德里安·提尼斯伍德是白金汉大学（University of Buckingham）历史系的高级研究员。曾出版《上天所赐：伦敦大火的故事》（Permission of Heaven: The Story of the Great Fire of London）。

凯瑟琳·柯曾

凯瑟琳·柯曾（Catherine Curzon）是一名皇室历史学家，专门研究18世纪的历史。她为很多出版物撰稿，还在布赖顿（Brighton）的英皇阁（Royal Pavilion）等场所发表过演说。她是《乔治亚法院的生活》（Life in the Georgian Court）与《乔治亚英国的国王》（Kings of Georgian Britain）两本书的作者。

如果禁酒令仍在施行，会怎么样？

禁酒令，美国，1933

杰克·布洛克尔博士

杰克·布洛克尔（Jack Blocker）是休伦大学学院（Huron University College）的历史系名誉教授，该学院是加拿大西安大略大学（University of Western Ontario）的附属学院。他出版过多本关于禁酒令和禁酒运动的书。他还为美国公共卫生杂志写过一篇文章：《禁酒令真的成功了吗？》（Did Prohibition Really Work?）。

德博拉·托纳博士

德博拉·托纳博士（Dr. Deborah Toner）是英国莱斯特大学（University of Leicester）现代历史系的讲师。她的研究与教学方向主要是墨西哥及美国酒精的社会文化史。同时，她也发起了沃里克饮酒研究网络（Warwick Dr.inking Studies Network），该网络是一个学术研讨论坛。这个论坛探索有关酒精的历史及其现状的辩论，也讨论酒精在社会中的地位。

如果禁酒令在1933年没有被撤销，会发生什么？

杰克·布洛克尔：如果禁酒令仍在施行，我很难想象这个全国禁酒令会施行得越来越好，情况应该会变得更糟糕。美国宪法第十八修正案划分了美国各州和联邦政府之间的权力，为禁酒令的施行带来了问题。20世纪20年代，有一些州政府在执行禁酒令这件事上没有动用什么资源，让这件事的负担全落到了联邦政府的肩膀上，但是联邦政府自己也没有足够的资金来执行禁酒令。因此，禁酒令一直落实得不够，无法完全符合沃尔斯泰德法（Volstead Act）的规定。这个情况在30年代根本不可能得到改善，因为在1929年大萧条的影响下，当时的州政府和联邦政府的经济情况都很窘迫，很难有什么额外收入。因此，禁酒令的执行强度可能会更弱。

集团犯罪率会提高吗？

德博拉·托纳：在那样的情况下，很难想象

▲ 如果禁酒令没有被撤销，可能会让街道上充满暴动和持续不断的冲突

如果当局对禁酒令的实施还是采取强硬路线，那集团犯罪很有可能会井喷式爆发。

禁酒令的持续如果影响了经济，肯定会让大萧条更加严峻。

集团犯罪会戛然而止。说到禁酒令，大家总是想着这个关键性的问题。集团犯罪网络在禁酒令生效前的四五十年就诞生了，但是集团犯罪在禁酒令生效后突然爆发。由于禁酒令制造出了全新的巨大商机，集团犯罪网络扩张得非常快。因此，你可能会看到集团犯罪率上升，与帮派斗争相关的暴力犯罪也会增加，就像我们如今在美国和其他地方看到的贩毒团伙情况。如果当局对禁酒令的实施还是采取强硬路线，那集团犯罪很有可能会井喷式爆发。长此以往，可能会在两个非法产业——毒品和酒精中发展出组织完善的犯罪团伙，就像我们在贩毒业中看到的那些企业联盟一样。

如果犯罪率迅速升高，这项法律是不是也可能无法继续了？

布洛克尔：根据定义，任何运输、贩卖、制造或者进口酒的人都是罪犯，但是他们并不一定是犯罪集团的成员。换句话说，如果禁酒令的执行力不够，那很多普通老百姓也会有机会自己制造酒精饮料，在朋友之间传递。另外，执行力的减弱可能也会减少禁酒令带来的另一个问题。在禁酒令真正执行时，禁酒令执法官员与走私犯之间常常在街道上爆发枪战，这对大众来说很不安全。如果执行力减弱，类似的枪战也会变少，那就能减少大众眼中可以直接看到的问题。美国人可能会说："为什么要取消禁酒令呢？禁酒令没有真正起到什么效果，我们还是可以搞到酒，街

历史将如何被改写？

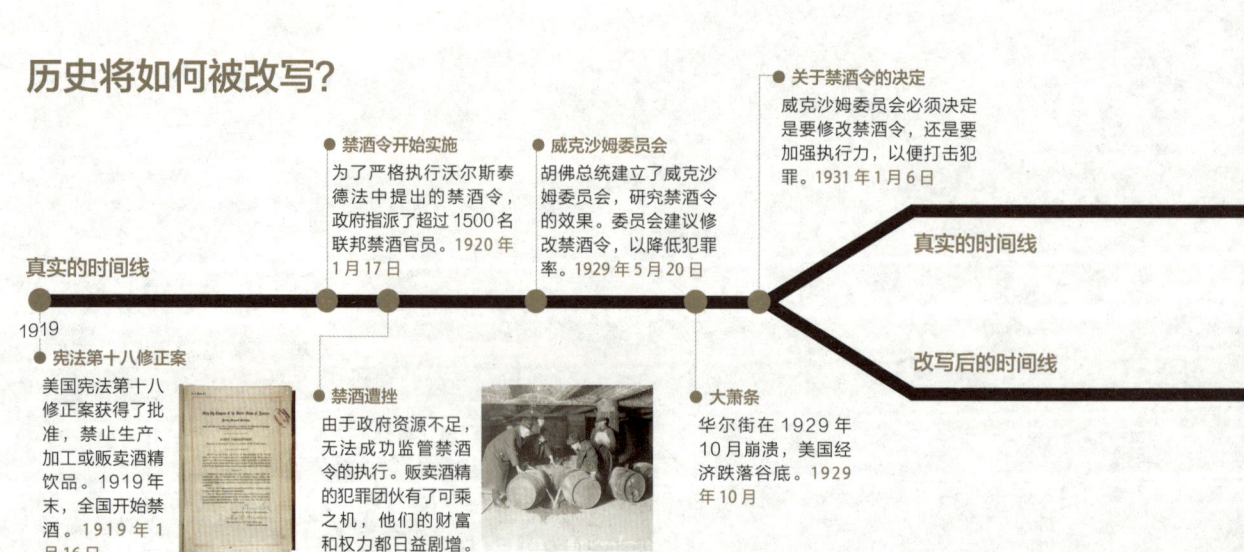

真实的时间线

1919

- **宪法第十八修正案**
  美国宪法第十八修正案获得了批准，禁止生产、加工或贩卖酒精饮品。1919年末，全国开始禁酒。1919年1月16日

- **禁酒令开始实施**
  为了严格执行沃尔斯泰德法中提出的禁酒令，政府指派了超过1500名联邦禁酒官员。1920年1月17日

- **禁酒遭挫**
  由于政府资源不足，无法成功监管禁酒令的执行。贩卖酒精的犯罪团伙有了可乘之机，他们的财富和权力都日益剧增。1921—1928年

- **威克沙姆委员会**
  胡佛总统建立了威克沙姆委员会，研究禁酒令的效果。委员会建议修改禁酒令，以降低犯罪率。1929年5月20日

- **大萧条**
  华尔街在1929年10月崩溃，美国经济跌落谷底。1929年10月

- **关于禁酒令的决定**
  威克沙姆委员会必须决定是要修改禁酒令，还是要加强执行力，以便打击犯罪。1931年1月6日

真实的时间线

改写后的时间线

▲ 阿尔·卡彭（中间）是禁酒令时期美国政府的头号敌人

上也没发生什么枪战。"因此，尽管执行力变弱，禁酒令可能还是会保存下来。也许，执行变弱反而会是禁酒令得以保存的原因。

禁酒令可能会进行修改吗？

托纳：在我看来，如果想要保存禁酒令，避免禁酒令被撤销，只有一种办法。那就是让禁酒阵营接受某些修改，并通过沃尔斯泰德法得到加强。人们常常也把禁酒令阵营叫作"无酒"厅（"Dr.y"lobby）。如果能够适当修改禁酒令，那么禁酒令的很多目标应该可以实现。比如说，有了这些修改，很多资源就可以用来打击由阿尔·卡彭（Al Capone）等犯罪集团成员领导的高级集团犯罪。

布洛克尔：在20年代，一直有人建议要修改禁酒令，允许人们饮用啤酒和度数较低的葡萄酒。如果禁酒令可以实行这项修改，那就可能得以维持很长一段时间，因为你也知道，啤酒和

● **增加执行强度**
威克沙姆委员会建议提升禁酒令的执行力度，保障美国上下全部遵守禁酒令，但是没有获得成功。1931年1月7日

● **撤销禁酒令**
美国宪法第二十一修正案撤销了第十八修正案，将酒类的销售和饮用重新合法化。1933年12月5日

● **第二次世界大战**
美国经济繁荣，加入了第二次世界大战，让同盟国获得了战争优势。1942年

● **小型禁酒令仍然继续**
美国几个州继续在某种程度上保持着禁酒令，只允许贩卖一些特定种类的酒。1960年

● **罗斯福新政**
罗斯福总统的经济复苏计划让美国从大萧条中浴火重生。1936年

● **超级犯罪团伙**
组织完善的超级犯罪团伙开始出现，全面控制了国内的酒精及毒品流通。1938年

● **修改禁酒令**
威克沙姆委员会建议修改禁酒令，允许人们饮用度数较低的酒类，例如啤酒和低度数葡萄酒。1931年1月7日

● **禁酒令继续**
尽管禁酒令变得宽松了，人们也可以饮用低度数的酒类，但是持续的禁酒令让私售烈酒的犯罪团伙越发猖狂，打击他们变得越来越困难。1933年12月5日

● **经济情况变差**
尽管罗斯福尽力推行新政，但是不断推行的禁酒令让经济情况日益糟糕。1936年

● **第二次世界大战**
美国加入了第二次世界大战，大大刺激了经济发展，这正是病入膏肓的美国所需要的。"二战"也让禁酒阵营越发富有使命感。1942年

● **撤销禁酒令**
最终，美国撤销了禁酒令。也许，这是因为禁酒令已经完成了它的使命，又或许是因为禁酒令无法维持下去了。尽管如此，有一些州还是有反酒精法。1960年

葡萄酒是现在人均酒精消耗中主要的酒类。修改后的禁酒令有可能会在1933年后维持很长一段时间。

那样会让禁酒令的实施更成功吗？

托纳：如果禁酒令可以稍微宽松一点，采取更加温和的路线，就能减轻普通美国人的负担，也可以让资源集中用来打击高级别的集团犯罪。这样的话，就能更加有效地监管禁酒令的实施。如果啤酒和低度数葡萄酒等酒类得以合法化，那就会大大缩小集团犯罪的贩酒市场。我坚信，如果那些酒类在20世纪20年代得以合法化，尤其是啤酒和葡萄酒可以合法的话，禁酒令就可以持续很长一段时间。

有没有哪一个转折点可以改变撤销禁酒令的历史？

布洛克尔：这个转折点可能发生在20世纪20年代末，在1928年赫伯特·胡佛（Herbert Hoover）当选美国总统之后。他成立了一个委员会——威克沙姆委员会（Wickersham Commission）来研究禁酒令。如果那个委员会建议修改禁酒令，那就会成为一个转折点。当时，尽管有很多人继续支持全国禁酒，但是主要的禁酒团体——反酒馆联盟（Anti-Saloon League）混乱不堪。因此，如果沙姆委员会建议修改禁酒令的话，肯定会掀起一场政治风暴。

托纳：在20年代中期至末期，不断有人尝试说服政府修改沃尔斯泰德法，让啤酒及葡萄酒等酒类合法化。但是，"无酒"厅的成员强烈反对任何修改，反酒馆联盟尤为如此。他们不愿意修改沃尔斯泰德法，也不愿意修改宪法第十八修正案。正是这种不愿让步的强硬姿态让支持禁酒令和支持撤销禁酒令的两个阵营彻底对立了起来。

如果禁酒令没有改变，经济会如何发展呢？

托纳：禁酒令可能会导致20世纪30年代

投票赞成维持禁酒令的州，1933年

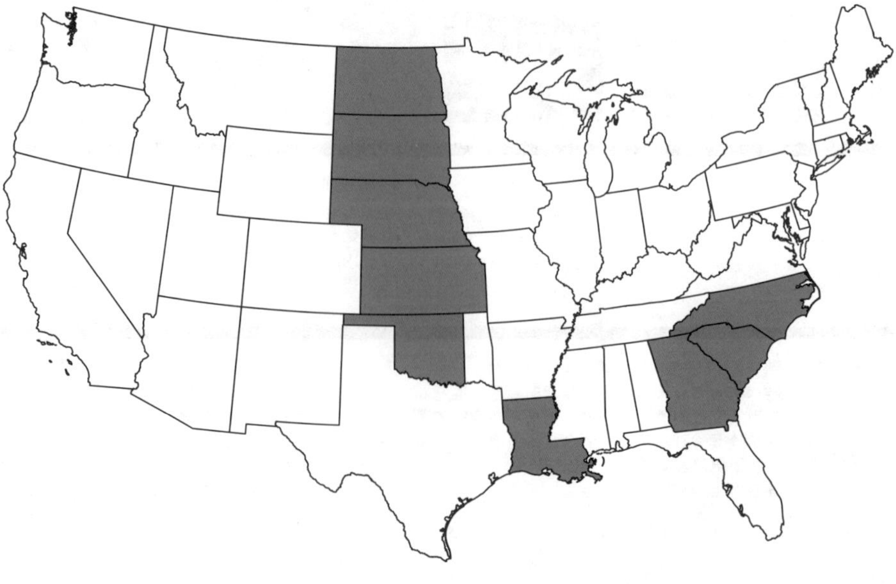

的大萧条挥之不去。在50年代以后，可能会发生一些积极的变化，比如工人的生产力会加强，个人储蓄等也会增加。这些变化都是禁酒令开始实施之前宣传的主要目标。但是，在20年代，禁酒令对经济的刺激效果并没有怎么显现出来，这是由于人民的失业带来的连锁反应，例如税收收入降低等。在大萧条中，美国经济只能苟延残喘。禁酒令的持续如果影响了经济，肯定会让大萧条更加严峻。我们必须考虑到，越来越多的普通老百姓可能会受到诱惑，开始走上犯罪之路。如果我们设想犯罪集团的扩张愈演愈烈，那政府就更需要花工夫对付集团犯罪。这样的话，政府的资源在大萧条时期就会越来越少，同时还得花费更多的资源来实施禁酒令。这么看的话，经济形势不容乐观。

如果美国没有撤销禁酒令，其他国家会开始实施禁酒吗？

布洛克尔：在20世纪初，很多国家和地区都开展了某种形式的禁酒。世界上诞生了很多国际禁酒组织，例如世界反酒精联盟（World League Against Alcoholism）。我怀疑，美国撤销禁酒令的行为给了全球禁酒革命当头一棒，让这些组织付出的努力全部泡汤。如果禁酒令没有撤销，那就可能会在全球范围内更加广泛地传播。

如果禁酒令继续，会影响美国参与"二战"的行动吗？

托纳：只有一种情况会阻止美国参与"二战"，那就是禁酒令的持续严重影响了美国经济。但是，很多人都认为"二战"带来了经济复苏，因为"二战"创造了很多其他的机会，让美国可以制造商品及武器，并进行出口。如果禁酒令持续，这种机会应该不会因此流失。如果还要说什么别的影响，那就是美国对禁酒令的坚持可能会向世界其他地区展现出一个高尚的理想主义社会。禁酒令的持续可能会让美国外交政策中那种传播基督福音的潜在风格更加突出。

如果禁酒令没有在1933年撤销，会再持续多久？

托纳：如果禁酒令进行了修改，各州可能会根据自己的利益逐渐废除禁酒令。在禁酒令起到作用之后，各州可能会用监察系统来代替禁酒令。禁酒令可能会以另一种方式继续存在几十年。在某些州，禁酒令可能延续至今。但是，我觉得经过修正的禁酒令在20世纪60年代或70年代也应该会终止了。如果他们没有修改禁酒令，原版激进的禁酒令应该很难持续这么长时间。激进版禁酒令会带来日益积累的经济压力，还会使犯罪集团不断扩张，而且美国也会和世界上的其他国家在这件事的看法上脱节。这样的话，禁酒令可能最多可以存活至"二战"时期。在战后时期，美国的经济需求将无法继续支持如此激进的禁酒令。

如果纳粹从未掌权，会怎么样？

德国，1933 年

埃里克·魏茨

埃里克·魏茨（Eric Weitz）是纽约城市学院（City College of New York）历史系的杰出教授。他也是《魏玛德国：承诺与悲剧》(*Weimar Germany: Promise and Tragedy*) 与《创造德国共产主义 1890—1990：从大众抗议到社会主义国家》(*Creating German Communism,18901990: From Popular Protests to Socialist State*) 两本书的作者。

在威廉二世退位后，德国是如何运作的？

在第一次世界大战最后的几周，德国基尔（Kiel）港的水手们发起了一场革命，这场革命在工业城市中蔓延开来，然后传到了全国各地。在整个 1918 年冬季，革命在德国展开。像所有其他的革命一样，这场革命充满了斗争。激进的一方由工人组成，他们在工厂里成立了工人理事会，也就是劳工代表会，后来甚至蔓延到了艺术领域，走进了剧院，最后传遍了全国。他们要求的是一种激进的民主，并不是布尔什维克（Bolshevic）共产主义。在他们想要的系统中，工人至少会对经济产生影响。但是，温和派的社会主义者非常害怕他们所谓的"布尔什维克混乱"。他们行动迅速，建立了一个议会民主制度。

这个社会民主党在今天的德国仍然存在。他们与自由派德国民主党及德国中央党结盟，成立了魏玛联盟。这个联盟在 1919 年 1 月的选举中获胜，然后制定了一个宪法公约，任命了一个委员会。这个委员会在魏玛开会，因为柏林内战的硝烟不断。1919 年夏天，他们起草了一部宪法。在这个基础上，魏玛共和国成立。这个共和国持续到 1933 年 1 月 30 日，也就是希特勒成为总理的那一天。

20 世纪 20 年代，柏林的生活是什么样的？

可以肯定的是，当时发生了很多事，而且相当混乱，各地都充满了灾难。但与此同时，那也是 20 世纪最有创造力的时代之一。也许，这两者之间有什么联系，不过我们就不得而知了。但是，我认为，政治秩序的脆弱会让这种艺术开始发酵，直至今日仍然如此。当时，到处都可以看到生机勃勃的艺术实验，尤其是柏林。在这里，

犹太人的生活也欣欣向荣，这也是另一个开放的标志。

▲ 随着1918—1919年德国革命的展开，政治派系为了追求权力，斗争不断

我们拥有艺术现代主义的萌芽；油画和戏剧中的表现主义；极富创造力的电影，以及20世纪20年代最新的流行媒体——广播。马丁·海德格尔（Martin Heidegger）的《存在与时间》，托马斯·曼（Thomas Mann）的《魔山》，贝托尔特·布雷赫特（Bertolt Brecht）及库尔特·魏尔（Kurt Weill）的《三文钱的歌剧》等极具创意的作品都是在魏玛共和国出现的。

当时的卡巴莱歌舞表演蓬勃发展，不过主要还是在城市里。人们常常外出，公众生活充满活力。

所以当时社会很进步？

没错，而且充满生气！当时已经在讨论同性恋了，大家还想改革德国充满局限的堕胎法。他们还建立了公共卫生诊所，为人们提供性方面的咨询。魏玛宪法可能是20世纪20年代全世界最民主的宪法。魏玛的比例代表制比美国系统中赢家决定一切的制度要民主得多，虽然这个制度最终引起了政治系统的瘫痪。国家安全机构有时候会对公众示威活动十分无情，但是总的来说，社会还是充满了自由媒体与自由集会。

犹太人的生活也欣欣向荣，这也是另一个开放的标志。偏见仍然存在，军队等领域仍然不向犹太人开放。但是，犹太人有可能成为大学教授。

历史将如何被改写？

● 任命希特勒为总理
在弗朗茨·冯·巴本和几位同僚的建议下，兴登堡总统不再反对阿道夫·希特勒，将他任命为德国的新一任总理。1933年1月30日

● 希特勒获得新的权力
纳粹与其他右翼党派的联盟控制着德国议会，议会通过选举决定废除议会，通过了授权法，允许希特勒可以自己发号施令统治全国。1933年3月23日

真实的时间线

● 威廉二世皇帝退位
在基尔叛乱之后，德国各地爆发了革命。威廉二世皇帝被迫退位，魏玛共和国成立。1918年11月9日

● 大萧条
在道威斯计划（Dawes Plan）下，德国依赖着美国的贷款运作。华尔街股灾给德国带来了灾难性的影响。各路政客都无法找到一个有效的解决方案。1929年10月29日

● 政治混乱
1932年，德国3个政府纷纷崩溃。布吕南（Bruning）总理辞职，弗朗茨·冯·巴本没有赢得选举，施莱谢尔的政权仅仅维持了两个星期。1932年

真实的时间线

改写后的时间线

● 纳粹党解散
尽管纳粹是这个分裂的议会中最大的党派，但他们也只赢得了33%的选票。很多人对希特勒的领导方式感到不满，他们尝试发动政变，造成党内分裂，最后导致纳粹党解散。1933年

● 巴本总理回归
希特勒不再是一个合理的总统候选人，总统兴登堡也没有什么其他的选择，所以他重新任命他的老朋友弗朗茨·冯·巴本担任总理。1933年1月30日

▲ 魏玛共和国的夜生活歌舞升平,给电影《卡巴莱》创造了灵感

● **长刀之夜**
希特勒对纳粹党领袖和政治对手发动了一场血腥的肃清。巴本死里逃生。1934年6月30日

● **纽伦堡法案**
希特勒宣布了新的举措,在德国建立种族隔离制度。犹太人失去了民权,成为了二等公民。1935年9月15日

● **重新占领莱茵兰德**
希特勒动用了20000名士兵,向莱茵兰德进军,直接违反了《凡尔赛和约》。1936年3月7日

● **布痕瓦尔德集中营开放**
党卫军当权者开启了布痕瓦尔德(Buchenwald)集中营。第二年,将近一万名犹太人被送到了这里。1937年7月16日

● **水晶之夜**
约瑟夫·格贝尔(Joseph Goebbel)领导了一场袭击,攻击德国犹太人和奥地利犹太人。这场袭击造成了一场灾难,路上堆满了破碎的橱窗玻璃,因此又被称为"碎玻璃之夜"。1938年11月9日

● **第二次世界大战开始**
希特勒入侵波兰。两天后,因希特勒不同意撤兵,英国和法国向纳粹德国宣战。1939年9月3日

● **德国国会大厦失火**
当范德吕伯(Van der Lubbe)被控烧毁德国国会大厦时,巴本抓住了这个机会,逮捕了共产党领袖。1933年2月27日

● **选举胜利**
由于反共产党的情绪愈演愈烈,巴本又获得了之前纳粹支持者的选票,因此他领导的中间党在普选中获得胜利。1933年3月5日

● **专制民主**
由于任期有限,巴本通过了超级保守的法律,甚至还可能要对宪法进行改革。1934年

● **军事独裁**
巴本早在1932年11月就想要夺取政权了。后来,他利用兴登堡的死,趁机合并了总理和总统的职位。1934年8月2日

● **重新商议《凡尔赛和约》**
虽然巴本不会冒险发动战争,但他还是提高了军事力量,逼迫英法两国回到了谈判桌上。1936年

● **和平时代?**
厌恶战争的英法两国允许德国与捷克斯洛伐克合并。作为交换,巴本要将德国的军事规模降级。1938年

▲ 在德国1923年的极度通货膨胀危机时，钞票变得一文不值

当时的右翼团体是如何站稳脚跟的？

在20世纪20年代早期，你真的会看到成百上千个极端右翼组织。其中，很多组织的规模都不大，并且只是在本地活动，但是它们带来了很多麻烦。这些右翼团体总的来说都是由遣散后的士兵组成的，他们都是因为停战条约，以及最终的《凡尔赛和约》而遭到遣散的。

这些遣散后的士兵看到社会主义者和共产主义者在公共场所十分高调，又领导了政府，犹太人也可以位高权重，感到十分震惊。1919年，巴伐利亚（Bavaria）的犹太社会民主总理库尔特·埃思内（Kurt Eisner）被刺杀。1922年，犹太银行家暨知识分子，外交部部长瓦尔特·拉特瑙（Walter Rathenau）也被杀害。这些小团体在当时开展了很多右翼恐怖主义活动。纳粹将这些团体统一起来，成为了纳粹党——这是他们最初的几个成就之一。在1923年，当极度的通货膨胀彻底打乱了经济和社会生活，这些右翼团体得以扩张，纳粹也首次企图抢夺权力（也就是失败的慕尼黑啤酒馆政变）。

纳粹党的崛起是不可避免的吗？

1924—1929年是魏玛共和国所谓的"黄金年代"。其实，在那段时间，政治曾向中间派转移。在1928年的选举中，极端右翼和极端左翼都失去了大量的支持。1928年的纳粹是一个很小的党派，他们让警察头大，但并没有真的起到政治上的影响。很多地方都禁止希特勒发表言论。他们一开始真的什么也不是，直到1929年大萧条爆发才真的为纳粹党起到了推波助澜的作用。而当时大萧条提供的推力不只是一阵微风，而是一场飓风，直接帮助了纳粹启航。但是，就算在1930年的选举中，纳粹也只获得了18%的选票，被杀得片甲不留。这对大家来说很震惊。他们在普选中获得的最高记录就是在1932年7月获得了37.4%的选票。虽然票数不少，但是这仍然不是多数票。这一点很重要，因为他们从来没有获得过太多数票。要知道，在第三帝国开始之前，他们从来没有获得过大多数人民的支持。

既然纳粹得票率那么低，希特勒是如何在1933年当上德国总理的呢？

很多人都认为，德国人让希特勒获得了权力，但是这个想法完全是错的。在整个1932年，经济不断下滑，政治系统也彻底裂成碎片。在那一年，一共有三次重要选举：两次议会选举和一次总统选举。纳粹得票最高的那一次获得了37.4%的选票。在1932年11月，他们又落选了，这一次只有32%的选票。纳粹党内部不是很满意希特勒的领导，所以我觉得是可以想象纳粹党在当时解散的。

然而，1933年1月，一群大人物一起说服当时的总统兴登堡（Hindenburg）将希特勒任命为总理。这些人中有银行家、军官以及

▲ 希特勒将德国各个极右团体统一在了同一面旗帜下

高级公务员，包括弗朗茨·冯·巴本①（Franz Von Papen），库尔特·冯·施莱谢尔②（Kurt Von Schleicher）以及总统自己的儿子奥斯卡·冯·兴登堡（Oskar von Hindenburg）。所以，最后其实是总统周围一小群有权有势的人将权力交给了纳粹。

为什么这些人想要帮助希特勒呢？

他们想要用某种保守的独裁系统来代替共和国，还想要推翻《凡尔赛和约》。这样的话，德国就能再次成为一个强大的国家。其实，年高望重的传统保守派和纳粹党有利益关系。他们在互相利用，但是后来，保守派发现他们并不能控制住纳粹，完全不能控制住。

如果纳粹解散，或者兴登堡继续反对希特勒上台，魏玛共和国还能生存下去吗？

---

① 弗朗茨·冯·巴本，1932年6月1日被任命为总理（内阁），1932年6月20日起任普鲁士帝国专员，1932年11月17日辞去总理职位。
② 库尔特·冯·施莱谢尔，1932年12月—1933年1月担任德国总理。

我估计，魏玛联盟党会逐渐赢得更多支持，人们也会回到中间派。然后，就会有一个可以运作的社会民主议会政府，就像20世纪30年代的瑞典那样。但是，当大萧条来临时，德国很快受到了打击，而且德国受到的影响比任何其他地方都要大。与此同时，社会民主党精疲力竭，政治系统破裂，无法正常运转。在纳粹上台之前，总统已经签署了一条又一条紧急命令来拨款，继续追求他的通货紧缩政策，导致经济变得更糟。

没有希特勒，第二次世界大战还是一样会爆发吗？

如果纳粹上台，我觉得第二次世界大战是不可避免的。但是，如果是保守派掌权，我觉得"二战"并不一定会爆发。德国还是有可能变成令人厌恶的军事独裁专政，但是他们肯定会更谨慎一些。我们之所以这么推断，是因为保守派曾认为希特勒行为太激进了，包括1936年他向莱茵兰德（Rhineland）进军，以及1938年向捷克斯洛伐克（Czechoslovakia）进军的行动。保守派要小心谨慎得多，他们并不支持这些举措。

如果披头士乐队从未成立，会怎么样？

英格兰利物浦，1960 年

弗兰克·辛纳特拉（Frank Sinatra）、强尼·瑞（Johnny Ray）和猫王埃尔维斯·普雷斯利（Elvis Presley）等美国明星的成功一发不可收拾。到了1975年，英国的青少年只喜欢美国帅哥唱的口水歌。这样的市场已经发展得很稳定了，大家都想要挖掘本土的人才。

但是，如果16岁的利物浦小混混约翰·列侬（John Lennon）决定不让詹姆斯·保罗·麦卡特尼（James Paul McCartney）加入他的噪音爵士乐团"采石工人乐队"，他们就不会在那年夏天成为披头士。不论之后发生什么，这个乐队肯定不会像这60多年来一样占据我们的生活。

麦卡特尼可以弹奏《二十层楼摇滚曲》（Twenty Flight Rock），还记得所有的歌词，给列侬留下了深刻的印象。尽管如此，列侬自诩为百事通，所以他完全可以无视比他更年轻的麦卡特尼。但是，在第二年年初，乔治·哈里森（George Harrison）在麦卡特尼的建议下加入了乐队。乐队的大局已定，金钱与名声接踵而至。

历史将如何被改写？

1957

● **保罗遇见约翰**
约翰·列侬的噪音爵士乐团"采石工人乐队"在一个教堂花园的游园会上表演，被保罗·麦卡特尼看到了。后来，他被介绍给了列侬。**1957年7月6日**

● **乔治遇到约翰**
列侬解雇了"那个叫麦卡特尼的胖孩子"，因此忧心忡忡。他邀请了14岁的吉他手乔治·哈里森加入"采石工人乐队"。**1958年2月6日**

● **"石头"开始滚动**
米克·贾格尔、布赖恩·琼斯（Brian Jones）和基思·理查兹（Keith Richards）组成了滚石乐队，在伦敦的马奇俱乐部（Marquee Club）第一次举办现场演奏会。**1962年7月12日**

● **接近林戈**
"采石工人乐队"希望鼓手林戈·斯塔尔离开他在罗里风暴与飓风乐队（Rory Storm and the Hurricanes）的安稳工作，转而加入他们，但是林戈拒绝了。**1962年8月18日**

● **绊脚"石"**
滚石乐队推出了一些主打歌，和吉米·扬①（Jimmy Young）与迪基·瓦伦丁②（Dickie Valentine）的歌差不多。迪克·罗③（Dick Rowe）把滚石签给了迪卡唱片。**1963年5月**

● **迪伦保持本色**
《鲍勃·迪伦的另一面》专辑发行。迪伦没有跟风去做电子音乐，也没有模仿滚石乐队，因此备受赞誉。**1964年8月8日**

---

① 吉米·扬（1921—2016年），英国流行歌手，主持人。
② 迪基·瓦伦丁（1929—1971年），英国流行歌手。
③ 迪克·罗（1921—1986年），英国迪卡唱片公司（Decca Records）A&R部门负责人。

披头士当时就挑战现状。

列侬于1958年在利物浦艺术学院入学,很有可能追求一条单飞的创作道路。如果列侬继续自顾自地坚持下去,采石工人乐队可能永远不为人知。

麦卡特尼既有实力,又有魅力。他可以利用自己的偶像魅力,在演艺圈混得很好。也许,他会成为一名主持人。哈里森也很有天赋,长得又帅,又有野心,应该也会成名,可能会是一个天才吉他手,成为北方的埃里克·克莱普顿①。当时,林戈·斯塔尔(Ringo Starr)是一位待业鼓手,他肯定也会很成功。之后,演艺事业可能会向他招手,他也有可能成为一个经纪人,或是各类音乐活动的主办方(promoter)。到了1962年,披头士的第一首主打歌《爱我吧》(Love Me Do)开始流行,英国新兴的流行音乐界也紧随其脚步。汤米·斯蒂尔(Tommy Steele)、亚当·费思(Adam Faith)、海伦·夏皮罗(Helen Shapiron),以及最重要的英国版猫王克里夫·理查德(Cliff Richard)都是大明星,但是他们都打安全牌,没有什么出格的作品。他们可能在家长中很受欢迎,在孩子中也很受欢迎。他们都循规蹈矩,给什么歌就唱什么歌,给什么台词就说什么台词。

披头士永远不会止步于此,他们从一开始就挑战现状,写自己的故事,还拒绝巡演。他们要求想在工作室中待多久就待多久,还要求完全的创造自由。只要他们可以一直很卖座,这个行业没有理由拒绝他们。但是,如果没有他们当领头羊,他们身边的音乐界同辈会变成什么样呢?

滚石乐队(The Rolling Stones)应该还是会成立。但是,他们不会再有列侬和麦卡特尼给他们带来第一首进入排行榜前二十的歌曲——《我想成为你的男人》②(I Wanna Be Your Man)。这样的话,他们要么就是继续效仿美国的节奏布鲁斯,要么就是屈服于主唱米克·贾格尔(Mick Jagger)带来的名声与财富,快速产出一系列叮砰巷③式的主打歌。

---

① 埃里克·克莱普顿,全名埃里克·帕特里克·克莱普顿(Eric Patrick Clapton,CBE),英国音乐人、歌手、作曲家、吉他手,曾获得18项格莱美奖,是20世纪最成功的音乐家之一,在摇滚名人堂里有三项成就。

---

② 《我想成为你的男人》,由约翰·列侬和保罗·麦卡特尼共同创作。
③ 叮砰巷(Tin Pan Alley),美国纽约百老汇附近的街区别称,后指代20世纪初期摇滚乐出现之前,美国主流流行音乐的风格。

● **耶稣挡住了滚石**
滚石在流行榜上受到压制。克里夫·理查德提醒粉丝们,耶稣比滚石乐队更伟大。1966年8月5日

● **磨光棱角**
贾格尔及理查兹在理查兹的豪宅中吸毒,遭到逮捕。滚石乐队的事业真的结束了。1967年2月12日

● **伊吉的心魔**
当傀儡乐队(The Stooges)发行他们的首张唱片时,伊吉·波普①(Iggy Pop)说道,魔鬼之所以有最美妙的旋律,是因为他把这些旋律给了魔鬼。1969年8月5日

---

① 伊吉·波普(1947年至今),组建了傀儡乐队,并担任主唱,被誉为朋克教父。

● **终于,列侬和麦卡特尼合作了**
为了纪念"采石工人乐队"60周年,本土艺术家约翰·列侬和经纪人乔治·哈里森在利物浦革新了这支乐队,邀请游戏节目主持人保罗·麦卡特尼加入他们。2017年7月8日

▼ 在披头士并未成立的世界中，克里夫·理查德和影子乐队将会是英国最成功的摇滚乐队

尼克·丘吉尔

尼克·丘吉尔（Nick Churchill）是一名作家、记者、评论家。热爱音乐的他曾出版《耶耶耶：披头士和伯恩茅斯》（*Yeah Yeah Yeah: The Beatles & Bournemouth*）

奇想乐队（The Kinks）和谁人乐队（The Who）的成员还是会在伦敦的节奏布鲁斯及爵士乐活动场所中遇见彼此。但是，如果他们从来没有听过披头士早期的原创歌曲，瑞·戴维斯（Ray Davies，奇想乐队主唱）还能借鉴音乐厅的风格来创造出一种全新的通俗音乐吗？皮特·汤曾德（Pete Townshend，谁人乐队吉他手）还能有勇气创造出摇滚歌剧吗？

在美国，布赖恩·威尔逊（Brian Wilson）将沙滩男孩（The Beach Boys）聚在一起，思如泉涌。但是，那是因为他受到了披头士《橡胶灵魂》（*Rubber Soul*）专辑的直接影响。如果没有披头士作为催化剂，那他心中的邪念可能会彻底吞噬他的才华，这支乐队就更有可能会走向金钱至上的道路。

鲍勃·迪伦（Bob Dylan）应该还是会出现，但是飞鸟乐团（The Byrds）不再会将迪伦对民谣的想象与披头士的节奏结合在一起，也不会成为美国西海岸的靡靡之音。这样的飞鸟乐团只剩下纽约客那种反乌托邦式的低保真，就像地下丝绒（The Velvet Underground）那样。或者，他们会像中西部的 MC5 乐队那样，用政治宣传来驱动创意。

晶体管收音机、便携式电唱机和电视等科技产品创造出了一种全新的青少年听众。因此，在没有披头士的世界里，肯定会有别的乐队来填补这个商业空缺。不过，这支乐队肯定会看上去与披头士完全不同，他们的音乐也会完全不同。

如果苏联打赢了太空战，会怎么样？

苏联对美国，1957—1969年

克里斯托弗·赖利博士（DR. CHRISTOPHER RILEY）

赖利博士是作家，也是制片人，专注于创作科学、太空、工程和历史题材的作品。他拍摄了多部纪录片，包括《月亮的影子》(In The Shadow Of The Moon)、《第一轨道》(First Orbit) 以及《尼尔·阿姆斯特朗——第一位登月人》(Neil Armstrong – First Man On The Moon)。

如果苏联打赢了太空战，会怎么样？

我觉得他们可能会建立某种永久月球基地，就像他们20世纪七八十年代在地球轨道上"殖民"那样。他们可能会一直待在月球，而不是去几天再回来。他们可能就不回来了，其实就像现在所发生的一样。但是，你也要考虑到苏联解体后对太空计划的影响。解体后，太空计划的投资大幅度下滑，这可能会导致他们废弃那些月球基地。那样的话，我们又会回到现在的样子。

1957年，苏联成功发射了"斯普特尼克1号"（Sputnik 1），这也是太空中的第一颗人造卫星。这件事是不是刺激了美国登月的欲望呢？

是的，毫无疑问。这叫作"斯普特尼克效应"。这件事对美国影响很大，确保了阿波罗的成功发射。艾森豪威尔总统批准了"土星五号"火箭的发射，还投资了各个大学来培养人才。我觉得阿波罗计划让美国在那个时期的科技发展领先于世界。当然，阿波罗计划给我们留下的不只是赢得了月球竞赛，还有后来发生的一系列连锁反应。阿波罗计划引起了微型计算处理革命，最终影响了因特网的诞生。美国国防高级研究计划局（Defence Advanced Research Projects Agency，简称DARPA）就是"斯普特尼克效应"的产物，而这些科技创新都要归功于当时的政府投资。我们之所以有了今天这样的现代社会，要感谢当时的提议，感谢"斯普特尼克效应"。我们现在还在享受一系列连锁反应带来的好处。艾森豪威尔的决定影响非常深远。

▼ 如果苏联的计算能力增强，他们可能会赢得太空竞赛，让人类登上月球

美国是从哪个时刻开始在太空竞赛中领先的呢？

1968年9月苏联成功发射"探测器5号"（Zonds-5），完成绕月后返回地球的飞行实验。因此，不得不说1968年12月启动"阿波罗8号"的任务是非常大胆的，甚至可以说有点鲁莽。"阿波罗8号"起初只是一个地球轨道内的任务，但是他们却在"土星五号"火箭第一次发射后，直接飞去了月球轨道。这是一个非常非常勇敢的决定。最后，那份勇气赢得了这次赌局，他们成功完成了任务，这无疑是太空竞赛中的转折点。

在太空竞赛中，有没有其他的主要转折点呢？

N1运载火箭是当时苏联研发的用来将宇航员送往月球的火箭，这个火箭的发射经历了5次失败。N1灾难对苏联来说肯定是历史性的挫折。但是，这其实并不是由于苏联助推器技术落后导致的。苏联的技术完全可以与"土星五号"相提并论，而且他们在研究助推器的推力方面已经领先了好多年了。导致失败的是他们的计算能力，这才是苏联人真正的短板。

苏联的计算能力有多落后呢？

虽然苏联的飞船能围绕月球轨道运转，但是这和登陆月球完全不同。真正决定阿波罗登月成功的技术肯定是计算能力。美国国家航空航天局（NASA）当时斥巨资制造集成电路，为的就是创造出又轻又小的微型电脑，用在这些阿波罗飞船上，这样才能非常精确地计算登月路线。据我所知，苏联在当时并没有那种微型处理能力。他们的系统可能不会让他们成功登陆月球。虽然不是完全不可能，但是可能性肯定不高。

历史将如何被改写？

真实的时间线

1957

● **太空中的第一颗人造卫星**
苏联成功向太空发射了第一颗无人卫星，——"斯普特尼克1号"。这件事震惊了美国和整个世界。1957年10月4日

● **"探险者1号"**
美国用自己的人造卫星"探索者1号"，向苏联发起反击。这颗卫星后来发现了地球的范艾伦辐射带（Van Allen radiation belt）。1958年1月31日

● **艾森豪威尔培养人才**
为了防止美国落后于苏联，艾森豪威尔总统发起了国家防御教育法案（National Defense Education Act，简称NDEA），增加了教育经费。1958年9月2日

● **太空中的第一人**
苏联又争到了第一名。这一次，他们将尤里·加加林（Yuri Gagarin）送到了太空中，这是人类历史上进入太空的第一人。几周后，美国也将艾伦·谢泼德（Allen Shepard）送到了太空中。1961年4月12日

● **发射"土星五号"**
美国国家航空航天局巨大的"土星五号"火箭以绝佳表现通过了第一次试飞。之后，这艘火箭将用于阿波罗任务。1967年11月9日

● **"阿波罗8号"**
美国国家航空航天局必须决定，是否让"阿波罗8号"围绕月球开展载人飞行。1968年

● **发射"阿波罗8号"载人飞船**
载有3名宇航员的"阿波罗8号"成功发射，围绕月球轨道运行，为人类登月铺下了基石。1968年12月21日

真实的时间线

改写后的时间线

● **美国发射"阿波罗8号"无人飞船**
美国发射"阿波罗8号"，这是一次无人太空任务。这件事延缓了之后的人类登月任务，让苏联有了领先的机会。1968年12月21日

如果苏联率先登陆月球，会如何在整体上改变苏联呢？

那就得看看他们在1961年4月加加林（Gagarin）回到地球时是如何反应的，还可以看看他们会如何对待1963年6月太空飞行中的第一名女性瓦莲京娜·捷列什科娃（Valentina Tereshkova），以及其他太空飞行英雄。这些人让苏联在世界舞台上的位置高高在上。我认为，世界各地会以一模一样的方式庆祝成功归来的苏联月球宇航员，也会以同样的方式赞扬他们。在1969年夏天"阿波罗11号"的宇航员回归地球的时候，他们开展了名为"一大步"的巡回旅行。在这场世界巡回之旅中，他们在30天内去了将近40个国家，数以百万的民众到大街上来迎接他们，他们所到之处都有那种撒彩纸的庆祝游行。如果你回顾一下那种场面，可以想象同样的场面也可以发生在苏联人身上。我不知道这会不会让苏联的历史进程发生质的变化，我也不知道这会不会改变他们的社会。如果登月发生在20世纪60年代，肯定会对苏联产生巨大的改变，但是在大背景下，可能并不会产生很大的变化。

你觉得哪一位苏联宇航员会在月球上迈出第一步呢？

说起第一位月球漫步的人，阿列克谢·列昂诺夫（Alexei Leonv）的名字经常会跳出来。他在1965年3月进行了第一次太空漫步，战胜了重重困难，在那次任务中活了下来。从之后他写的文章及访谈中看，我觉得他也喜欢想象他自己成为漫步月球的第一人。我敢说他可以做得到。

他们还是会像美国人一样，说月球是"全人类的"吗？

如果你听过当时赫鲁晓夫的演讲，会发现他

● **苏联落后**
为了回应"土星五号"，苏联发射了N1火箭。这艘火箭在第一次发射中就爆炸了，在1972年前又失败了三次。
1969年2月21日

● **国际空间站**
美国、俄国和其他国家继续展开合作，在地球轨道内运作国际空间站。但是，自1972年起，没有人去更远的地方冒险了。2013年

● **人类的一大步**
在"阿波罗11号"任务中，尼尔·阿姆斯特朗与巴兹·奥尔德林（Buzz AlDr.in）成为了首批在月球上漫步的人类，为美国争夺到了太空竞赛的胜利。在1972年前，又有五名宇航员在月球上登陆。1969年7月20日

● **空间站**
到了20世纪80年代，美国和苏联都主要集中精力建造空间站，开展地球轨道内的太空任务。1980年

● **苏联视月球为目标**
美国的月球计划停滞不前。苏联受到了鼓舞，加倍努力，计划将人类送往月球，最终N1火箭测试成功。1969年

● **苏联登月**
当美国在辩论阿波罗计划的未来时，苏联将宇航员阿列克谢·列昂诺夫独自送上了月球表面。这次大胆的任务又震惊了全世界。阿列克谢·列昂诺夫回到地球，成为了一名英雄人物。1969年7月

● **美国向火星发射**
苏联在太空竞赛中的胜利仍然让美国感到晕头转向。美国企图超越苏联，宣布他们准备让人类登陆火星。他们最终在1980年获得了成功。1970年

● **空间殖民**
在40年的太空探险后，由于苏联的解体，美国、俄国及其他国家展开合作，努力在整个太阳系中进行人类探险。2013年

▲ 如果苏联在太空竞赛中获得成功,就可能刺激美国去探索太空中更远的地方,最终实现人类在火星上行走

一直说加加林的飞行是为了全人类的。大家都觉得这是给整个世界的礼物,也会是苏联送给人类历史的一份厚礼。所以,我敢肯定他们还是会在月球上做出同样的事。一开始,人们也提出让美国人带着联合国旗登上月球,而不是星条旗。我不知道苏联人会带联合国旗去月球,还是会竖起他们自己的镰刀斧头旗。我猜他们会竖自己的国旗。但是,我想他们发表的演讲和树立的纪念碑都还是会带着像"加加林飞行是为了全人类"一样的情绪。

他们登上月球后会先说些什么呢?

嗯……尼尔·阿姆斯特朗有完全的言论自由,就像之前"阿波罗8号"的全体成员一样。他们决定自己要读的稿子、要说的话,没有人介入。虽然阿姆斯特朗肯定想了很久要说些什么,但是他的妈妈去年告诉我,他还是保留了好几个选项,他是在下梯子的时候才最终决定要说

> **构思及建造国际空间站的想法主要是为了让航天飞机合理化。因此，我们可能不会走这条路。**

些什么。据我对当时苏联社会运作方式的有限了解，我觉得苏联人会小心翼翼地准备一份稿子。在加加林准备登上火箭，即在1961年4月开始第一次太空飞行时，他发表的演说，给世界传达了一条既优美又富有诗意的信息。我觉得苏联政府也会为第一次登月的宇航员写好一篇类似的演讲稿。

你觉得如果世界各地通过电视看到苏联登月成功，会阻止苏联最终的瓦解吗？

我认为不会。如果你看看这件事对美国的影响，你会发现在美国赢了太空竞赛后，很快就不想在这件事上花钱了。在"阿波罗11号"之后又有几个任务，之后这项计划就取消了。之后发生的政治变化，不论是正面的还是负面的，其实都与阿波罗计划的成功无关，可以说有点遗憾。因此，我觉得苏联的历史也不会发生任何变化。他们应该会继续建立太空基地。像我们之前讨论过的那样，他们可能会在月球上建立基地。之后，他们肯定会在月球轨道建立太空站。最后，政治、社会以及世界其他地方的问题还是会压垮苏联。

为了胜过苏联，美国会尝试去火星吗？

想想太空竞赛如果能跳出太阳系，带我们去宇宙更远的地方，那会是很美好的一件事。"冷战"的威胁也确实延续到了20世纪90年代，所以这个想法还是有一定事实根据的。美国会去更远的地方来证明其实力吗？有这个可能。在"阿波罗11号"向月球出发时，斯皮罗·阿格纽（Spiro Agnew）是美国副总统。要记得，他曾说过，他们会在1980年前登上火星！因此，当时有很多计划。美国火箭科学家冯·布朗（von Braun）的抽屉里保存了很多改进阿波罗构造的设计理念，可以让阿波罗飞得更远。想象一下，阿波罗的硬件其实已经可以让火星上也有人类的足迹了。这个想法真的很美好。

他们会成功吗？

我不知道。我是说，人类花了400万年才将那12位美国人送去月球——这是40万人一起工作10年的结果。我觉得，如果想要登上火星，你得把这个数字再乘以100，也可能要乘以1000。这会是非常困难的一件事，至今都非常困难。

如果苏联人先登上月球，现代的太空探索会有何不同呢？

先做个巨大的假设，我觉得这个假设不太可能会发生。假设苏联人先到达月球，美国人到达了火星，我觉得我们会跳过后来的太空站阶段。构思及建造国际空间站的想法主要是为了让航天飞机合理化。如果这个假设生效，我们可能不会走这条路。我们可能会将太空中的人类足迹推出太阳系，去往越来越远的地方。我觉得如果当时的社会像现在一样先进，不再把这件事当作一场竞争，而是把它当成是全人类的团结合作，我们可能会在月球或者火星上面看到一个类似的空间站，而不是在地球轨道中。这个空间站会是一个实验室。这样的话，情况会和这些年来的航天飞机飞行十分不同，和我们经历过的太空空间站也会完全不同。

如果约翰·韦恩与乔治·华莱士联手，会怎么样？

美国，1968年

在人们心中，约翰·韦恩[①]是银幕上最具标志性的美国英雄之一。有一段时间，他的成就有可能伸展到更远的地方，从好莱坞转向华盛顿。那么，在政治上驱动韦恩的是什么呢？

"在韦恩的早年生涯中，他一直投票给民主党，宣称自己是社会主义者。"卡罗琳·麦克基文

[①] 约翰·韦恩（John Wayne，1907年5月26日—1979年6月11日），美国演员，以演出西部片和战争片中的硬汉而闻名。韦恩是那个年代的美国人的化身：诚实、有个性，富有英雄主义气质。

历史将如何被改写？

真实的时间线

1963

● **华莱士反对民权**
在美国民权斗争的关键时刻，乔治·华莱士企图阻止两名非洲裔学生进入亚拉巴马大学的主校园。1963年

● **华莱士落选党内提名**
在肯尼迪遭到刺杀后，亚拉巴马州长华莱士挑战林登·约翰逊总统失败，没有获得民主党党内提名。1964年

● **华莱士的目标州**
华莱士想要分裂保守派的选票，否认了选举团[①]的多数票。他最高曾获得21%的选票。1968年9月

真实的时间线

改写后的时间线

● **华莱士致电韦恩**
在寻找竞选伙伴的过程中，华莱士给韦恩打了电话。韦恩没有拒绝，接受了这次邀请。1968年9月

● **李梅加入华莱士**
尽管柯蒂斯·李梅（Curtis LeMay）曾两次拒绝华莱士，但最终还是同意加入华莱士阵营，成为他的竞选伙伴及副总统候选人。华莱士的选票暴跌。1968年10月

[①] 选举团（electoral college）又称选举人团。总统选举人团制度是美国特有的一种选举方式。根据美国选举制度，美国总统由选举人团选举产生，并非由选民直接选举产生，获得半数以上选举人票者当选总统。

● **支持率猛增**
9月，华莱士获得了21%的选票。由于韦恩十分受欢迎，他的个人魅力帮助华莱士获得了更多。保守派产生了更大的分裂。1968年10月

（Carolyn McGivern）说道："他是个十足的自由派，也非常关心美国人民。后来，他看到了自己身边发生的混乱，导致他的幻想破灭。他转而支持保守主义，以此代表他反政府的立场。他的想法很新颖，也很特别，并不是一直与共和党的观点一致。他的政治观点中唯一保持不变的就是他对美国的爱。"

到了1968年，曾任亚拉巴马州州长乔治·华莱士①曾想要邀请韦恩加入他的团队，参加总统竞选。"在1968年总统大选中，华莱士成为了美国独立党派候选人。在民权运动期间，他最著名的观点就是'现在就种族隔离，明天就种族隔离，我们要永远的种族隔离'。1963年，他曾站在亚拉巴马大学门口，企图阻止非洲裔美国学生入学。"麦克吉文说道，"韦恩告诉所有人，他支持尼克松当总统。但是，如果要说有什么事可以吸引他加入华莱士的阵营，那就是华莱士的竞选格言'为美国站起来'。"

"1964年的民权法案将基于种族、宗教、肤色及性别产生的歧视定为不合法。韦恩曾向他的秘书透露，他不喜欢这条法案。他觉得，如果人民拥有自己的财产或生意，他们应该有权利拒绝提供服务。他和华莱士对共产主义、法律及秩序和爱国主义的观点都非常相近。"

因此，如果韦恩没有拒绝华莱士，会发生些什么呢？麦克基文预测，"各派选举结果可能会更接近。汉弗莱（Humphrey）、马斯基（Muskie）的选票代表左翼，尼克松、阿格纽的选票代表中间派，而华莱士、韦恩的选票代表右翼。华莱士、韦恩组合的竞选纲要会是'法律与秩序'以及'为美国站起来'，投票之夜肯定也会让人坐立不安。"

如果韦恩加入了华莱士的阵营，那氛围会很有趣。不过，韦恩会如何影响华莱士，如何影响竞选呢？"韦恩会反对华莱士慷慨扩大社保及医保受益群体的做法。"麦克基文说道，"华莱士当时还保证，如果当选九十天内，仍然无法赢得越战，他就会从越南撤军。但是，韦恩不能理解这种'撤退'的心态。"

---

① 乔治·华莱士，美国政治家、律师，曾三次出任亚拉巴马州州长，四次参选美国总统。

● **华莱士落选**
华莱士反对大政府，赢得了13.5%的选民票，也就是990万张选票。理查德·尼克松当选。1968年11月5日

● **重新当选州长**
凭借反对黑人的选举方案，再次成为民主党的华莱士第二次当选为亚拉巴马州州长，开始他的第二次任期。1970年

● **刺杀未遂**
华莱士决定作为民主党人竞选总统。在马里兰州一个购物中心的竞选活动中，他受到5次枪击，最后只能一辈子坐在轮椅上。1972年5月15日

● **失去提名**
尽管华莱士在南方表现不错，他还是没有赢得党内提名。乔治·麦戈文（George McGovern）获得党内提名。尼克松继续当选总统。1972年11月7日

● **最后一次参选**
在1976年选举中，华莱士希望获得民主党提名，成为总统候选人。但是，他在初选中退出。1986年，他结束了自己的政治生涯。1976年

● **华莱士获得权力**
虽然华莱士离成为总统还遥远，但是他成功分散了保守派的选票，休伯特·汉弗莱入驻白宫。1968年11月6日

● **韦恩出言不逊**
韦恩出言不逊，没有精力处理外交，最后陷入了麻烦。他立即道了歉。1970年

● **韦恩成为总统**
大约在演员罗纳德·里根成为总统的9年前，约翰·韦恩当选总统，成为了美国第38任总统。1972年11月7日

● **打响反共产主义的战鼓**
约翰·韦恩坚决反对共产主义，对苏联经历停滞时代而感到非常高兴。停滞时代是苏联所遭受过的最糟糕的金融危机。1973年

● **华莱士赢得各州**
韦恩的影响力帮助华莱士拿下了北卡罗来纳州、南卡罗来纳州以及田纳西州。汉弗莱拿下了新泽西州和俄亥俄州。1968年11月5日

● **《真正的勇气》上档**
《真正的勇气》在电影院上档。但是，由于韦恩与华莱士合作，这成为了他的最后一部电影。克林特·伊斯特伍德（Clint Eastwood）出演了《永不言败》。1969年

● **韦恩参加总统竞选**
尽管韦恩说他不会有兴趣从政，但是他还是决定竞选总统，获得了共和党提名。1972年

● **水门丑闻消失**
理查德·尼克松没有成为总统，美国白宫并没有经历水门丑闻带来的阴影。1972年

卡罗琳·麦克基文
（CAROLYN MCGIVERN）

卡罗琳·麦克基文著有韦恩的传记——《约翰·韦恩：巨型影子》，广受赞誉。为了庆祝这位演员的 110 年诞辰，这本书进行了更新，修订成了加长版。她还著有《约翰·韦恩丢失的电影》一书。她曾在约克大学及布鲁奈尔大学（Brunel University）学习。

如果选票上有韦恩这样一位明星，会帮助华莱士赢得选举吗？麦克基文并不这么认为。"还是不可能，主要因为华莱士在南方腹地之外没有什么力量。他拿下了南方的 5 个州，但是他没有办法在边界州挑战尼克松的位置。他应该可以拿下北卡罗来纳州（North Carolina）及田纳西州（Tenessee）。所以，如果韦恩是他的竞选伙伴，他可以赢得那两个州，但也只能赢得那两个州。新泽西州或俄亥俄州会向休伯特·汉弗莱（Hubert Humphrey）转移。选举会落到众议院的手中。"

如果韦恩调整了事业方向，可能会对美国文化产生更大的影响。"1968 年后，韦恩不会再拍电影。这样的话，美国人就失去了那些教导他们何为美国人的电影角色。"麦克基文解释道，"美国就不再会有这么一个展示正义、展示道德的人物。就算是现在，韦恩还是能够代表美国人心目中的美国人形象。"

十大杰出架空历史小说

如果纳粹征服了英国会怎么样?
罗马有可能躲开黑暗时代吗?
让我们一起走进那些最棒的架空历史故事

"真相比小说更诡异,因为虚构是在一定逻辑下进行的,而现实往往毫无逻辑可言。"(Truth is stranger than fiction, but it is because Fiction is obliged to stick to possibilities.)马克·吐温的这句话可能升华成了一句名言,但是历史不断印证着这句话。人类文明的时间线上充满了爆发点,这些时刻决定了一个王国、一个国家或是一个帝国的命运。上天好像在用扔硬币的方式决定下一刻要发生什么,我们已经知道了硬币落地那一面发生的故事,但是如果硬币停在了另一边,会发生些什么呢?

这就是架空历史带来的乐趣。在架空历史中,作家探索了那些时间节点的另一种可能性,让赢家和输家、幸存者和受害者互换位置,看看会发生什么。几个世纪以来,架空历史的作家们会参考已经确定的时间与人物,将人们熟悉的史实与不为人知的故事交织在一起。作家们甚至只需要调整真实事件中很小的一部分,就能创造出惊心动魄的全新故事。在这些故事中,你知道的事实部分与你不知道的虚构部分之间的界限非常模糊。无论是电影、电视还是文学作品,没有发生的那段历史往往最引人入胜。

在本章中,我们收集了"历史"上一些最棒的架空历史作品。我们先绕道看看讽刺文学中的骑士故事。然后,我们再去经历一场侠客的冒险,这位爵士与势不可当的奥斯曼帝国对抗。在他的帮助下,著名的君士坦丁堡陷落事件并未发生。我们也会看到欧洲14世纪的黑死病并不是杀死了三分之一的人口,而是杀死了99%的人口,然后东方的人民将重新殖民于欧洲。我们还会思考,如果法国君主活了下来,而法兰西共和国终结了的话,会不会给法国人民谱写出一个全然不同的崭新未来。

本章图例

 **战争** 与真实历史中相反的一方赢得了史诗级战役

 **刺杀** 一位历史人物遭到暗杀或者没有遭到暗杀

 **奇迹般复原** 一位历史人物从疾病中康复,或是活得比想象中长。

 **蝴蝶效应** 一些小改动改变了整个历史进程,例如船只来迟,或是扑灭了一场大火。

 帝国 一个比现实中持续时间要长的历史帝国(有可能持续到今时今日)。

 **时间旅行** 故事的主人公通过某种时间旅行的方式进入了架空历史故事中。

《如果发生了另一种情况》（*If It Happened Otherwise*）

约翰·柯林斯·斯夸尔（John Collings Squire）著（1931）

在架空历史这种文学类型中，最有名的作品可能就是《如果发生了另一种情况》了。这本书收集了很多引人入胜的文章，这些文章描绘了世界上的著名事件。这本书之所以这么出名，还因为温斯顿·丘吉尔爵士亲自为本书写了一篇文章。讽刺作家伊莱尔·贝洛克（Hilaire Belloc）也为这本书写了一篇文章，名为《如果德鲁埃的马车受阻》（*If Drouet's Cart Had Stuck*）。在这篇文章中，他探索了法国历史上最重要的转折点，也就是法国革命中国王路易十六逃跑未遂的事件。

在现实中，瓦雷纳（Varennes）逃跑失败，法国君主被送上了断头台，开启了共和国的新时代。对于贝洛克来说，如果路易及随行的人成功逃离，历史会变得非常不同。如果他们成功逃离，就会在首都之外的地方开启一场反革命进程。瓦尔米战役（Battle of Valmy）（新成立的法国政府与神圣罗马帝国在战役中发生冲突）会以法国惨败告终，然后君主就会复位。法国不再会是一个共和国，法国经济也会继续衰败。法国在两个世纪后参加了第一次世界大战。由于法国的战斗力不足，最终奥匈帝国在"一战"中获得胜利。

英国历史学家HAL. 费希尔（HAL Fisher）还写了一篇文章《如果拿破仑逃到了美国》（*If Napoleon Had Escaped to America*）。他写道，拿破仑为了免于在滑铁卢战败后向英国投降，逃上了一艘前往纽约的船。到达美国后，这个落魄的皇帝开始了前往南美的旅程。在费希尔的故事中，拿破仑与委内瑞拉军事领袖西蒙·玻利瓦尔（Simon Bolivar）结盟，帮助玻利瓦尔解放了南美和中美的大部分地区，脱离了西班牙和葡萄牙的统治。尽管这位前任皇帝一直在流亡，但是他

▲ 在丘吉尔的想象中，联盟国将军杰布·斯图尔特（Jeb Stuart）阻止了"一战"爆发

▲ 这本作品集中的很多文章表明,很多将会发生的重大历史事件都会发生变化,例如"一战"

如果路易成功逃离,历史会变得不同。

还是趁此机会掌握了最后一点点权力。

另外,还有温斯顿·丘吉尔爵士的故事。在这个故事里,丘吉尔假设罗伯特·E.李(Robert E Lee)和南方邦联赢得了美国内战,探讨了美国内战的走向以及这件事对美洲及世界上其他地区的影响。对于丘吉尔来说(他后来在1953年获得了诺贝尔文学奖),南方邦联获胜后还是让美国获得了独立,但是独立后还存在一系列问题。冲突随时可能会再次爆发,而大英帝国介入,帮助调停,最后达成了和平协约。在现实中,英国策划了一场交易,让大英帝国同时与美利坚合众国及美利坚联盟国结盟,这也就是著名的"英语者协会"(English Speaking Association)。

《11/22/63》

斯蒂芬·金（Stephen King）著（2011）

斯蒂芬·金（Stephen King）多年来一直是恐怖文学的泰斗级人物，但是他还有深藏不露的另一面。他其实也很适合写架空历史故事，应该多多尝试这个越发多样化的文学类型。他的小说《11/22/63》讲述了一个高中英文老师的故事。这个离婚的老师在一家餐馆的食品储存室偶然发现了一个隐藏的时光隧道。从那里，他可以回到过去，确切地说是1958年9月9日的上午11点58分。在那里，我们的主人公企图阻止李·哈维·奥斯瓦德刺杀肯尼迪总统。

金描写的时空旅行有一系列严格的"规定"，这些规定也成为了故事的关键：第一，不论主人公杰克·埃平（Jake Epping）在过去待了多久，现在消逝的时间只有两分钟；第二，每一次重新

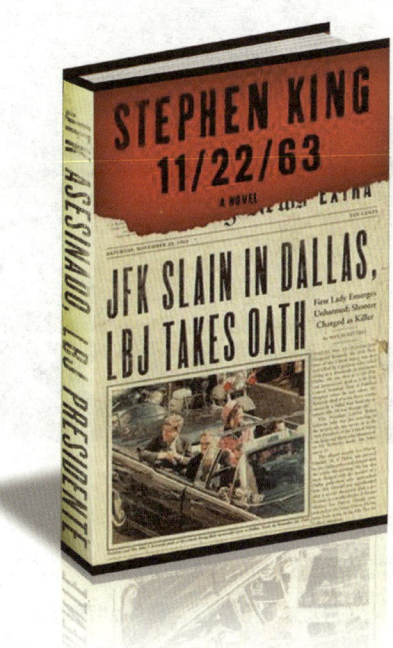

▲ 2016年，这本书被改编为一部8集的电视连续剧，詹姆斯·弗兰科（James Franco）在这部剧种饰演杰克·埃平

进入时光隧道,上一次时空旅行中的所有行动都会清零;第三,时间会企图抵消所有的改变。埃平开展了好几次时空旅行,最终他在过去停留了好几年,编造出了一个新身份,找到了奥斯瓦德的踪迹。最后他成功阻挠了刺杀肯尼迪的行动,但是这个改变制造出了一个架空的时间线,让埃平在2011年的"现在"变得完全不同了。

我们会看到,埃平的时光旅行以及他在那里开展的行动让整个美国毫无缘由地发生了好几年的地震,成千上万的人因此丧生。一次地震中,佛蒙特扬基核电站(Vermont Yankee Power Plant)发生了一场灾难性的核泄露,新英格兰(New England)和南魁北克(Southern Quebec)地区充满了辐射。这场灾难造成了数不胜数的生态影响和经济后果。最后,埃平不得不再一次使用时光隧道,重组时间线,让世界恢复成他所知道的样子。

"埃平编造出了一个新身份,找到了奥斯瓦德的踪迹。"

《差分机》（*The Diference Engine*）

威廉·吉布森（William Gibson）及布鲁斯·斯特林（Bruce Sterling）著（1990）

《差分机》是一本架空历史小说，这本书代表了20世纪90年代早期架空历史小说的复兴，迄今为止都是这个文学类型中最引人入胜的小说之一（而且有趣的是，小说的转折点是一项科学突破，而不是一次人物冲突）。吉布森和斯特林这两位作者都帮助定义了赛博朋克和蒸汽朋克这两种文学类型，并让它们得以流行，创造出了一个新世界。在这个世界中，英国博学者查尔斯·巴比奇（Charles Babbe）活到了1824年，看到了以他名字命名的机械计算机成功运转的那一天。

这个设备促进了工业革命，让革命进展大幅度加快。这场工业革命远远超越了工程和商业的概念，也将巴比奇抬高到了一个富有权力的政治位置。最终，巴比奇与惠灵顿公爵领导的托利政

▲ 这本小说中，黑客技术是主要讨论的话题之一，这让这本小说与今日的网络文化形成了一种有趣的类比

府（Troy government）发生冲突。巴比奇的地位让工业激进党迅速崛起，彻底改变了英国社会。人们不再追求世袭的贵族身份，而是支持以学术能力定胜负。艺术从而失宠，科学成为了新的国王。

迷人的是，这种"如果"彻底改变了整个世界。爱尔兰及时得到了物资支援，躲开了致命的爱尔兰土豆饥荒（将北爱尔兰问题彻底从我们的时间线中清除了）。随着英国的科技创新发展，美国也分裂成了不同的国家。

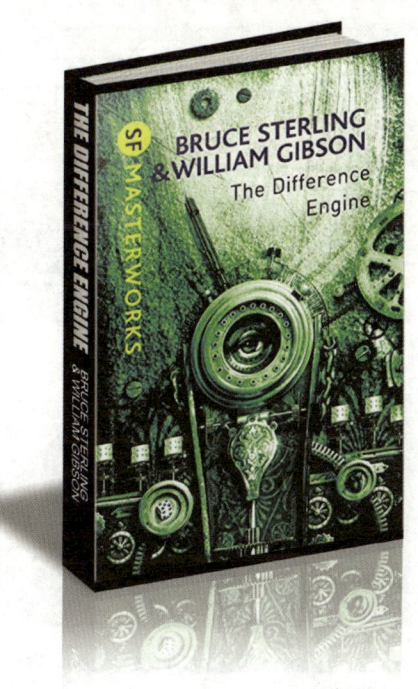

这个设备促进了工业革命，让革命进展大幅度加快。

《唯恐黑暗来临》（Lest Darkness Fall）

L. 斯普拉格·德康（L Sprague de Camp）著（1939）

哈里·特特尔达夫（Harry Turtledove）曾将这本书列为影响架空历史文学的关键作品。L. 斯普拉格·德康的这个时空旅行故事让人欲罢不能，其中的历史阴谋仍然是永恒的经典情节。《唯恐黑暗来临》的故事架构成为了后世很多故事的榜样。在这个故事里，美国考古学家马丁·帕德威（Martin Padway）在帕特农神庙经历了一场暴风雨，这场雨将他送去了公元535年，而他所处的地方和记录在我们历史书中的场景完全不同。

东罗马帝国没有统治意大利（在中世纪时期罗马完全衰落之前，东罗马帝国是罗马帝国剩下的唯一遗迹），而是东哥特人在统治。东哥特人征服了罗马帝国，但是这位新主人建立了一个

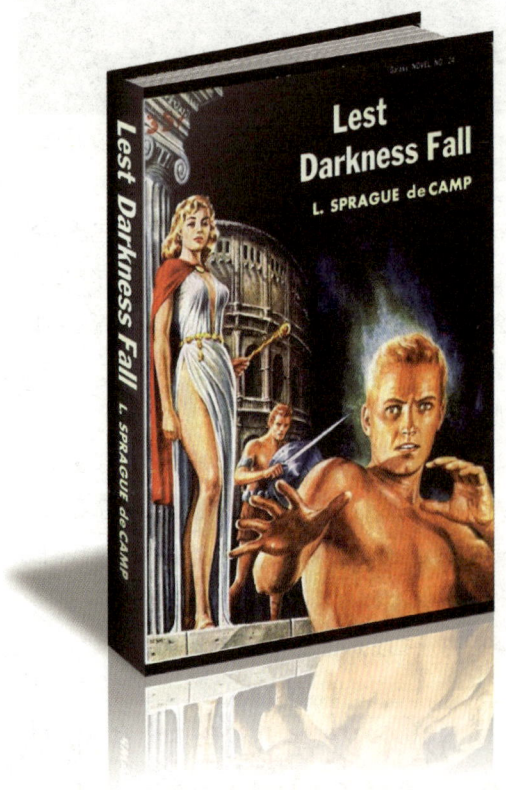

▲ 在这个小说中，帕德威遇到了很多真实的人物，并影响了他们，包括狄奥多里克大帝

非常开放的社会。在这个社会里,人们不需要信仰同一种宗教,皇帝也不会命令所有人民遵守同样的教义。帕德威运用自己的知识,制作了简陋的印刷机、望远镜等工具,很快就给自己创造了一个家。他变得非常受欢迎,后来开始在该国从政。不久之后,他就卷入了各种奸诈的密谋和背叛之中。

L.斯普拉格·德康的小说之所以会有那么大的影响力,是因为帕德威的行动彻底改变了欧洲的面貌。他的知识和策略都是在那个时代闻所未闻的,这让他可以创造出一个稳定而繁荣的意大利哥特王国。而且,这些知识和策略也帮助欧洲地区避免了所谓的黑暗时代,让这个国家不需要经历文化与学术上的停滞。

《骑士蒂朗》(Tirant lo Blanch)

朱亚诺·马托雷尔(Joanot Martorell)著(1490)

▲ 在欧洲真实的时间线中,君士坦丁堡的陷落标志着基督教最大规模的一次失败

▲ 《骑士蒂朗》初版内页

《骑士蒂朗》可能是西方文学史上最早的架空历史作品,也是 15 世纪在西班牙瓦伦西亚(Valencia)城诞生的最分裂的作品之一。这本书既是讽刺文学,又具有浪漫的骑士精神。朱亚诺·马托雷尔的故事讲述了一位来自布列塔尼(Brittany)的蒂朗骑士,他游历欧洲,一边打仗,一边寻找新的冒险。

在马托雷尔的作品里,这部随性的半自传体小说不小心走了弯路。当蒂朗到达君士坦丁堡时,这个故事就演变成了架空历史小说。在现实中,奥斯曼在 1453 年攻下了拜占庭帝国的这颗明珠(现在伊斯坦布尔所在地)。但是,在马托雷尔的故事中,蒂朗在最后一轮攻城开始时到达了君士坦丁堡,接手了保卫该城的任务。作为一名大公爵(当时真的有这个称谓,是拜占庭帝国授予的最高尊称),蒂朗保护了这座城市,让基督教 15 世纪控制了欧洲。

《帕凡舞》（Pavane）

基思·罗伯茨（Keith Roberts）著（1968）

▲ 西班牙无敌舰队延后了几周出发，由此伊丽莎白一世女王的刺杀行动永远改变了英国历史

肃清行动，有效地扫除了新信仰，让英国的血染红了英格兰的土地。在罗伯茨安排的故事中，罗马天主教复活并来势汹汹，在英国投降后横扫了整个欧洲。

英格兰不再是一个屹立不倒的标杆，于是支持新教的荷兰也没能从西班牙手中获得独立。天主教重新控制了西方世界。现在，教皇成为了真正控制欧洲的人，也是控制新世界的人。他引用了教条，要求压制科学创新及艺术实验。因此，社会退化成了第二次黑暗时代，20世纪的英格兰还在运用19世纪的那些科技。

罗伯茨改写的时间线让宗教扩张成为了改变历史特质的原动力。不但如此，他还巧妙地让这些故事穿插在整本小说中，让故事更加引人入胜。这位英国作家并没有用单一的旁白式讲述故事，而是利用了一种预先设计的安排，将这些短篇小说收集起来，通过编排，用来展现英格兰在梵蒂冈的统治下会有什么样的遭遇。

基思·罗伯茨将他职业生涯中的多部短篇小说收集到了一起，拼凑出了《帕凡舞》。这本书讲述了20世纪发生在英格兰的一个破碎的故事。天主教在故事中没有遇到对手，迅速崛起，彻底地改变了世界进程。对于罗伯茨来说，关键的转折点发生在1558年。当时，伊丽莎白一世女王遭到刺杀。

这位童贞女王在1558年似乎完成了一项不可能的任务，就是让天主教徒和新教徒达成了宗教协议。她的死让英格兰又回到了群龙无首的状态。与此同时，西班牙无敌舰队也成功入侵了这个岛国。西班牙开始了一场血腥而又残忍的宗教

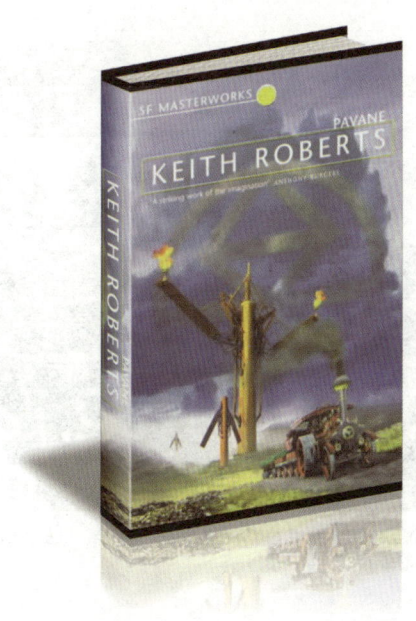

《复活日》（*Resurrection Day*）

布伦丹·迪布瓦（Brendan Dubois）著（1999）

"每个人都清楚地记得，肯尼迪总统企图杀害他们的那一天他们在做什么。"——这是布伦丹·迪布瓦惊悚的架空历史小说的主人公默想的一句话。主人公是波士顿的一名记者，他要将一系列事件按照时间排列出来，而这些事件最终导致美国与苏联之间爆发全球核战。转折点是什么呢？当然就是古巴导弹危机。在我们的时间线中，正好避免了这场政治中的兵戎相见。但是，在迪布瓦的架空历史故事中，古巴导弹危机成为了一个恐怖的爆发点。

这个故事的背景是1972年，也就是冲突发生后的第10年。华盛顿特区、纽约、奥马哈（Omaha）、圣地亚哥、迈阿密和其他美国主要城市，要么是被核弹沉降物摧毁，要么就是变得不宜居住。美国的新首都是费城（Philadelphia），美国政府现在在那里运作。美国仍然存在军事管制，社会正试图从肯尼迪与苏联产生的残忍冲突中复苏。在美国之外，古巴仍

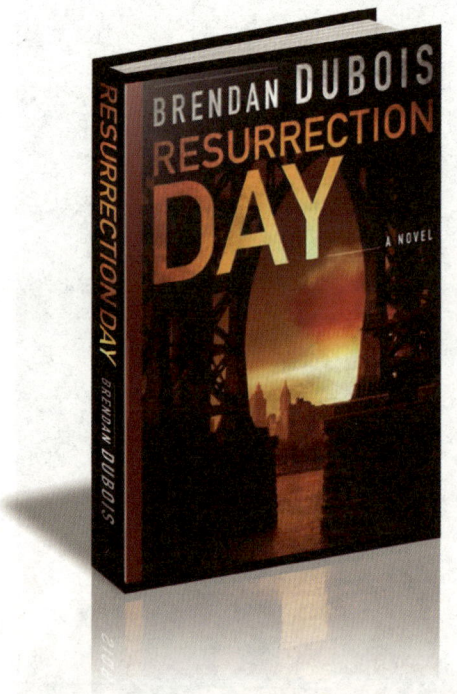

苏联在遭到核武器轰炸后彻底崩溃。

然是充满辐射的废墟。苏联在遭到致命的核武器轰炸后彻底崩溃。

随着探索引起核战的这段历史，我们也会读到迪布瓦描绘中核战后的世界。亚洲上空悬浮着一朵沉降物组成的云，上百万的人在核战中遇害。欧洲大陆相对而言毫发无伤，法国与重新统一的德国统治着欧洲。北大西洋公约组织也在核战中遭到破坏，早已不复存在。但是，核弹的使用让每一个国家都愿意让他们的军火库解除武装，只有美国仍然持有这样的炸弹。由于美国毁灭了苏联，世界上的其他国家都再也不愿与美国亲近了。

▲ 在迪布瓦的小说中，古巴导弹危机是一个转折点，引发了随后充满辐射的别样历史

《南方之枪》（*The Guns of the South*）

哈里·特特尔达夫（Harry Turtledove）著（1992）

对于身处美国的架空历史小说家来说，另一个非常受欢迎的主题就是美国内战。在架空历史中，美国内战会以南方邦联打败北方联邦军而告终。被誉为架空历史小说之父的哈里·特特尔达夫并没有改变历史进程，让南方邦联在一个自然的转折点后获得胜利，而是让时空旅行者回到过去，用现代武器武装了南方。

尽管这本书写于1992年，特特尔达夫却想象了21世纪的世界。在这个世界中，南非的民族主义拜仁（即现实中新纳粹组织的成员，这个组织叫作阿非利卡人抵抗运动）通过时光旅行，回到了1864年1月。他们接触到了罗伯特·E.李，愿意为他提供帮助。他们用AK-47机关枪武装了南方邦联的士兵，这些机关枪运用的化学

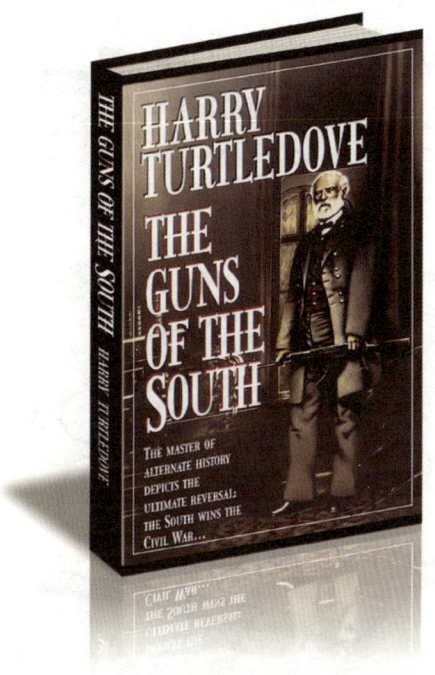

工程及机械工程原理远远超过了当时战场上的一切武器。他们还为南方邦联提供了有关联邦军行动的完美情报，甚至还用硝化甘油帮助李治好了日益严重的心脏病。

这个故事主要是从李及南方邦联的角度讲述的。由于新纳粹不断通过时光旅行干预过去，这段架空历史与那个年代很多实际发生的事件虽然不同，但又互相对应。阿非利卡人想要帮助塑造一个不会废除奴隶制的美国。在这个国家中，黑人与白人社区之间并没有建立友好关系。特特尔达夫并没有在小说中加入无关紧要的暴力元素，而是挖掘了李赢得内战后带来的政治影响。美国不仅仅受到了李的领导能力带来的影响，还受到了未来科技的影响。这些科技帮助美国成为了19世纪最先进的国家之一。

▲《南方之枪》描绘下的美国十分有趣，是一个早期的超级大国

《狮子之血》（Lion's Blood）

史蒂文·巴恩斯（Steven Barnes）著（2002）

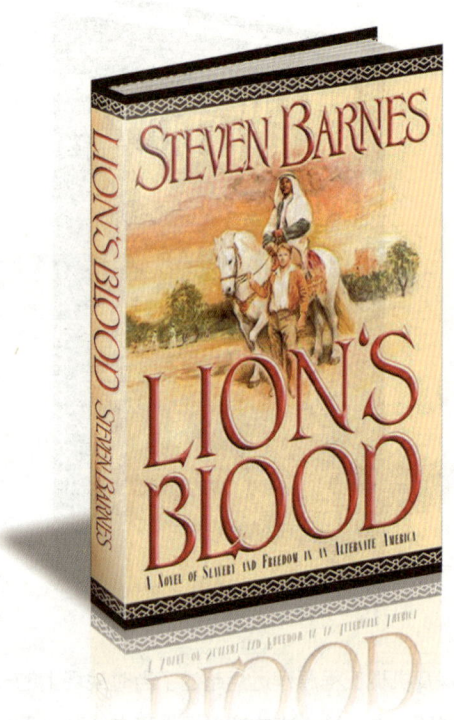

这个故事的爆发点可以追溯到亚历山大大帝时期，亚历山大并没有占领东边，而是选择占领了西边，为之后的非洲文明打下了基础。最强大的两个非洲文明因此崛起，一个是阿比西尼亚王国（Abyssinian kingdom，今埃塞俄比亚），另一个是埃及王国。当欧洲在摸爬滚打时，斯堪的纳维亚的游击队掌握了权力，借着大规模的白人奴隶交易而被载入史册。埃及法老保留了下来，而白人带来的伊斯兰教成为了这个强大的非洲最有影响力的宗教。

人们还是发现了北美洲，并取名为比拉利斯坦（Bilalistan）。随后，埃及与阿比西尼亚联盟与维京人将这块土地割成两半。就像真实历史的时间线中发生的一样，新世界成为了奴隶交易枢纽，最后也成为了人们积极守护的地区。

这本书也许是架空历史作品中最独一无二的一部作品，主要是因为这本书运用了一种很特别的方法，重新描写了我们已知的时间线。在《狮子之血》的世界中，非洲是科技最先进的大洲，而欧洲仍然沉沦在萎靡不振的原始状态。书中有两个截然不同的人物，一个是艾丹·欧德雷（Aidan O'Dere，被维京人抓获后贩卖的爱尔兰奴隶），一个是凯本·杰拉雷丁本·拉希德（Kai ibn Jallaleddin ibn Rashid，一位有权有势的非洲贵族之子）。通过他们，我们发现19世纪仍然存在奴隶制，但是戴着镣铐的变成了欧洲白人。

▲《狮子之血》的架空历史可以追溯到亚历山大大帝，他决定征服西方，而不是征服东方

《米与盐的年代》

金·斯坦利·罗宾逊（Kim Stanley Robinson）著（2002）

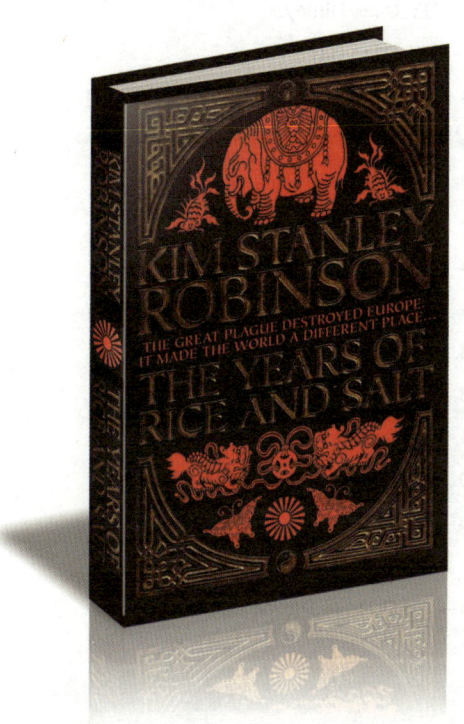

金·斯坦利·罗宾逊在2002年出版了这本小说，受到广泛好评。在这本书描绘的世界中，一场黑死病大爆发杀死了99%的欧洲人。于是，我们从历史书中学到的欧洲停留在了14世纪，再也没有发展起来，与史蒂文·巴恩斯的《狮子之血》有异曲同工之处。罗宾逊笔下的这个冒险故事跨越了几百年（从14世纪到千禧年），描绘了东方人慢慢地重新在欧洲殖民。同样，世界其他地方也发生了永恒的变化。

为了避免"英雄史观"的角度（在英雄史观中，作者用主要战役或者一位重要历史人物的死亡来创造一个时间上的跳板），罗宾逊探索了一种剖析社会政治的手段。一块巨大的陆地在几年中变得不再宜居，其他文明会有何反应？罗宾逊将他的小说分成了十本迷你书，向我们展示了欧洲从1405年到2045年的新历史。每一个主要人物都会在新的时代中轮回，重新化为肉身。

通过这些人物，我们看到了一个迷人的架空历史故事。黑死病消灭了整个欧洲人口（在罗宾逊的故事中，真实历史中的传染病爆发仍然发生了，但是在世纪末又爆发了一场更致命的传染病），彻底击溃了欧洲。当时，东方最有影响力的国家是中国、日本和一些伊斯兰王国。随着欧洲的崩溃，这些东方国家开始演绎之后的历史。

世界上剩余的强国开始扩张。与此同时，这些国家也想要互相压制。这时，欧洲和北美成为了强国对抗与殖民战争的主要战场。

科学突破发生的时间和真实历史中西方文明的进程相差无几，不过现在这些17世纪的科学发展都是来自于中国和撒马尔罕（Samarkand，也就是现在的乌兹别克斯坦）。

▲ 在现实中，黑死病席卷欧洲，导致欧洲三分之一的人口丧生

图片所属

16—17	© Ian Hinley	101	© Alamy
20—21	© Kevin McGivern	112—113	© Ian Hinley
24—27	© Daniel Sinoca	116—117	© Ian Hinley
30—31	© Ian Hinley	120—121	© Kevin McGivern
34—35	© Jay Wong	126	© Alamy, Corbis; Lukas Balandis
39	© Alamy; Sarah Biddle	130	"时间轴"插画 © Ian Hinley
53	© Look & Learn	139	© Ian Hinley
58	© Press; Sara Biddle	144	© Craig Mullins/Bethsoft
60—61	© Getty Images	155	© Ian Hinley
62—63	© Patricia Morandini	164	© Alamy
68	© Ian Hinley	168—169	© Ian Hinley
72	© Illustration by Ian Hinley	173	© Alamy; Corbis
78—79	© Thinkstock	180	© Daniel Sinoca, Getty Images
80	© MóDEM PRESS	184—185	© Daniel Sinoca
81	© Amro Ashry	187	© Nasa; Corbis
97	© Amro Ashry	194—195	©Daniel Sinoca